中职会计专业高职高考一本通

财经法规与会计职业道德全能练

聂海英　总主编

尹　凌　主　编

程世会　汪　燕　副主编

科学出版社

北　京

内 容 简 介

本书知识全面、习题丰富，主要包括会计法律制度、结算法律制度、税收法律制度、财政法律制度和会计职业道德相关知识的练习题附录附有2015～2017年重庆财经专业高职考试改编题及答案。

本书既可以作为中等职业学校会计相关专业学生的学习辅导书，还可以作为参加高职高考学生的复习用书。

图书在版编目（CIP）数据

财经法规与会计职业道德全能练/尹凌主编. —北京：科学出版社，2018
（中职会计专业高职高考一本通/聂海英主编）
ISBN 978-7-03-057145-8

Ⅰ. ①财…　Ⅱ. ①尹…　Ⅲ. ①财政法-中国-中等专业学校-习题集②经济法-中国-中等专业学校-习题集　③会计人员-职业道德-中等专业学校-习题集　Ⅳ. ①D922.2-44②F233-44

中国版本图书馆 CIP 数据核字（2018）第 077121 号

责任编辑：涂 晟 李 娜 / 责任校对：刘玉靖
责任印制：吕春珉 / 封面设计：东方人华平面设计部

科学出版社 出版

北京东黄城根北街 16 号
邮政编码：100717
http://www.sciencep.com

三河市骏杰印刷有限公司印刷
科学出版社发行　　各地新华书店经销

*

2018 年 5 月第 一 版　　开本：787×1092　1/16
2018 年 9 月第二次印刷　　印张：17 1/2
字数：415 000

定价：48.00 元

（如有印装质量问题，我社负责调换〈骏杰〉）
销售部电话 010-62136230　编辑部电话 010-62135763-2013

前　言

"财经法规与会计职业道德"是会计专业核心理论课程，也是商贸专业必修的基础课程，虽然目前该课程有种类丰富的辅导资料，但是大多辅导书的知识内容多、题量大，使用极其不便，不利于学生训练。为方便教师教学和学生突破知识难点，编者编写了本书。

本书根据重庆市 2017 年普通高等学校对口招收中等职业学校毕业生考试说明 ——会计类专业基础理论考试说明（财经法规与职业道德），围绕《财经法规与会计职业道德》教材的内容，以"章—节—考点"为主线编写，以基本题为主，辅以适当的测试题，习题数量和难度适中，充分体现了以下特点。

（1）针对性强。本书针对"财经法规与会计职业道德"课程所有知识点，经过反复筛选，确定立意、命题、题型、难易程度，设置练习题目，直击考点，针对性强。

（2）夯实基础。本书根据课程内容，覆盖课程所有考点，以考点为中心，配备相应习题，每节末配有测试题，同时附上答案解析（二维码），不仅可以作为学生每节课、每个知识点的课前自学测试，也可以作为课后巩固练习，有利于学生突破重难点，提高专业理论基础知识掌握能力和应试能力。

本系列书由聂海英担任总主编。本书由尹凌担任主编，程世会、汪燕担任副主编；由尹凌、程世会统稿。具体编写分工如下：汪燕编写第一章和第五章，程世会编写第二章和附录，尹凌编写第三章和第四章。在编写本书的过程中，编者参阅了考试大纲、2015～2017年重庆财经专业高职考试真题、财经法规相关条文，以及同行专家的著述成果和相关网页资料，在此谨向上述专家学者、网页致以真诚的谢意！

2018 年 4 月，财政部、国家税务总局发布了《关于调整增值税税率的通知》（财税〔2018〕32 号），明确规定：自 2018 年 5 月 1 日起，纳税人发生增值税应税销售行为或者进口货物，原适用 17% 和 11% 税率的，税率分别调整为 16%、10%。如遇相关内容，请读者自行使用新税率。

由于时间紧迫、编者水平有限，本书难免存在不足之处，敬请广大读者批评指正，以便今后进一步修订完善本书。

目　录

第一章　会计法律制度

第一节　会计法律制度的概念与构成

【考点1】会计法律制度的概念

会计法律制度是指由国家权力机关和行政机关制定的,用以调整会计关系的各种法律、法规、规章和规范性文件的总称。会计关系是指会计机构和会计人员办理会计事务过程中及国家在管理会计工作过程中发生的各种经济关系。会计在处理本单位经济业务事项中,涉及投资受资关系、债权债务关系、供销关系、分配关系、税收征纳关系、管理与被管理关系等。

一、单项选择题

1.（　）是指调整经济关系中各种会计关系的法律规范的总称。

    A. 会计法   B. 会计行政法规

    C. 会计法律制度   D. 会计规章

2. 会计关系是（　）在办理会计事务过程中及国家在管理会计工作过程中发生的经济关系。

    A. 会计师事务所和注册会计师   B. 财政部门和被管理人员

    C. 审计机关和审计人员   D. 会计机构和会计人员

二、多项选择题

下列各项中,属于经济关系的有（　）。

    A. 分配关系   B. 债权债务关系

    C. 税收征纳关系   D. 管理与被管理关系

【考点2】会计法律制度的构成

我国已经形成了以《中华人民共和国会计法》（以下简称《会计法》）为主体的比较完整的会计法律制度体系。按其制定机关和效力层次的不同,我国的会计法律制度包括会计法律、会计行政法规、会计部门规章和地方性会计法规4个层次的内容。

一、单项选择题

1. 我国的会计法律制度包括（　　）和地方性会计法规。
    A．会计法律、会计规章
    B．会计法律、会计行政法规、会计部门规章
    C．会计法律、会计行政法规
    D．会计法律、会计规章、内部会计管理制度

2. 下列各项中，属于会计行政法规的有（　　）。
    A．《会计法》　　　　　　　　　　B．《企业财务会计报告条例》
    C．《会计基础工作规范》　　　　　D．《企业会计制度》

3. 根据《总会计师条例》的规定，（　　）必须设置总会计师。
    A．国有大、中型企业　　　　　　B．外资企业
    C．事业单位　　　　　　　　　　D．私营企业

4. （　　）是会计法规体系的最高法律文件。
    A．会计法　　　　　　　　　　　B．会计法规
    C．国家统一的会计制度　　　　　D．地方性法规

5. 会计行政法规制定的依据是（　　）。
    A．《总会计师条例》　　　　　　　B．《企业会计准则》
    C．《会计法》　　　　　　　　　　D．会计规章

二、多项选择题

1. 下列各项中，属于会计部门规章的有（　　）。
    A．《小企业会计制度》　　　　　　B．《民间非营利组织会计制度》
    C．《会计基础工作规范》　　　　　D．《总会计师条例》

2. 下列各项中，属于国家统一的会计制度的有（　　）。
    A．《企业会计准则》　　　　　　　B．《企业财务通则》
    C．《总会计师条例》　　　　　　　D．《注册会计师注册办法》

3. 下列各项中，属于会计法律制度的有（　　）。
    A．《会计法》　　　　　　　　　　B．《企业会计制度》
    C．《总会计师条例》　　　　　　　D．《单位内部会计核算流程》

4. 以下（　　）属于会计部门规章。
    A．《财政部门实施会计监督办法》　B．《企业财务报告条例》
    C．《财政部门实施监督办法》　　　D．《代理记账管理办法》

5. 下列各项中，符合《会计法》规定的有（　　）。
    A．对认真执行会计法，忠于职守，坚持原则，做出显著成绩的会计人员给予奖励

B．任何单位和个人对违反会计法和国家统一的会计制度规定的行为有权检举

C．单位必须任用具有从事会计工作所需的专业能力的人员从事会计工作

D．对遭受打击报复的会计人员，应当恢复其名誉和原有职务、级别

三、判断题

1．国家统一的会计制度，是指国务院财政部门根据《会计法》制定的关于会计核算、会计监督、会计机构和会计人员，以及会计工作管理的制度。（　　）

2．会计法律是由全国各地人民代表大会或其常务委员会制定的。（　　）

3．会计行政法规是由国务院批准发布的。（　　）

4．会计部门规章是根据《会计法》规定的程序，由财政部制定并以财政部长签署命令的形式公布的制度办法。（　　）

5．国家实行统一的会计制度是规范会计行为的重要保证。（　　）

6．国务院财政部门以外的其他部门没有权力制定国家统一的会计制度。（　　）

7．《会计法》是1985年1月21日第六届全国人民代表大会常务委员会第九次会议审核通过的，并于1985年5月1日颁布实施，该法先后经过多次修订，现行《会计法》是2017年修订的，并于2017年11月5日起施行至今。（　　）

8．国务院发布的《财务会计报告条例》的法律地位低于全国人民代表大会常务委员会通过的《会计法》。（　　）

9．我国会计法律制度中层次最高的会计法律法规是《会计法》和《中华人民共和国注册会计师法》（以下简称《注册会计师法》）。（　　）

❧—— 测 试 题 ——❧

一、单项选择题

1．下列各项中，属于会计法律的是（　　）。

A．《企业会计准则》　　　　　　　B．《会计法》

C．《总会计师条例》　　　　　　　D．《企业财务会计报告条例》

2．由全国人民代表大会及其常务委员会经过一定立法程序制定的有关会计工作的法律规范是（　　）。

A．会计法律　　　　　　　　　　B．会计行政法规

C．会计部门规章　　　　　　　　D．地方性会计法规

3．《会计法》和《注册会计师法》均属于（　　）。

A．会计法律　　　　　　　　　　B．会计行政法规

C．会计部门规章　　　　　　　　D．地方性会计法规

4．下列不属于会计部门规章的是（　　）。

A．《会计档案管理办法》　　　　　B．《总会计师条例》

C.《财政部门实施会计监督办法》　　　D.《企业会计准则——基本准则》

5. 下列各项中，属于会计部门规章的是（　　）。

A.《注册会计师法》　　　　　　　　B.《企业会计准则——基本准则》

C.《总会计师条例》　　　　　　　　D.《企业财务会计报告条例》

6. 下列不属于地方性会计法规的是（　　）。

A.《云南省会计条例》　　　　　　　B.《辽宁省会计管理条例》

C.《内蒙古自治区会计条例》　　　　D.《重庆市会计基础工作规范实施细则》

7. 由国务院制定并发布，或者国务院有关部门拟定并经国务院批准发布，调整经济生活中某些方面会计关系的法律规范是（　　）。

A. 会计法律　　　　　　　　　　　B. 会计行政法规

C. 会计部门规章　　　　　　　　　D. 地方性会计法规

8. 下列各项中，法律效力仅次于《会计法》的是（　　）。

A.《企业会计制度》　　　　　　　　B.《企业会计准则》

C.《企业财务会计报告条例》　　　　D.《会计基础工作规范》

9. 国务院其他部门根据其职责权限制定的会计方面的规范性文件也属于会计规章，但必须报（　　）审核或者备案。

A. 全国人民代表大会常务委员会　　B. 全国人民代表大会财政经济委员会

C. 财政部　　　　　　　　　　　　D. 国务院

二、多项选择题

1. 下列各项中，属于会计法律的有（　　）。

A.《注册会计师法》　　　　　　　　B.《会计法》

C.《总会计师条例》　　　　　　　　D.《财政部门实施会计监督办法》

2. 下列属于会计行政法规的有（　　）。

A.《注册会计师法》　　　　　　　　B.《企业会计准则——基本准则》

C.《总会计师条例》　　　　　　　　D.《企业财务会计报告条例》

3. 下列属于会计部门规章的有（　　）。

A.《会计从业资格管理办法》　　　　B.《企业会计准则——基本准则》

C.《财政部门实施会计监督办法》　　D.《企业财务会计报告条例》

4. 国家统一的会计准则制度主要包括（　　）。

A. 国家统一的会计核算制度

B. 国家统一的会计监督制度

C. 国家统一的会计机构和会计人员管理制度

D．国家统一的会计工作管理制度

5．下列属于地方性会计法规的是（ ）。

    A．《云南省会计条例》

    B．《福建省实施〈中华人民共和国会计法〉办法》

    C．《内蒙古自治区会计条例》

    D．《重庆市会计基础工作规范实施细则》

6．下列关于我国会计法律制度的制定、发布机关的表述，错误的有（ ）。

    A．《会计法》是由全国人民代表大会制定的

    B．《总会计师条例》是由国务院财政部门制定的

    C．《注册会计师法》是由全国人民代表大会常务委员会制定的

    D．《企业会计制度》是由国务院制定的

7．下列各项中，属于经济关系的有（ ）。

    A．供销关系   B．债权债务关系

    C．税收征纳关系   D．管理与被管理关系

三、判断题

1．会计法律制度是指全国人民代表大会及其常务委员会制定的《会计法》。（ ）

2．会计法律制度是指国家权力机关和行政机关制定的，用于调整会计关系的各种法律、法规、规章和规范性文件的总称。（ ）

3．《会计法》和《注册会计师法》在会计法律制度中居于最高层次。（ ）

4．《重庆市会计基础工作规范实施细则》属于地方性会计法规。（ ）

5．实行计划单列市、经济特区的人民代表大会及其常务委员会，在宪法、法律、行政法规允许的范围内也可制定会计规范性文件。（ ）

6．《企业会计准则——基本准则》《总会计师条例》《企业财务会计报告条例》均属于会计行政法规。（ ）

7．《会计法》的适用范围包括我国国家机关、社会团体、公司、企业、事业单位、其他组织及个体工商户。（ ）

8．我国现行的《会计法》是于 2000 年 7 月 1 日起开始施行的。（ ）

第一章第一节答案

第二节　会计工作管理体制

【考点1】会计工作的行政管理

会计工作管理体制主要包括会计工作的行政管理、会计工作的行业自律管理和单位内部的会计工作管理。我国会计工作行政管理体制实行统一领导、分级管理的原则。会计工作的行政管理主要包括制定国家统一的会计准则制度、会计市场管理、会计专业人才评价、会计监督检查。

一、单项选择题

1. 根据《会计法》的规定，行使会计工作管理职能的政府部门是（　　）。
   A．财政部门　　　　B．税务部门　　　　C．审计部门　　　　D．证券监管部门
2. 主管会计工作的财政部门指的是（　　）。
   A．省级以上的　　B．市级以上的　　C．县级以上的　　　D．镇级以上的
3. 财政部门实施的会计监督检查不包括（　　）。
   A．会计信息质量检查
   B．会计师事务所执业质量检查
   C．会计立法、执法的监督检查
   D．依法加强对会计行业自律组织的监督和指导
4. 我国会计工作行政管理体制的原则是（　　）。
   A．统一领导　　　　　　　　　B．分级管理
   C．统一领导、分级管理　　　　D．统一领导、集中管理

二、多项选择题

1. 会计工作的行政管理主要包括（　　）。
   A．制定国家统一的会计准则制度　　B．会计市场管理
   C．会计专业人才评价　　　　　　　D．会计监督检查
2. 财政部门在会计人员管理中的工作职责主要包括（　　）。
   A．会计从业资格管理　　　　　B．会计专业技术职务资格管理
   C．会计人员评优表彰奖惩　　　D．会计人员继续教育管理

三、判断题

1. 会计工作的主管部门是财政部。　　　　　　　　　　　　　　　　　　　（　　）
2. 国务院财政部门与各地区的财政部门对会计工作的管理采用"统一领导、分级管理"

的原则进行。　　　　　　　　　　　　　　　　　　　　　　　　　　（　　　）

【考点2】会计工作的自律管理

会计工作的自律管理，又叫会计工作的行业管理或行业自律管理。我国会计工作的行业自律管理机构包括中国注册会计师协会、中国会计学会、中国总会计师协会。

一、单项选择题

下列各项中，不属于会计工作的行业自律管理机构的是（　　　）。

    A．中国注册会计师协会　　　　　B．中国会计学会

    C．中国总会计师协会　　　　　　D．中国内部审计协会

二、多项选择题

下列各项中，属于会计工作的行业自律管理的有（　　　）。

    A．中国注册会计师协会组织实施注册会计师全国统一考试

    B．中国会计学会编辑出版会计刊物、专著、资料

    C．某高校开设会计专业学习

    D．某会计人员在家自学会计专业技术相关知识

三、判断题

1. 会计工作的自律管理，就是指会计工作需要会计人员自我约束，严于律己。（　　　）

2. 中国内部审计协会是会计工作的行业自律管理机构。　　　　　　　　　（　　　）

【考点3】单位内部的会计工作管理

单位负责人是指法定代表人或法律、行政法规规定代表单位行使职权的主要负责人。国有和国有资产控股地位或主导地位的大、中型企业必须设置总会计师。担任单位会计机构负责人（会计主管人员）的，应当具备会计师以上专业技术职务资格或从事会计工作 3 年以上的经历。总会计师的任职条件之一是取得会计师专业技术资格后，主管一个单位或单位内部一个重要方面的财务会计工作的时间不少于 3 年。

一、单项选择题

1. 单位内部的会计工作管理由（　　　）负责。

    A．财务科科长　　　B．总会计师　　　C．办公室主任　　　D．单位负责人

2. 下列应该实行会计人员回避制度的企业不包括（　　　）。

    A．国有企业　　　B．国家机关　　　C．事业单位　　　D．私营企业

二、多项选择题

1. 《会计法》所称的单位负责人,是指( )。
   - A. 法律规定代表单位行使职权的主要负责人
   - B. 行政法规规定代表单位行使职权的主要负责人
   - C. 行政规章规定代表单位行使职权的主要负责人
   - D. 单位法定代表人

2. 下列属于单位负责人的职责的有( )。
   - A. 对本单位的会计工作和会计资料的真实性、完整性负责
   - B. 应当保证财务会计报告的真实、完整
   - C. 组织好、管理好本单位会计核算和监督的工作,保证会计机构和人员依法履行职责
   - D. 应当保证会计机构和会计人员依法履行职责,不得授意、指使、强令会计机构和会计人员违法办理会计事项

3. 一个企业是否需要单独设置会计机构,需要考虑的因素有( )。
   - A. 单位规模的大小
   - B. 经济业务和财政收支的繁简
   - C. 经营管理的需要
   - D. 公司的行业特点

三、判断题

1. 单位负责人是指具体从事经营管理事务的负责人,包括副职领导人。 ( )
2. 对单位的会计工作和会计资料的真实性、完整性负责的是会计机构负责人。 ( )

◆—— 测 试 题 ——◆

一、单项选择题

1. 根据《会计法》的规定,主管全国会计工作的部门是( )。
   - A. 全国人民代表大会财政经济委员会
   - B. 国务院
   - C. 国务院财政部门
   - D. 中国会计学会

2. 关于会计工作的行政管理,说法不正确的是( )。
   - A. 实行统一领导,分级管理的原则
   - B. 国务院财政部门主管全国会计工作
   - C. 审计、税务等部门结合自己的业务特点,配合财政部门管理会计工作
   - D. 会计工作的主管部门是县级及以上的财政部门和税务部门

3. 根据《会计基础工作规范》的规定，本单位负责人的直系亲属不得在本单位担任的会计工作岗位是（　　）。

    A．出纳　　　　　　　　　　　B．会计机构负责人

    C．稽核　　　　　　　　　　　D．会计档案保管

4. 下列各项中，不属于《会计法》所指的单位负责人是（　　）。

    A．独资企业的投资人　　　　　B．公司制企业的副总经理

    C．法定代表人　　　　　　　　D．公司制企业的董事长

5. 主管总会计师协会的单位是（　　）。

    A．全国人民代表大会　　　　　B．地方人民政府

    C．财政部　　　　　　　　　　D．地方各级人民政府

6. （　　）应当对本单位的会计工作和会计资料的真实性、完整性负责。

    A．法人　　　　　　　　　　　B．会计机构负责人

    C．单位负责人　　　　　　　　D．总会计师

7. 下列各项中，属于会计机构负责人或会计主管人员任职条件的有（　　）。

    A．具有会计从业资格证书

    B．具有单位负责人行政职务

    C．会计师以上专业技术职称资格或从事会计工作 3 年以上工作经历

    D．注册会计师以上专业技术职称或 5 年以上工作经历

二、多项选择题

1. 我国会计工作管理体制的内容有（　　）。

    A．明确会计工作的主管部门

    B．明确国家统一会计制度的制定权限

    C．明确对会计人员的管理内容

    D．明确单位内部的会计工作管理职责

2. 根据《会计基础工作规范》，（　　）必须实行会计人员回避制度。

    A．国家机关　　　B．国有企业　　　C．事业单位　　　D．外资企业

3. 我国的会计工作管理体制主要包括（　　）。

    A．会计工作的行政管理　　　　B．会计工作的自律管理

    C．单位内部的会计工作管理　　D．会计工作的行业管理

4. 政府对会计市场的管理，包括（　　）。

    A．会计市场的准入管理　　　　B．会计市场的退出管理

    C．前期管理　　　　　　　　　D．会计市场的运行管理

三、判断题

1. 国有大、中型企业或国有资产占主导地位或控股地位的大、中型企业必须设置总会

计师。凡设置总会计师的单位，可以再设置与总会计师职责重叠的副职。（　　）

2. 担任总会计师，应当取得会计师资格后，主管一个单位或单位内一个重要方面的财务会计工作时间不少于3年。（　　）

3. 中国总会计师协会的主管单位及业务指导单位是财政部。（　　）

4. 所有单位都应该依法独立设置会计机构或在有关机构中设置会计人员并指定会计主管人员。（　　）

5. 单位负责人的直系亲属不能在本单位会计机构中担任出纳工作。

（　　）　第一章第二节答案

第三节　会计核算

【考点1】会计信息质量要求

会计核算是会计最基本的职能，是会计工作的重要环节。会计核算的原则包括可靠性、相关性、可理解性、可比性、实质重于形式、重要性、谨慎性、及时性。

一、单项选择题

会计核算的（　　）原则是指企业提供的会计信息应当符合国家宏观经济管理的要求，满足有关各方了解企业财务状况、经营成果和现金流量的需要，满足企业加强内部经营管理的需要。

A. 相关性　　　　B. 可比性　　　　C. 及时性　　　　D. 重要性

二、多项选择题

（　　）体现了谨慎性原则。

A. 不得多计资产　　　　　　　　B. 不得计提资产减值准备
C. 不得多计收益　　　　　　　　D. 不得少计负债和费用

三、判断题

计提秘密准备符合会计核算的谨慎性原则。（　　）

【考点2】会计核算的总体要求

会计核算必须以实际发生的经济业务为依据，以虚假的经济业务事项或资料进行会计核算是违法行为。会计资料主要包括会计凭证、会计账簿、财务会计报告和其他会计资料。我国会计法律制度还对会计年度、记账本位币、会计处理方法、会计记录文字等做了明确规定。

一、单项选择题

1.《会计法》规定，用电子计算机软件生成的会计资料必须符合（　　）的要求。
　　A．企业会计工作规范　　　　　　B．国家统一会计制度
　　C．各地方相关法律　　　　　　　D．各项具体会计准则

2. 会计资料的（　　）是会计资料最基本的质量要求，也是会计工作的生命线。
　　A．相关性　　　　　　　　　　　B．及时性
　　C．真实性和完整性　　　　　　　D．可比性

3. 下列项目中，不属于会计资料的是（　　）。
　　A．经济合同　　　　　　　　　　B．会计凭证
　　C．财务会计报告　　　　　　　　D．会计账簿

4. 张某是一家酒店的业务招待人员，在一次经济业务中发生招待费 8 000 元。事后，他将酒店开出的发票金额改为 18 000 元，并作为报销凭证进行了报销。张某的行为属于（　　）。
　　A．伪造会计凭证的行为　　　　　B．变造会计凭证的行为
　　C．做假账行为　　　　　　　　　D．违反招待费报销制度的行为

5. 通过编造虚假的会计凭证、会计账簿和其他资料，编制财务会计报告或者篡改财务报告数据，使财务会计报告不真实，借以误导、欺骗会计资料使用者的行为，属于（　　）。
　　A．伪造会计凭证、会计账簿和其他会计资料
　　B．变造会计凭证、会计账簿和其他会计资料
　　C．提供虚假的财务会计报告
　　D．会计资料的不真实或不完整

6. 下列行业中，不属于会计核算范围内的事项是（　　）。
　　A．用银行存款购买材料　　　　　B．生产产品领用材料
　　C．与外企签订购料合同　　　　　D．企业自制材料入库

7. 会计核算必须以（　　）的经济业务事项为依据。
　　A．领导批准　　B．计划执行　　C．合同确认　　D．实际发生

8. 在使用中文的前提下，可同时使用另一种通用文字作为会计记录文字的地区或单位包括（　　）。
　　A．民族自治地方，经济特区的外商投资企业、外国企业和其他外国组织
　　B．民族自治地方，境内的外商投资企业、外国企业和其他外国组织
　　C．少数民族多的地区，经济特区的外商投资企业、外国企业和其他外国组织
　　D．少数民族多的地区，境内的外商投资企业、外国企业和其他外国组织

9. 我国境内业务收支以人民币以外的货币为主的单位，其（　　）应折算为人民币反映。

A．填制的记账凭证   B．编报的财务会计报告

C．取得的原始凭证   D．登记的账簿

二、多项选择题

1．《会计法》规定应当办理会计手续，进行会计核算的经济业务有（　　）。

    A．款项和有价证券的收付   B．财物的收发、增减和使用

    C．债权债务的发生和结算   D．资本、基金的增减

2．以下不属于会计核算的经济业务事项的有（　　）。

    A．签订合同   B．出售产品   C．生产领料   D．企业派工单

3．关于会计记录文字的使用，以下说法正确的有（　　）。

    A．必须使用中文

    B．可以使用中文，也可以使用其他文字

    C．可以同时使用一种其他文字

    D．不得使用其他文字

三、判断题

1．实际发生的经济业务事项是指引起资金增减变化的经济活动。（　　）

2．会计资料的真实性和完整性，是会计资料最基本的质量要求，是会计工作的生命线。（　　）

3．会计资料所记录和提供的信息也是一种重要的社会资源。（　　）

4．用电子计算机生成的会计资料，必须符合国家统一的会计制度的要求。（　　）

5．所有实际发生的经济业务事项都需要进行会计核算。（　　）

6．《会计法》关于会计年度的规定，不仅适用于内资企业，也适用于外商投资企业。（　　）

【考点3】会计凭证

会计凭证是指记录经济业务发生或者完成情况的书面证明，是登记账簿的依据。会计凭证按照填制程序和用途不同，分为原始凭证和记账凭证。

一、单项选择题

1．会计核算工作的首要环节是（　　）。

    A．设置科目和账户   B．填制和审核会计凭证

    C．登记账簿   D．复式记账

2．原始凭证金额出现错误的，（　　）。

    A．允许接受单位用红笔更正，但必须加盖接受单位印章

    B. 应要求开具单位在原始凭证上更正并盖章

    C. 只能由原始凭证开具单位重新开具

    D. 可由原始凭证开具单位重新开具或在原始凭证上更正并盖章

3. 对于填制有误的原始凭证，（   ）负有更正和重新开具的法律义务。

    A. 填写人   B. 开具单位

    C. 接受单位   D. 开具单位或接受单位

4. 下列各项中，关于编制记账凭证要求的表述不正确的是（   ）。

    A. 编制记账凭证必须以原始凭证及有关资料为依据

    B. 作为记账凭证编制依据的原始凭证和有关资料必须经过审核无误

    C. 一笔经济业务不可以填制两张以上记账凭证

    D. 除结账和更正错误的记账凭证外，记账凭证必须附有原始凭证

5. 《会计法》规定，作为记账凭证编制依据的必须是（   ）的原始凭证和有关资料。

    A. 经办人签字   B. 领导批准   C. 金额无误   D. 经过审核

6. 《会计法》第十四条规定，对于不真实、不合法的原始凭证有权（   ）。

    A. 不予接受   B. 予以退回   C. 可以扣留   D. 予以改正

二、多项选择题

1. 《会计法》规定，原始凭证应当具备的内容有（   ）。

    A. 原始凭证名称

    B. 填制原始凭证的日期

    C. 填制原始凭证单位的地址

    D. 经济业务事项的数量、单价和金额

2. 记账凭证可以根据（   ）填制。

    A. 每一张原始凭证   B. 若干张原始凭证汇总表

    C. 若干张同类原始凭证汇总表   D. 原始凭证汇总表

三、判断题

1. 记账凭证应根据原始凭证及有关资料编制。   （   ）

2. 《会计法》规定，取得的原始凭证必须及时送交会计机构，最迟不应超过一个会计结算期，否则就是违法。   （   ）

【考点4】会计账簿

    各单位会计账簿的设置和登记应当符合国家统一的会计制度的规定和单位会计业务的需要，不得私设账簿登记、核算。会计账簿记录发生错误或隔页、缺号、跳行的，应当按照国家统一的会计制度规定的方法更正，并由会计记账人员及会计机构负责人（会计主管

人员）签章。

一、单项选择题

1. 《会计法》规定，会计账簿包括（　　）。
   A. 总账、明细账、现金账、辅助账簿
   B. 总账、明细账、日记账、现金账
   C. 总账、明细账、日记账、备查账簿
   D. 总账、明细账、现金账、银行存款账
2. 登记账簿中的文字和数字要留有适当的空格，一般应占格距的（　　）。
   A. 1/2　　　　　B. 1/3　　　　　C. 1/4　　　　　D. 2/3

二、多项选择题

1. 会计账簿出现隔页、缺号时，应当按国家统一的会计制度规定的方法处理，并由（　　）在更正处签章。
   A. 记账人员　　　　　　　　　B. 会计机构负责人
   C. 会计主管人员　　　　　　　D. 单位负责人
2. 各单位应定期将会计账簿记录与相应的会计凭证记录逐笔核对，检查（　　）是否一致。
   A. 时间　　　　B. 编号　　　　C. 经济业务内容　　　D. 金额和记账方向等

三、判断题

1. 会计人员发现会计账簿与实物、款项及有关资料不相符的，应当立即向单位负责人报告，请求查明原因，做出处理。　　　　　　　　　　　　　　　　　　　（　　）
2. 《会计法》允许对相同的经济业务使用多本（套）会计账簿。　　　　　（　　）

【考点 5】财务会计报告

一份完整的财务会计报告至少应该包括资产负债表、利润表、现金流量表、所有者权益变动表（股东权益变动表）及附注。财务会计报告须有单位负责人和主管会计工作的负责人、会计机构负责人（会计主管人员）签名并盖章；设置总会计师的单位，还须有总会计师签名并盖章。

一、单项选择题

1. 《会计法》规定，单位有关负责人应在财务会计报告上（　　）。
   A. 签名　　　　　B. 盖章　　　　　C. 签名或盖章　　　　D. 签名并盖章
2. 下列各项中，有关财务会计报告编制或报送要求的表述不正确的是（　　）。

A. 编制的财务会计报告应具备真实性和完整性

B. 向不同会计资料使用者提供的财务会计报告，其编制的依据应当一致

C. 根据经过审核的会计账簿和有关资料编制财务会计报告

D. 单位财务会计报告由主管会计工作的负责人签名并盖章后即可对外报送

二、多项选择题

1. 根据《会计法》和国家统一的会计制度的规定，设置总会计师的单位对外报送的财务会计报告应当由（　　）签章。

A. 单位负责人

B. 注册会计师

C. 会计机构负责人（会计主管人员）

D. 总会计师

2. 财务会计报告的内容包括（　　）。

A. 资产负债表　　B. 利润表　　C. 现金流量表　　D. 各种附表

三、判断题

企业可以根据不同报表使用者的需要采取不同的编制基础、编制依据、编制原则和编制方法，分别编制并提供财务会计报告。　　　　　　　（　　）

【考点6】会计档案管理

会计档案包括会计凭证类、会计账簿类、财务报告类、其他类。财政部和国家档案局主管全国会计档案工作，共同制定全国统一的会计档案工作制度，对全国会计档案工作实行监督和指导。

一、单项选择题

1. 根据2016年新《会计档案管理办法》的规定，会计档案保管期限分为永久和定期两类，定期限保管的会计档案，其最长期限是（　　）年。

A. 5　　　　　B. 10　　　　　C. 30　　　　　D. 25

2. 根据2016年新《会计档案管理办法》的规定，会计档案由单位会计机构负责整理归档并保管一定期限后，移交单位的会计档案管理部门或者指定专人继续保管，这个期限是（　　）。

A. 1年　　　　　B. 2年　　　　　C. 3年　　　　　D. 6个月

3. 下列关于《会计档案管理办法》适用范围表述正确的是（　　）。

A. 仅适用于我国国家机关、社会团体

B. 仅适用于我国国家机关、企业、事业单位

C．仅适用于我国国家机关、社会团体、企业、事业单位、个体工商户

D．适用于我国国家机关、社会团体、企业、事业单位、按规定应当建账的个体工商户和其他组织

4．财政部与国家档案局联合制定的国家统一会计制度是（　　　）。

A．《企业会计制度》　　　　　　　　B．《小企业会计制度》

C．《会计档案管理制度》　　　　　　D．《会计档案管理办法》

5．下列关于会计档案管理的要求的说法，正确的是（　　　）。

A．出纳人员可以监管会计档案

B．当年形成的会计档案，在会计年度终了后必须立即移交本单位档案机构统一管理

C．采用电子计算机进行会计核算的单位，符合条件的可以不打印出纸质会计档案，统一在计算机硬盘内存储，形成电子会计档案

D．各单位保存的会计档案一律不得借出。如果有特殊需要，经过本单位负责人批准，可以提供查询或复制，并办理登记手续

二、多项选择题

1．下列企业会计档案中，根据规定应当永久保存的有（　　　）。

A．总账　　　　　　　　　　　　　　B．会计档案保管清册

C．年度财务会计报告　　　　　　　　D．会计档案销毁清册

2．以下属于文书档案，而不属于会计档案的是（　　　）。

A．预算表　　　　B．计划书　　　　C．公司章程　　　　D．材料验收单

3．下列情况下，不得销毁的会计档案有（　　　）。

A．保管期未满

B．正在项目建设期间的建设单位，其保管期已满的会计档案

C．未结清的债权债务的原始凭证

D．未了事项的原始凭证

三、判断题

1．会计档案的保管期限分为永久和定期两类，保管期限从会计年度终了后的第一天算起。　　　　　　　　　　　　　　　　　　　　　　　　　　　　（　　　）

2．《会计基础工作规范》规定，实行会计电算化的单位，有关电子数据、会计软件资料等应当作为会计档案进行管理。　　　　　　　　　　　　　　　　　（　　　）

∞—— 测 试 题 ——∞

一、单项选择题

1．下列说法中，正确的是（　　　）。

A．会计档案销毁清册需要保管 30 年

B. 固定资产卡片需要在固定资产报废后保管 15 年

C. 银行存款余额调节表需要保管 10 年

D. 库存现金日记账需要永久保存

2. 我国境内的外商投资企业，会计记录文字应符合（　　）的规定。

A. 只能使用中文

B. 只能使用外文

C. 使用中文，同时可选择一种外文

D. 在中文和外文中选择一种

3. 下列关于会计档案管理要求的说法，不正确的是（　　）。

A. 县级以上地方人民政府财政部门和档案行政管理部门管理本行政区域内的会计档案工作，并对本行政区域内的会计档案工作实行监督和指导

B. 当年形成的会计档案，在会计年度终了后，可由单位会计管理机构临时保管一年

C. 出纳人员不得兼管会计档案

D. 单位会计管理机构临时保管会计档案最长不超过 5 年

4. 对于记载不准确、不完整的原始凭证，会计人员应当（　　）。

A. 拒绝接受，并报告领导，要求查明原因

B. 应予以撤销，并报告领导，要求查明原因

C. 拒绝接受，且不让经办人进行更正、补充

D. 予以退回，并要求经办人员按规定进行更正、补充

5. 当年形成的会计档案，在会计年度终了后，可由单位会计管理机构临时保管（　　）。

A. 半年　　　　　　B. 2 年　　　　　　C. 1 年　　　　　　D. 5 年

6. 下列关于会计账簿的说法，错误的是（　　）。

A. 会计账簿包括总账、明细账、日记账、其他会计账簿和辅助账簿

B. 明细分类账是会计资料形成的基础环节

C. 登记账簿必须以经过审核的会计凭证为依据

D. 登记会计账簿必须按照"有借必有贷，借贷必相等"的记账规则进行

7. 下列不属于会计资料的是（　　）。

A. 会计凭证　　　B. 经济合同　　　C. 会计账簿　　　D. 财务会计报告

8. 《会计法》规定，我国会计年度自（　　）。

A. 公历 1 月 1 日起至 12 月 31 日止

B. 农历 1 月 1 日起至 12 月 30 日止

C. 公历 4 月 1 日起至次年 3 月 31 日止

D. 公历 10 月 1 日起至次年 9 月 30 日止

9. 在填制原始凭证时，货物名称不写明细规格的属于（　　）的原始凭证。

A. 虚假的　　　B. 不完整的　　　C. 不可用的　　　D. 不真实的

二、多项选择题

1. 下列各项中，属于企业财务会计报告组成部分的有（　　）。
    A. 资产负债表　　　　　　　　　B. 年度财务计划
    C. 审计报告　　　　　　　　　　D. 附注

2. 下列各项中，属于变造会计凭证行为的有（　）。
    A. 某公司为客户虚开假发票一张，并按照票面金额的10%收取好处费
    B. 某业务员将购货发票上的金额100万元，用"消字灵"修改为120万元报账
    C. 采购部门转来一张购货发票，原发票金额有误，出票单位已作更正并加盖出票单位公章
    D. 某企业现金出纳将一张报销凭证上的金额5 000元涂改为8 000元

3. 下列企业会计档案中，保管期限为10年的有（　　）。
    A. 月度、季度、半年度的财务会计报告
    B. 银行存款余额调节表
    C. 银行对账单
    D. 纳税申报表

4. 按照《会计法》的规定，某单位发生的下列事项中应该办理会计手续，进行会计核算的有（　　）。
    A. 向银行借入3个月的短期借款
    B. 收到某单位投入的一项无形资产
    C. 向工人发放工资
    D. 签订了一笔100万元货款的销售合同

5. 下列关于会计档案管理的表述中，正确的有（　　）。
    A. 会计档案的保管期限分为永久和定期两类
    B. 会计档案的定期保管期限一般分为10年和30年两类
    C. 银行存款日记账应当保管10年
    D. 企业的季度财务会计报告保管期限为10年

6. 为规范会计核算，我国会计法律制度从（　　）等方面对会计核算进行了统一规定。
    A. 会计信息质量要求　　　　　　B. 记账本位币
    C. 会计档案保管　　　　　　　　D. 编制财务会计报告

7. 《会计法》规定会计核算的记账本位币可以是（　　）。
    A. 人民币
    B. 人民币以外的某种货币
    C. 所有的币种
    D. 人民币以外的业务收支所用的主要币种

8. 《会计基础工作规范》规定，必须在记账凭证上签名或盖章的有（　　）。

    A. 填制人员　　　　B. 稽核人员　　　　C. 记账人员　　　　D. 会计主管人员

9. 出纳不得兼管的工作有（　　）。

    A. 稽核　　　　　　　　　　　　B. 会计档案保管

    C. 收入、支出、费用的登记工作　　D. 债权债务账目的登记工作

三、判断题

1. 企业实际发生的一切经济业务事项都需要进行会计记录和会计核算。　　　　（　　）

2. 每个企业都必须按一定的程序填制和审核会计凭证，根据审核无误的会计凭证进行账簿登记，如实反映企业的经济业务。　　　　（　　）

3. 单位保存的会计档案一律不得对外借出。　　　　（　　）

4. 任何单位不得以虚假的经济业务事项或资料进行会计核算，一旦违反，即是严重的违法行为，将受到法律的严厉制裁。　　　　（　　）

5. 会计档案是会计核算的专业资料，是记录和反映单位交易或事项的重要史料和证据。　　　　（　　）

6. 审核原始凭证是会计机构和会计人员的法定职责，必须履行。　　　　（　　）

7. 业务收支以人民币以外的货币为主的单位可以选定其中一种外币为记账本位币，并以选定的外币编报单位财务会计报告。　　　　（　　）

8. 出纳人员可以监管会计档案。　　　　（　　）

9. 当年形成的会计档案，在会计年度终了后必须立即移交本单位档案机构统一管理。
　　　　（　　）

10. 会计账簿记录发生错误或隔页、缺号、跳行的，应当按照会计制度规定的办法更正，并由审核人员在更正处盖章，以明确责任等。　　　　（　　）

11. 会计年度是指每年的 1 月 1 日起至 12 月 31 日止。　　（　　）

12. 企业编制的财务会计报告必须以人民币为本位币。　　（　　）

13. 所有记账凭证都必须附有原始凭证并注明所附原始凭证的张数。
　　　　（　　）

14. 记账凭证审核的主要内容包括编制依据是否真实、填写项目是否齐全、金额计算是否正确、书写是否清楚等。　　　　（　　）　第一章第三节答案

第四节　会　计　监　督

【考点1】单位内部的会计监督

    会计监督可以分为单位内部监督、政府监督和社会监督。单位负责人负责单位内部会

计监督制度的组织实施，对本单位内部会计监督制度的建立及有效实施承担最终责任。单位内部监督是指会计机构、会计人员依照法律的规定，通过会计手段对经济活动的合法性、合理性和有效性进行的一种监督。

一、单项选择题

1. 单位内部会计监督，可通过（ ）在处理会计业务过程中进行。
   A．单位内部会计机构、会计人员　　B．单位内部纪检人员
   C．单位负责人　　　　　　　　　　D．上级单位领导
2. 单位内部会计监督的主体是（ ）。
   A．政府审计部门　　　　　　　　　B．单位负责人
   C．各单位的会计机构、会计人员　　D．社会会计中介机构
3. 《会计法》规定，（ ）负责单位内部会计监督制度的组织实施并承担最终责任。
   A．会计机构负责人　　　　　　　　B．总会计师
   C．记账人员　　　　　　　　　　　D．单位负责人
4. 以下不是内部会计控制的措施的是（ ）。
   A．不相容职务相互分离控制　　　　B．任免授权批准控制
   C．预算控制　　　　　　　　　　　D．会计系统控制
5. 内部审计在单位内部会计监督制度中的重要作用不包括（ ）。
   A．预防保护作用　　　　　　　　　B．服务促进作用
   C．统筹规划作用　　　　　　　　　D．评价鉴证作用
6. 单位内部控制最根本的目标是（ ）。
   A．保护单位财产　　　　　　　　　B．检查有关数据的正确性和可靠性
   C．提高经营效率　　　　　　　　　D．贯彻既定的管理方针

二、多项选择题

1. 《会计基础工作规范》规定，单位内部会计监督的主体有（ ）。
   A．会计机构　　　　　　　　　　　B．会计人员
   C．单位负责人　　　　　　　　　　D．单位的经济活动
2. 单位内部会计控制的主要方法包括（ ）。
   A．授权批准　　　　　　　　　　　B．职务分离
   C．财产保全　　　　　　　　　　　D．采用电子信息技术手段
3. 下列属于内部会计控制应当遵循的基本原则有（ ）。
   A．全面性原则　　　　　　　　　　B．成本效益原则
   C．制衡性原则　　　　　　　　　　D．注重信息反馈原则

三、判断题

各单位可根据自身的管理需要来建立内部会计监督制度。 （　　）

【考点2】会计工作的政府监督

财政部门是会计工作政府监督的实施主体。除财政部门外，审计、税务、人民银行、银行监管、证券监管、保险监管等部门依照有关法律、行政法规规定的职责和权限，可以对有关单位的会计资料实施监督检查。

一、单项选择题

1. 会计工作的政府监督主要是指（　　）代表国家对单位和单位相关人员的会计行为实施的监督检查。

　　A. 审计部门　　　　　　　　　　B. 财政部门

　　C. 税务部门　　　　　　　　　　D. 国有资产监督管理委员会

2. 财政部门对会计的相关资料，是否做到"账实相符、账证相符、账账相符、账表相符"的监督属于（　　）。

　　A. 设账监督　　　　　　　　　　B. 真实性、完整性监督

　　C. 核算监督　　　　　　　　　　D. 人员监督

二、多项选择题

1. 《会计法》规定，由财政部门对各单位实施会计监督的事项有（　　）。

　　A. 是否依法设置会计账簿

　　B. 是否及时足额交纳各项税款

　　C. 会计凭证、会计账簿、财务会计报告和其他会计资料是否真实完整

　　D. 从事会计工作的人员是否具备会计从业资格

2. 会计监督是会计的基本职能之一，依照《会计法》的规定，我国会计监督的种类包括（　　）。

　　A. 单位内部监督　　　　　　　　B. 政府监督

　　C. 社会监督　　　　　　　　　　D. 单位上级主管部门的监督

3. 下列各项中，属于财政部门对单位会计资料真实性、完整性检查的有（　　）。

　　A. 从事会计工作的人员是否具备会计从业资格

　　B. 依法办理会计手续、进行会计核算的事项是否如实在会计凭证、会计账簿、财务会计报告和其他会计资料上反映

　　C. 财务会计报告的内容是否符合相关法律、行政法规、国家统一的会计准则制度的规定

    D. 填制的会计凭证、登记的会计账簿、编制的财务会计报告与实际发生的经济业务事项是否相符

三、判断题

1. 审计、税务、银行对有关单位的会计资料实施监督检查后，应当出具检查结论。　　　　　　　　　　　　　　　　　　　　　　　　　　（　　）

2. 审计、税务、人民银行、证券监管、保险监管等部门对有关单位会计资料的监督检查是面向各单位的监督。　　　　　　　　　　　　　　　（　　）

3. 财政部门进行的监督检查是面向各单位的监督，而审计、税务、人民银行等其他部门则不是。　　　　　　　　　　　　　　　　　　　　　（　　）

4. 财政部门实施会计监督检查的对象是经济活动。　　　　　　　　　（　　）

【考点3】会计工作的社会监督

    会计工作的社会监督主要是指注册会计师及其所在的会计师事务所依法对委托单位的经济活动进行审计、鉴证的一种外部监督。会计工作的社会监督是一种外部监督，社会监督的特征有独立性、有偿性、中介性、公正性、权威性。

一、单项选择题

1. 下列不属于注册会计师承办会计咨询、服务业务的有（　　　）。
    A. 验证企业资本、出具验资报告　　　B. 设计财务会计制度
    C. 审核企业前景财务资料　　　　　　D. 培训会计人员

2. 社会监督的主体是（　　　）。
    A. 注册会计师及其所在的会计师事务所
    B. 财政部门
    C. 单位内部机构
    D. 单位负责人

二、多项选择题

1. 在下列各项中，属于注册会计师及其所在的会计师事务所可依法承办的审计业务的有（　　　）。
    A. 审查企业财务会计报告，出具审计报告
    B. 验证企业资本，出具验资报告
    C. 办理企业合并、分立、清算事宜中的审计业务，出具有关报告
    D. 法律、行政法规规定的其他审计业务

2. 下列各项中，属于注册会计师审计与内部审计区别的有（　　　）。

A. 审计独立性不同　　　　　　　B. 审计人员不同

C. 审计方式不同　　　　　　　　D. 接受审计的自愿程度不同

三、判断题

会计工作的社会监督主要是指由注册会计师及其所在的会计师事务所依法对受托单位的经济活动进行审计、鉴证的一种监督制度。　　　　　　　　　　　　　　（　　）

—— 测 试 题 ——

一、单项选择题

1. 审计、税务、证券监管、人民银行、保险监管等部门，依照有关法律、行政法规规定的职责对（　　）实施监督检查。

A. 经济活动　　B. 会计资料　　C. 会计人员　　　　D. 经营行为

2. 单位内部会计监督的主体是单位的会计机构、会计人员，监督的对象是（　　）。

A. 单位的经济活动　　　　　　B. 单位的会计行为

C. 单位的会计资料　　　　　　D. 单位的经济活动和单位的会计资料

3. （　　）是会计工作政府监督的实施主体。

A. 国务院　　　　　　　　　　B. 财政部门

C. 税务部门　　　　　　　　　D. 审计、税务、证监会等部门

4. 会计监督是指（　　）。

A. 单位内部监督　　　　　　　B. 国家监督

C. 社会监督　　　　　　　　　D. 以上均是

5. （　　）不是《会计法》规定的财政部门实施会计监督的内容。

A. 会计预算执行情况　　　　　B. 是否依法设置会计账簿

C. 会计资料是否真实、完整　　D. 会计核算是否符合法定要求

6. 会计师及其所在的会计师事务所依法对委托单位的（　　）进行审计监督。

A. 会计资料　　B. 经济活动　　C. 会计人员　　　　D. 经营行为

二、多项选择题

1. 我国目前的会计监督体系为（　　）。

A. 单位内部监督　　　　　　　B. 以注册会计师为主体的社会监督

C. 以财政部门为主体的政府监督　　D. 舆论监督

2. （　　）是财政部实施会计监督的内容。

A. 对单位依法设置会计账簿的检查

    B．对单位会计资料的真实性、完整性的检查

    C．对单位会计核算的合法性的检查

    D．对单位会计工作人员的任职资格的检查

3．下列各项中，应当接受财政部门依法实施会计监督检查的有（   ）。

    A．国家机关   B．社会团体、事业单位

    C．公司、企业   D．除上述以外的其他组织

4．单位内部会计监督制度的基本要求包括记账人员与经济业务事项和会计事项的其他相关人员的职责权限应当明确，相互制约。这里所说的"相关人员"包括（   ）。

    A．审批人员   B．会计人员   C．经办人员   D．财物保管人员

5．下列各项中，属于注册会计师、会计师事务所可以承办的审计业务有（   ）。

    A．培训会计人员

    B．验证企业资本，出具验资报告

    C．办理企业合并、分立、清算事宜中的审计业务

    D．法律、行政法规规定的其他审计业务

6．我国的会计监督体系包括（   ）。

    A．群众监督   B．单位内部监督

    C．政府监督   D．社会监督

三、判断题

第一章第四节答案

1．目前我国实行的三位一体的会计监督体系中以财政部门为主体的监督属于社会监督。   （   ）

2．国务院财政部门和各省、自治区、直辖市人民政府财政部门，依法对注册会计师、会计师事务所和注册会计师协会进行监督、指导。   （   ）

3．财政部门实施会计监督检查的对象是经济活动。   （   ）

4．单位内部会计监督制度的本质是一种内部控制制度，其建立与否一般可由各单位自行决定。   （   ）

5．会计工作的社会监督仅指注册会计师及其所在的会计师事务所对委托单位的经济活动的监督。   （   ）

6．内部审计既是内部控制的一个组成部分，又是内部控制的一种特殊形式。   （   ）

7．各单位制定的内部会计监督制度，是国家统一会计制度的组成部分。   （   ）

8．记账人员与经济业务和事项的审批人员、经办人员、财产保管人员的职责权限应当明确，并相互分离、相互制约。   （   ）

9．注册会计师及其所在的会计师事务所进行的监督是政府监督。   （   ）

第五节 会计机构与会计人员

【考点1】会计机构的设置

各单位应当根据会计业务的需要，设置会计机构，或者在有关机构中设置会计人员并指定会计主管人员；不具备设置条件的，应当委托经批准设立从事会计代理记账业务的中介机构代理记账。

一、单项选择题

1. 在不单独设置会计机构的单位里，负责组织管理会计事务、行使会计机构负责人职权的人员是（ ）。

　A．主办会计　　　B．主管会计　　　C．会计主管　　　D．会计主管人员

2. 根据《代理记账管理办法》的规定，申请设立除会计师事务所以外的代理记账机构，应当经所在地的（ ）人民政府部门批准，并领取有财政部统一印制的代理记账许可证书。

　A．区级以上　　　B．省级　　　　　C．市级以上　　　D．县级以上

3. 下列关于设立代理记账机构条件的说法，不正确的是（ ）。

　A．3 名及以上持有会计从业资格证书的专职从业人员

　B．主管代理记账业务的负责人具有会计师以上专业技术职务资格

　C．有固定的办公场所

　D．有健全的代理记账业务规范和财务会计管理制度

4. 按照会计机构设置原则，股份有限公司（ ）。

　A．应当设置会计机构

　B．可以设置会计机构，也可以不设置会计机构

　C．可以不单独设置会计机构，但应将会计业务并入相关职能部门

　D．可以不单独设置会计机构，但应聘请具备资质的中介机构代理记账

二、多项选择题

1. 下列各单位会计机构设置的说法中，正确的有（ ）。

　A．单位可以根据领导意愿决定需不需要单独设置会计机构

　B．单位应根据会计业务的需要设置会计机构或在有关机构中设置会计人员并指定会计主管人员

　C．不具备设置条件的，应当委托具有会计代理记账资格的中介机构代理记账

　D．单位必须设置会计机构并指定会计机构负责人

2. 代理记账机构可以接受委托办理下列业务中的（　　　）。

    A. 根据委托人提供的原始凭证和其他资料，按照国家统一的会计制度的规定进行会计核算

    B. 对外提供财务会计报告

    C. 向税务机关提供税务资料

    D. 委托人委托的其他会计业务

3. 代理记账的业务范围包括（　　　）。

    A. 审核填制原始凭证　　　　　　　　B. 填制记账凭证

    C. 登记账簿并编制会计报告　　　　　D. 提供税务资料

三、判断题

1. 各单位都应该设置会计机构并指定会计机构负责人。　　　　　　　　（　　）

2. 代理记账是指企业委托有会计资格证书的人员的记账行为。　　　　　（　　）

3. 代理记账机构为委托人编制的财务会计报告，只需经委托人签名并盖章后，就可以对外提供。　　　　　　　　　　　　　　　　　　　　　　　　（　　）

【考点2】会计工作岗位的设置

    会计工作岗位设置的要求包括按需设岗，符合内部牵制的要求；建立岗位责任制、建立轮岗制度。主要会计工作岗位包括总会计师岗位，会计机构负责人或会计主管人员，出纳岗位，稽核，资本、基金核算，收入、支出、债权债务核算，职工薪酬、成本费用、财务成果核算，财产物资的收支、增减核算，总账，财务会计报告编制，会计机构内会计档案管理，其他会计工作岗位。

一、单项选择题

下列各项中，不属于会计岗位的是（　　　）。

    A. 出纳　　　　　　　　　　　　　　B. 会计机构内的档案管理岗位

    C. 仓库保管员　　　　　　　　　　　D. 财产物资核算岗位

二、多项选择题

1. 下列岗位设置不符合规定的有（　　　）。

    A. 出纳人员监管会计档案保管和收入账目登记

    B. 财务主管兼总账登记

    C. 出纳人员兼会计档案保管

    D. 财务主管兼稽核

2. 会计工作岗位可以设置为（　　　）。

    A. 一人一岗　　　B. 一人多岗　　　C. 一岗多人　　　D. 多岗多人

3. 下列不属于会计岗位的有（　　　）。
  A. 工资核算岗位   B. 注册会计师岗位
  C. 商场收银员岗位   D. 会计部门会计档案管理岗位

三、判断题

1. 商场收银员的工作属于会计岗位。   （　　　）
2. 会计工作岗位可以一人一岗、一人多岗或者一岗多人。   （　　　）
3. 总会计师不是一种专业技术职务，也不是会计机构负责人、会计机构主管人员，更
不是一种行政职务。   （　　　）

【考点3】会计工作交接

  会计工作交接是指会计人员因工作调动、离职或因病暂时不能工作，应当与接管人员
办理交接手续的一种工作程序。一般会计人员办理交接手续，由单位的会计机构负责人（会
计主管人员）监交；会计机构负责人（会计主管人员）办理交接手续时，由单位负责人监
交，必要时主管单位可以派人监交。

一、单项选择题

1. 一般会计人员办理会计交接手续时，负责监交的人员应当是（　　　）。
  A. 单位领导人   B. 主管单位有关人员
  C. 其他会计人员   D. 会计机构负责人
2. 会计机构负责人办理交接手续时，由（　　　）监交。
  A. 一般会计人员   B. 会计机构负责人
  C. 单位负责人   D. 单位内部审计人员

二、多项选择题

1. 下列关于会计工作交接的说法，正确的有（　　　）。
  A. 临时离职需要接替的，会计机构负责人或单位负责人必须指定专人接替，并办
   理会计工作交接手续
  B. 临时离职或者因病不能工作的会计人员恢复工作时，应当与接替或代理会计人
   员办理接替手续
  C. 有价证券的数量要与会计账簿记录一致，有价证券面额与发行价不一致时，按
   照会计账簿余额交接
  D. 印章、收据、空白支票、发票等必须交接清楚
2. 根据《会计基础工作规范》的规定，实行会计电算化的单位，在会计人员办理移交

手续前，从事该项工作的移交人员还应当在移交清册中列明（　　　）及有关资料。

  A．会计软件的基本功能   B．会计软件及密码

  C．会计软件数据磁盘（磁带等） D．会计软件的开发单位及日期

  3．一般会计人员办理交接手续时的监交人员有（　　　）。

  A．会计机构负责人   B．会计主管人员

  C．单位领导人   D．主管单位派人

三、判断题

1．会计人员因病暂时不能工作时，可以不办理会计工作交接。   （　　　）

2．会计人员办理工作交接后，移交人员对自己原移交的会计资料的真实性、合法性不再承担法律责任。   （　　　）

3．会计资料移交后，如发现移交人员在其经办会计工作期间内所发生的问题，应由移交人员和接收人员共同对这些会计资料的合法性、真实性承担法律责任。   （　　　）

4．移交清册一般应当填制一式三份，交接双方和监交人各持一份。   （　　　）

【考点4】会计专业技术资格与职务

  会计专业技术资格分为初级会计资格、中级会计资格和高级会计资格。初级、中级会计资格的取得实行全国统一考试制度。高级会计师资格的取得实行考试与评审相结合制度。

一、单项选择题

  1．会计专业职务是区别会计人员（　　　）的技术等级。

  A．业务技能   B．行政职务   C．学历文凭   D．职业道德

  2．取得大学本科学历的人员，报名参加会计专业技术资格中级考试的，除了应具备规定的基本条件外还应当具备从事会计工作满（　　　）年的条件。

  A．5   B．4   C．3   D．2

  3．报考中级会计资格考试，取得大专学历的人员须有满（　　　）年的工作经验。

  A．1   B．2   C．4   D．5

二、多项选择题

  根据《会计专业职务试行条例》的规定，会计专业职务分为（　　　）。

  A．总会计师   B．高级会计师   C．会计师   D．会计员

三、判断题

1．会计专业职务分为总会计师、会计师、助理会计师和会计员。   （　　　）

2．高级会计师资格只能通过评审获得，不可通过考试获得。   （　　　）

测 试 题

一、单项选择题

1. 一般会计人员离开会计岗位办理交接手续，由（　　）监交。

    A. 会计机构负责人   B. 单位负责人

    C. 总会计师   D. 总经理

2. 报名参加会计专业技术资格初级考试的人员，除了具备规定的基本条件外，还必须具备教育部门认可的（　　）学历。

    A. 高中以上   B. 中专以上

    C. 大专以上   D. 本科以上

3. 根据《代理记账管理办法》的规定，主管代理记账业务的负责人应具有（　　）以上专业技术职务资格。

    A. 助理会计师   B. 会计师   C. 注册会计师   D. 高级会计师

4. 国家对高级会计师资格的取得实行（　　）。

    A. 考试与评审相结合制度   B. 评审制度

    C. 考试制度   D. 审评制度

5. 出纳人员可以兼管的工作是（　　）。

    A. 稽核   B. 低值易耗品明细账的登记

    C. 会计档案保管   D. 收入、费用、债权债务账目的登记

二、多项选择题

1. 下列各项中，属于委托代理记账委托人的义务有（　　）。

    A. 协助代理记账机构从业人员填制和审核记账凭证

    B. 协助代理记账机构从业人员提供税务资料

    C. 对本单位发生的经济业务事项，按照规定取得和填制原始凭证

    D. 配备专人负责日常货币收支和保管

2. 下列各项中，属于代理记账业务范围的有（　　）。

    A. 代理申请工商登记

    B. 根据委托人提供的原始凭证和其他资料进行会计核算

    C. 向税务机关提供税务资料

    D. 对外提供财务会计报告

3. 下列属于会计岗位的有（　　）。

    A. 会计机构内会计档案管理岗位   B. 总账岗位

    C. 会计电算化岗位   D. 单位内部审计岗位

4. 以下属于总会计师权限的有（　　　）。

  A. 组织各职能部门的经济核算、成本管理

  B. 审批财务收支

  C. 预算、财务收支计划，成本和费用计划的签署

  D. 任用、晋升、调动会计人员

5. 下列各项中，根据《会计从业资格管理办法》的规定，必须取得会计从业资格证书后才能从事的工作有（　　　）。

  A. 会计机构负责人　　　　　　B. 出纳

  C. 资本、基金核算　　　　　　D. 会计机构内会计档案管理

6. 根据《会计法》的规定，单位出纳人员不得兼任的工作有（　　　）。

  A. 稽核　　　　　　　　　　　B. 会计档案保管

  C. 费用账目登记　　　　　　　D. 银行存款日记账登记

7. 下列各项中，属于会计工作岗位的有（　　　）。

  A. 档案管理机构内会计档案管理　　B. 会计机构内会计档案管理

  C. 医院门诊收费　　　　　　　　　D. 单位内部审计、社会审计

8. 从事代理记账工作的人员应遵守的规则有（　　　）。

  A. 依法履行职务

  B. 保守商业秘密

  C. 对委托人示意要求提供不实会计资料，应当拒绝

  D. 对委托人提出的有关会计处理原则问题负有解释的责任

三、判断题

第一章第五节答案

1. 会计师事务所及其分所可以依法从事代理记账业务。　　　　　　　　　（　　）

2. 各单位必须在单位内部设置会计机构，并指定会计主管人员。　　　　　（　　）

3. 在会计工作交接中，接替会计人员在交接时因疏忽没有发现所接收的会计资料在真实性、完整性方面存在问题，如果事后在这一方面发现了问题，那么应由接替会计人员承担相应的法律责任。　　　　　　　　　　　　　　　　　　　　　　　　　　　（　　）

4. 会计人员工作交接是指当会计人员工作临时调动或离职时，必须与接管人员办理交接手续。　　　　　　　　　　　　　　　　　　　　　　　　　　　　　　　　　（　　）

5. 会计人员未与接管人员或代理人员办清工作交接手续的，不得调动或离职。（　　）

6. 出纳人员不得兼任何账目的登记工作。　　　　　　　　　　　　　　　（　　）

7. 出纳人员不得经管现金，有价证券和票据。　　　　　　　　　　　　　（　　）

8. 为提高会计工作效率，经单位会计机构负责人批准，出纳人员可以兼管会计档案保管和债权债务账目的登记工作。　　　　　　　　　　　　　　　　　　　　　　　　（　　）

9. 出纳人员不得兼管收入、费用、债权债务账目的登记工作，但可以兼管会计档案保管工作。　　　　　　　　　　　　　　　　　　　　　　　　　　　　　　　　　　（　　）

10.《会计法》所指的会计主管人员就是通常所说的负责某个会计岗位的会计主办人员。

（　　　）

11. 会计工作接替人员应当另立新账，保证责任的划分。（　　　）

第六节　法　律　责　任

【考点1】法律责任概述

《会计法》规定了明确的法律责任，主要规定了行政责任、刑事责任2种责任形式。行政责任包括行政处罚和行政处分2种方式；刑事责任包括主刑和附加刑2种。主刑包括管制、拘役、有期徒刑、无期徒刑、死刑；附加刑包括罚金、剥夺政治权利和没收财产。

一、单项选择题

1.《会计法》规定的法律责任形式中不包括（　　　）。

    A. 侵权赔偿　　　　　　　　B. 没收违法所得

    C. 没收非法所得　　　　　　D. 没收财产

2. 下列属于行政处分对象的是（　　　）。

    A. 公务员　　　B. 公民　　　C. 公司会计人员　　　D. 业主组织

二、多项选择题

1. 刑罚包括主刑和附加刑。以下各项中，属于主刑的有（　　　）。

    A. 管制　　　　　B. 拘役　　　　　C. 无期徒刑　　　　D. 死刑

2.《会计法》规定的法律责任可分为（　　　）。

    A. 赔偿责任　　　B. 连带责任　　　C. 行政责任　　　D. 刑事责任

3. 下列各项中，属于行政处罚的有（　　　）。

    A. 责令限期改正　　　　　　B. 罚款

    C. 吊销会计从业资格证书　　D. 管制

三、判断题

1. 行政决定不受司法审查，而且有些行政处分在法定情况下可以由原处分机关撤销或减轻。（　　　）

2. 追究刑事责任是最严厉的制裁。（　　　）

【考点2】不依法设置会计账簿等会计违法行为的法律责任

《会计法》第四十二条规定了不依法设置会计账簿等会计违法行为的范围，以及应承担的相应法律责任。

一、单项选择题

1. 对于不依法设置会计账簿、情节严重的，县级以上人民政府财政部门有权（　　）。
   A. 对违法行为人予以通报　　　　B. 对违法行为人给予记过处分
   C. 吊销违法行为人的会计从业资格　D. 依法追究违法行为人的刑事责任
2. 不依法设置账簿的，对单位的最高罚款为（　　）万元。
   A. 3　　　　　　B. 5　　　　　　C. 10　　　　　　D. 2
3. 私设会计账簿的，情节严重但不构成犯罪的对会计人员可（　　）。
   A. 处以 3 000 元以上 50 000 元以下的罚款
   B. 给予行政处分
   C. 吊销会计从业资格证书
   D. 责令限期更正

二、多项选择题

1. 会计人员有（　　）行为之一，情节严重的，由县级以上人民政府财政部门吊销会计从业资格证书。
   A. 未按照规定保管会计资料，致使会计资料毁损、灭失的
   B. 随意变更会计处理方法的
   C. 私设会计账簿的
   D. 无故不参加会计人员继续教育的
2. 根据《会计法》的规定，应当承担法律责任的违法行为包括（　　）。
   A. 不依法设置会计账簿
   B. 以未经审核的会计凭证为依据登记会计账簿
   C. 未按照规定建立并实施单位内部会计监督制度
   D. 外商投资企业仅使用英文作为会议记录文字

三、判断题

1. 不依法设置会计账簿等会计违法行为构成犯罪的，依法追究刑事责任。　　（　　）
2. 允许私自设置"两本账""账外设账"。　　　　　　　　　　　　　　　（　　）

【考点3】其他会计违法行为的法律责任

其他会计违法行为的 4 种情形、行为特征（变造或伪造；隐匿或故意销毁；授意或指使或强令；打击报复），应承担的刑事、行政责任。

一、单项选择题

1. 根据有关法律条款规定，公司、企业、事业单位、机关、团体的领导人，对依法履行职责、抵制违反《会计法》行为的会计人员实行打击报复，（　　）。

A. 处 3 年以下有期徒刑或者拘役

B. 处 3 年以上有期徒刑或者拘役

C. 情节恶劣的，处 3 年以下有期徒刑或者拘役

D. 情节恶劣的，处 3 年以上有期徒刑或者拘役

2. 对于伪造、变造会计凭证、会计账簿或者编制虚假财务会计报告的行为尚不构成犯罪的，县级以上人民政府财政部门在予以通报的同时，可以对单位并处（　　）的罚款。

A. 2 000 元以上 2 万元以下　　　　B. 3 000 元以上 5 万元以下

C. 5 000 元以上 10 万元以下　　　　D. 10 万元以上

二、多项选择题

1. 授意、指使、强令会计机构、会计人员及其他人员伪造、变造会计凭证、会计账簿，编造虚假财务会计报告或者隐匿故意销毁依法应当保存的会计凭证、会计账簿、财务会计报告尚不构成犯罪的，对责任人可处（　　）。

A. 3 000 元以上 5 万元以下的罚款

B. 5 000 元以上 5 万元以下的罚款

C. 降级、撤职、开除的行政处分

D. 2 000 元以上 2 万元以下的罚款

2. 伪造、变造会计凭证、会计账簿或者编制虚假财务会计报告，情节较轻、尚不构成犯罪的，应当按照《会计法》第四十三条第二款的规定予以处罚，具体包括（　　）。

A. 通报　　　　B. 罚款　　　　C. 行政处分　　　　D. 拘留

三、判断题

1. 所谓变造会计凭证、会计账簿和其他资料，是指以虚假的经济业务事项为前提，编造不真实的会计凭证、会计账簿和其他会计资料。（　　）

2. 对会计人员进行打击报复的，除对单位负责人依法进行处罚外，还应当采取必要的补救措施，如恢复会计人员名誉、原有职位、级别。（　　）

❧——— 测　试　题 ———❧

一、单项选择题

1.《会计法》中规定的法律责任的主要形式是（　　）。

A. 行政责任和民事责任　　　　B. 行政责任和刑事责任

C. 民事责任和刑事责任　　　　　D. 行政责任、民事责任和刑事责任

2. 行政处分的对象是（　　）。

A. 法人　　　B. 公民　　　C. 其他组织　　　D. 国家工作人员

3. 授意、指使、强令会计机构、会计人员及其他人员伪造、变造会计凭证、会计账簿，编制虚假财务会计报告，尚未构成犯罪的，由县级以上人民政府财政部门对违法行为人处以（　　）的罚款。

A. 3 000 元以上 5 万元以下　　　　B. 3 000 元以上 10 万元以下

C. 5 000 元以上 10 万元以下　　　D. 5 000 元以上 5 万元以下

4. 根据《会计法》的规定，对不依法设置会计账簿的行为，县级以上人民政府财政部门在责令限期改正的同时，可以对其直接负责的主管人员和其他直接主管人员，处以（　　）的罚款。

A. 1 000 元以上 1 万元以下　　　　B. 5 000 元以上 5 万元以下

C. 5 000 元以上 2 万元以下　　　D. 2 000 元以上 2 万元以下

5. 某职工到重庆出差，实际支付住宿费 1 300 元，却开出 2 500 元的发票到单位报销，后被查出。县级以上财政部门可以对该职工进行通报并处以（　　）的罚款。

A. 1 000 元以上 1 万元以下　　　　B. 5 000 元以上 5 万元以下

C. 3 000 元以上 5 万元以下　　　D. 2 000 元以上 2 万元以下

6. 伪造、变造会计凭证、会计账簿，编造虚假财务会计报告，尚不构成犯罪的，对其直接负责的主管人员和其他直接责任人员，可处以（　　）。

A. 2 000 元以上 2 万元以下的罚款　　B. 3 000 元以上 5 万元以下的罚款

C. 5 000 元以上 10 万元以下的罚款　D. 3 年以下有期徒刑

二、多项选择题

1. 违反会计法律制度应承担的法律责任有（　　）。

A. 行政责任　　B. 刑事责任　　C. 民事责任　　　D. 道德谴责

2. 根据《会计法》的规定，单位的负责人对会计人员实行打击报复的，除对单位负责人依法进行处罚外，对遭受打击报复的会计人员还应（　　）。

A. 恢复原有职务　　　　　　　B. 经济补偿

C. 恢复原有级别　　　　　　　D. 恢复名誉

3. 单位负责人对依法履行职责、抵制违反《会计法》规定行为的会计人员实行打击报复的行为包括（　　）。

A. 降级　　　B. 撤职　　　C. 调离工作岗位　　D. 解聘或者开除

4. 下列各项中，属于《会计法》中规定的行政处罚形式的有（　　）。

A. 罚款　　　B. 罚金　　　C. 责令限期改正　D. 没收违法所得

三、判断题

1. 对于当事人的同一违法行为，不得给予两次以上罚款的行政处罚。 （ ）

2. 违法行为轻微并及时纠正，没有造成危害后果的不予行政处罚。 （ ）

3. 行政处分的对象是国家工作人员。 （ ）

4. 行政处分属于内部行政行为，而行政处罚则属于外部行政行为。 （ ）

5. 刑罚中的附加刑可以独立适用，也可以附加适用但不可以同时附加 2 个以上附加刑。
（ ）

6. 授意、指示、强令他人伪造、变造或者隐匿、故意销毁会计凭证、会计账簿行为的，如尚不构成犯罪的，可以由县级以上人民政府财政部门对违法行为人处以 5 000 元以上 5 万元以下的罚款。 （ ）

7. 对犯有打击报复会计人员罪的单位负责人，可处 3 年以下有期徒刑或者拘役。
（ ）

8. 隐匿财务会计报告的行为，是指故意将依法应当保存的财务会计报告予以灭失的行为。 （ ）

9. 伪造、变造会计凭证、会计账簿，编制虚假财务会计报告和隐藏或者故意销毁依法应当保存的会计凭证、会计账簿、财务会计报告所承担的行政责任完全一致。 （ ）

10. 因打击、报复会计人员被开除的，应当直接恢复其工作。 （ ）

11. 刑罚中的主刑可单独适用，也可以附加适用。 （ ）

第一章第六节答案

第二章 结算法律制度

第一节 现金结算

【考点1】现金结算的概念与特点及现金结算的渠道

现金结算是指在商品交易、劳务供应等经济往来中，直接使用现金进行应收应付款结算的一种行为。

现金结算的渠道有付款人直接将现金支付给收款人，付款人委托银行、非银行金融机构或者非金融机构将现金支付给收款人。

一、单项选择题

1. 现金结算的特点是（   ）。
   A. 直接便利
   B. 安全性高
   C. 易于宏观控制和管理
   D. 费用较低

2. 现金结算是指单位和个人在社会经济活动中使用（   ）进行应收应付款结算的行为。
   A. 票据
   B. 现金
   C. 汇兑
   D. 银行卡

二、多项选择题

1. 下列对现金结算描述正确的是（   ）。
   A. 现金结算主要适用于单位和个人之间的款项收付
   B. 现金主要适用于单位与单位之间的转账结算起点金额以下的结算
   C. 现金主要适用于银行之间的结算
   D. 现金主要适用于单位与银行之间的结算

2. 下列各项中，属于现金结算渠道的有（   ）。
   A. 付款人直接将现金支付给收款人
   B. 付款人委托银行将现金支付给收款人
   C. 付款人委托非银行金融机构将现金支付给收款人
   D. 付款人委托非金融机构将现金支付给收款人

三、判断题

1. 现金结算是指在商品交易、劳务供应等经济活动中，直接使用现金进行应收应付款结算的一种行为。 （　）
2. 单位与单位之间的结算不能使用现金结算。 （　）
3. 开户单位之间的经济往来均可以通过现金方式进行结算。 （　）
4. 现金结算的渠道包括付款人委托银行将现金转账给收款人。 （　）

【考点2】现金结算的范围

现金结算的范围包括职工工资、津贴；个人劳务报酬；根据国家规定颁发给个人的科学技术、文化艺术、体育等各种奖金；各种劳保、福利费及国家规定的对个人的其他支出；向个人收购农副产品和其他物资的价款；出差人员必须随身携带的差旅费；结算起点1 000元以下的零星支出；中国人民银行确定需要支付现金的其他支出。

一、单项选择题

1. 开户单位可以在一定范围内使用现金，按照有关规定，对于零星支出的结算起点是（　）元以下。
   A. 1 000　　　　B. 1 500　　　　C. 2 000　　　　D. 500
2. 根据规定，下列项目中不可以使用现金支付的是（　）。
   A. 职工工资、津贴　　　　B. 个人劳务报酬
   C. 出差人员必须携带的差旅费　　D. 2 000元以下的零星支出
3. 下列不能用现金支付的是（　）。
   A. 购买办公用品250元
   B. 向个人收购农副产品20 000元
   C. 从某公司购入工业产品60 000元
   D. 支付职工差旅费10 000元
4. 不能使用现金结算的是（　）。
   A. 职工工资、津贴　　　　B. 个人劳务报酬
   C. 购入办公用品2 000元　　D. 向个人收购农副产品和其他物资的价款

二、多项选择题

1. 下列事项中，不符合国家现金使用范围规定的有（　）。
   A. 支付职工工资65 000元　　B. 支付职工报销差旅费5 000元
   C. 向个人收购农副产品30 000元　　D. 购买办公用品950元
2. 下列事项中，开户单位可以使用现金的有（　）。

    A. 公司发给贾某的 950 元奖金

    B. 支付给临时工王某的 2 000 元劳务报酬

    C. 向农民收购农产品的 1 万元收购款

    D. 出差人员出差必须随身携带的 2 000 元差旅费

三、判断题

1. 开户单位支付给个人的款项，超过使用现金限额的部分，应当以支票或者银行本票支付；确需全额支付现金的，经开户银行审核后，予以支付现金。（   ）

2. 转账结算起点金额由开户银行确定，报中国人民银行备案。（   ）

3. 出差人员预借差旅费，1 000 元以下的可以预付现金，超过部分应携带现金支票。（   ）

【考点3】现金使用的限额

    现金使用的限额，由开户行根据单位的实际需要核定，一般按照单位 3～5 天日常零星开支确定。边远地区和交通不便地区的开户单位的库存现金限额，可按多于 5 天，但不得超过 15 天的日常零星开支的需要确定。

一、单项选择题

1. 下列有关现金使用限额的说法，正确的是（   ）。

    A. 现金使用限额由中国人民银行核定

    B. 现金使用限额一般按照开户单位 3～5 天日常零星开支确定

    C. 边远地区和交通不便地区的库存现金限额可按超过 5 天但不得超过 30 天的零星开支的需要确定

    D. 需要增加或者减少库存现金限额的，由中国人民银行核定

2. 下列表述中不正确的是（   ）。

    A. 商业和服务行业的找零备用现金要根据营业额核定定额，其包括在开户单位的库存现金限额之内

    B. 单位向开户银行领取零星现金时，在现金支票"用途"栏应注明"备用金"字样，不属于备用金范围需要的现金，应另开现金支票领取

    C. 所谓"坐支"现金是指企业、事业单位和机关、团体、部队从本单位的现金收入中直接用于现金支出

    D. 各单位现金收入应于当日送存银行，如当日确有困难，由开户银行确定送存时间

二、多项选择题

    下列情况中，不属于开户单位的库存现金限额之内的有（   ）。

A. 没有在银行单独开立账户的附属单位保留的现金

B. 商业找零备用现金

C. 服务行业找零备用现金

D. 在银行单独开立账户单位的现金

三、判断题

1. 现金使用的限额，由开户行根据单位的实际情况核定。　　　　　　　（　　）

2. 现金使用限额的核定依据一般是单位 5～7 天的零星开支。　　　　　（　　）

3. 商业和服务行业的找零备用现金要根据营业额核定定额，而且包括在开户单位的库存现金限额之内。　　　　　　　　　　　　　　　　　　　　　（　　）

【考点 4】现金收支的基本要求

一、单项选择题

单位收入的现金不能作为库存现金留存，应于（　　　）送存银行。

A. 5 日　　　　　　　B. 当日　　　　　　C. 次日　　　　　　D. 3 日

二、多项选择题

1. 下列单位现金收支操作，属于错误方式的有（　　　）。

A. 开户单位现金收入应于当日送存银行

B. 开户单位支付现金，从本单位的现金收入中直接支付

C. 将单位收入的现金按个人储蓄方式存入银行

D. 白条抵库

2. 下列各项中，违反现金管理规定的是（　　　）。

A. 坐支现金，"白条"抵库

B. 利用存款账户代其他单位和个人存入或者支取现金

C. 将企业的现金收入按个人储蓄方式存入银行

D. 收入的现金于次日送存银行

3. 下列各项中，（　　　）是《现金管理条例》或《现金管理条例实施细则》禁止的。

A. 单位之间互借现金　　　　　　B. 用转账凭证套换现金

C. 设置小金库　　　　　　　　　D. 用不符合财务规定的凭证顶替库存现金

三、判断题

1. 单位可以从现金收入中直接支付现金。　　　　　　　　　　　　　（　　）

2. 不得未经批准坐支现金或者未按开户银行核定的坐支范围和限额坐支现金。（　　）

3. 开户单位现金收入应当于当日送存开户银行，当日送存有困难的，由开户银行确定送存时间。　　　　　　　　　　　　　　　　　　　　　　　　　　　　（　　）

4. 因特殊情况需要坐支现金的，应当事先报经开户银行审查批准，由开户银行核定坐支范围和限额。　　　　　　　　　　　　　　　　　　　　　　　　　　　　（　　）

——测 试 题——

一、单项选择题

1. 单位根据规定从开户银行提取现金时，现金支票上如实写明提取现金用途后，其签字盖章人员为（　　）。
   A. 本单位出纳　　　　　　　　　　B. 本单位财会部门负责人
   C. 本单位会计　　　　　　　　　　D. 本单位总会计师

2. 可以受理开户单位增加或减少库存现金限额申请的法定机构是（　　）。
   A. 中国人民银行总行　　　　　　　B. 开户银行
   C. 中国银行业监督管理委员会　　　D. 中国人民银行各分支行

3. 以下支出项目中，属于现金开支范围的是（　　）。
   A. 大宗物资采购　B. 职工工资　　C. 上缴税金　　　　D. 购置固定资产

4. 根据规定，结算起点是由（　　）确定，报国务院备案的。
   A. 中国银行　　　　　　　　　　　B. 中国人民银行
   C. 中国工商银行　　　　　　　　　D. 开户银行

二、多项选择题

1. 下列关于现金管理中现金使用限额的表述，正确的有（　　）。
   A. 开户银行应当根据实际需要，核定开户单位 3～5 天的日常零星开支所需的库存现金限额
   B. 开户单位需要增加或减少库存现金限额的，应当向开户银行提出申请，由开户银行核定
   C. 边远地区开户单位的库存现金限额，可以多于 5 天，但不得超过 10 天
   D. 超市找零备用现金也属于库存现金限额，因此也需要核定

2. 下列关于现金管理的说法，正确的有（　　）。
   A. 对于单位向个人收购农副产品和其他物资的价款及出差人员必须随身携带的差旅费等，现金支付不受结算起点的限制
   B. 开户单位在购销活动中，不得拒收汇票、本票、支票和其他转账结算凭证
   C. 凡有现金收入的单位，其现金收入应当于当日及时交存开户银行
   D. 现金结算起点的调整，由中国人民银行确定，报国务院备案

3．下列各项中，单位可用现金进行结算的有（　　　）。

　　A．支付职工工资、津贴 1 000 元

　　B．支付个人劳务报酬 600 元

　　C．向个人发放防暑降温补贴 200 元

　　D．支付出差人员差旅费 3 000 元

4．关于现金使用范围，下列表述中，正确的有（　　　）。

　　A．对于单位向个人收购农副产品和其他物资的价款及出差人员必须携带的差旅费等，现金支付不受结算起点的限制

　　B．开户单位不得拒收支票、银行汇票和银行本票

　　C．开户单位在销售活动中，可以对现金结算给予比转账结算优惠的待遇

　　D．各单位直接的经济往来，支付结算限额以上的货币结算，可使用现金

5．下列各项中，属于现金结算特点的有（　　　）。

　　A．直接便利　　　　　　　　　B．不安全性

　　C．费用较高　　　　　　　　　D．不易宏观控制和管理

第二章第一节答案

三、判断题

1．根据需要，单位的货币资金业务全过程可由一人办理。（　　　）

2．单位与单位之间的所有业务都可以使用现金结算方式。（　　　）

3．开户单位现金收入应当于次日送存开户银行。（　　　）

4．开户单位支付现金，可以从本单位库存现金限额中支付或者从开户银行提取。

（　　　）

第二节　支付结算概述

【考点 1】支付结算的概念与特征及主要法律依据

支付结算是指单位、个人在社会经济活动中使用票据、银行卡、汇兑、托收承付、委托收款等方式进行货币给付及其资金清算的行为。

一、单项选择题

1．根据《支付结算办法》的规定，下列不属于支付结算和资金清算中介机构的是（　　　）。

　　A．银行　　　　　　　　　　　B．城市信用合作社

　　C．农村信用合作社　　　　　　D．保险公司

2．下列各项中，不属于支付结算方式的是（　　　）。

　　A．支票　　　　　B．银行汇票　　　　C．汇兑　　　　　D．实物抵债

二、多项选择题

1. 下列说法中，属于支付结算特征的有（　　）。
   A. 是一种要式行为
   B. 支付结算的发生取决于受托人的意志
   C. 实行统一领导和分级管理相结合的管理体制
   D. 支付结算的发生取决于委托人的意志

2. 下列属于支付结算的主要法律依据的有（　　）。
   A.《中华人民共和国票据法》
   B.《票据管理实施办法》
   C.《支付结算办法》
   D.《银行卡业务管理办法》

3. 可以办理支付结算的金融机构有（　　）。
   A. 银行　　　　　　　　　B. 城市信用合作社
   C. 农村信用合作社　　　　D. 邮政储蓄所

三、判断题

1. 个人也可以成为办理支付结算的主体。　　　　　　　　　　（　　）

2. 支付结算是一种要式行为。　　　　　　　　　　　　　　　（　　）

3. 凡是与支付结算的各种结算方式有关的法律、行政法规及各部门规章和地方性规定都是支付结算的法律依据。　　　　　　　　　　　　　　　　　　（　　）

4. 根据《支付结算办法》的规定，除法律、行政法规另有规定外，未经中国人民银行批准的非银行金融机构和其他单位，不得作为中介机构经营银行支付结算业务。　　（　　）

5. 农村信用合作社是支付结算和资金清算的中介机构之一。　　　　　　（　　）

6. 除国家法律、行政法规另有规定外，银行不得为任何单位或者个人查询账户情况；除国家法律另有规定外，银行不得为任何单位或个人冻结、扣款，不得停止单位、个人存款的正常支付。　　　　　　　　　　　　　　　　　　　　　　（　　）

7. 银行对伪造、变造的票据和结算凭证，只要以善意且符合规定的正常操作程序审查后支付的，不再承担付款的责任。　　　　　　　　　　　　　　　　（　　）

【考点2】支付结算的基本原则

支付结算的基本原则有恪守信用，履约付款；谁的钱进谁的账，由谁支配；银行不垫款三项。

一、单项选择题

1. 根据《支付结算办法》的规定，下列关于支付结算的表述，正确的是（   ）。

    A. 支付结算可以通过任何金融机构进行

    B. 银行可以在适当范围内为存款人垫付资金

    C. 银行在办理支付结算时必须遵循存款人的意志

    D. 银行有权支配存款人银行账户里的资金

2. 支付结算的基本原则中，（   ）原则是民法通则中诚实信用原则在支付结算中的具体表现。

    A. 恪守信用，履约付款   B. 谁的钱进谁的账，由谁支配

    C. 银行不垫款   D. 诚实守信

3. 下列各项中，（   ）不属于支付结算基本原则。

    A. 恪守信用，履约付款   B. 谁的钱进谁的账，由谁支配

    C. 先收后付，收支抵用   D. 银行不垫款

二、多项选择题

1. 单位、个人和银行办理支付结算必须遵守的原则有（   ）。

    A. 恪守信用，履约付款   B. 谁的钱进谁的账，由谁支配

    C. 银行不垫款   D. 不得出租或出借银行账户

2. 支付结算的基本原则有（   ）。

    A. 诚实守信   B. 恪守信用，履约付款

    C. 谁的钱进谁的账，由谁来支付   D. 银行不垫款

【考点3】办理支付结算的要求

办理支付结算必须使用中国人民银行统一规定的票据和结算凭证，未使用中国人民银行统一规定的票据，票据无效；未使用中国人民银行统一规定的结算凭证，银行不予受理。票据和结算凭证的金额、出票或签发日期、收款人名称不得更改，更改的票据无效；更改的结算凭证，银行不予受理。

一、单项选择题

1. 单位、个人和银行办理支付结算必须使用（   ）统一规定印制的票据和结算凭证。

    A. 中国银行   B. 中国人民银行

    C. 财政部   D. 开户行

2. 填写票据中文大写金额时，"人民币 10 088 元"应写成（   ）。

    A. 壹万零捌拾捌元   B. 人民币壹万零捌拾捌元整

  C．人民币壹万零零捌拾捌元整   D．人民币一万零八拾八元整

3．填写票据的出票日期时，"4月9日"的正确写法是（ ）。

  A．零肆月零玖日   B．肆月零玖日

  C．零肆月玖日   D．四月九日

4．票据出票日期为"10月20日"的正确的中文写法是（ ）。

  A．拾月贰拾日   B．零壹拾月贰拾日

  C．零壹拾月零贰拾日   D．壹拾月贰拾日

5．如果票据的出票日期是 2010 年 10 月 20 日，按规范填写要求，其中文大写应为（ ）。

  A．贰仟壹零年拾月贰拾日   B．贰零壹零年拾月贰拾日

  C．贰零壹零年壹拾月贰拾日 D．贰零壹零年零壹拾月零贰拾日

6．填写票据金额时，20 050.37 的中文大写应写成（ ）。

  A．贰万零伍拾元叁角柒分整 B．人民币贰万零伍拾元零叁角柒分

  C．人民币贰万零伍拾元叁角柒分整 D．人民币贰万零伍拾元零叁角柒分

7．票据出票的大写日期未按要求规范填写的，银行可以受理，但由此造成的损失，由（ ）承担。

  A．付款人   B．收票人   C．银行   D．出票人

8．下列关于在中国境内填写票据和结算凭证的表述中，不正确的是（ ）。

  A．票据和结算凭证的中文大写金额数字应用正楷或行书填写，用繁体字书写也应受理

  B．阿拉伯数码小写金额数字前面，均应填写人民币符号"¥"

  C．少数民族地区和外国驻华使领馆，金额大写必须使用少数民族文字或外国文字

  D．票据的出票日期必须使用中文大写，使用小写填写的，银行不予受理

9．甲向乙开具一张商业汇票，下列记载事项中，可以更改的是（ ）。

  A．金额   B．付款地   C．出票日期   D．收款人名称

10．根据《中华人民共和国票据法》的规定，下列选项中，不属于变造票据的是（ ）。

  A．变更票据金额   B．变更票据上的到期日

  C．变更票据上的签章   D．变更票据上的付款日

11．下列关于票据出票日期的说法，正确的是（ ）。

  A．票据的出票日期必须使用中文大写

  B．在填写月、日时，月为壹、贰和壹拾的应在其前加"壹"

  C．在填写月、日时，日为拾壹至拾玖的，应在其前加"零"

  D．票据出票日期使用小写填写的，银行也应受理

12．下列关于票据和结算凭证的填写的表述，正确的是（ ）。

  A．中文大写金额数字必须用正楷书写

B. 中文大写金额数字到"角"为止的，在角之后必须写"整"字

C. 中文大写金额数字到"分"为止的，在分之后不需写"整"字

D. 票据的大写出票日期未按要求规范填写的，银行不予受理

13. 票据的下列记载事项中，可以更改的是（　　　）。

　　A. 收款人名称　　　B. 出票日期　　　C. 金额　　　　　　D. 付款日期

二、多项选择题

1. 办理支付结算的要求有（　　　）。

　　A. 使用按中国人民银行统一规定印制的票据和结算凭证

　　B. 按规定开立和使用银行账户

　　C. 票据和结算凭证上的签章和其他记载事项应当真实，不得伪造、变造

　　D. 填写票据和结算凭证应当规范，做到要素齐全，字迹清晰，数字正确

2. 支付结算凭证上的签章为（　　　）。

　　A. 签名　　　　　　B. 盖章　　　　　C. 签名加盖章　　　D. 签名并盖章

3. "¥1 409.50"可以写成（　　　）。

　　A. 人民币壹仟肆佰零玖元伍角　　　　B. 人民币一千四百九十元五角

　　C. 人民币壹仟肆佰零玖元伍角整　　　D. 人民币壹仟肆佰零玖元伍角正

4. 下列关于票据签章的表述，正确的有（　　　）。

　　A. 票据和结算凭证上的签章，为签名、盖章或者签名加盖章

　　B. 单位、银行在票据上的签章和单位在结算凭证上的签章，为该单位、银行的盖章加其法定代表人或其授权的代理人的签名或盖章

　　C. 个人在票据和结算凭证上的签章，为个人本名的签名或盖章

　　D. 票据签章是票据行为生效的重要条件，也是票据行为表现形式中必须记载的事项

5. 根据《支付结算办法》的规定，签发票据和结算凭证时不得更改的项目有（　　　）。

　　A. 出票或签发日期　　　　　　　B. 收款人名称

　　C. 金额　　　　　　　　　　　　D. 用途

6. 下列关于支付结算的说法，正确的有（　　　）。

　　A. 票据和结算凭证是办理支付结算的工具

　　B. 未使用按中国人民银行统一规定印制的票据，票据无效

　　C. 未使用按中国人民银行统一规定格式的结算凭证，银行不予受理

　　D. 单位办理支付结算必须使用按照中国人民银行统一规定印制的票据凭证和统一规定的结算凭证

三、判断题

1. 票据上有伪造、变造签章的，不影响票据上其他当事人真实签章的效力。（　　　）

2. 金额的大写也可用繁体字、少数民族文字或外国文字书写。 （   ）

3. 单位、个人和银行办理支付结算，必须按各银行规定印制的票据凭证和结算凭证。
（   ）

4. 对金额、出票日期、收款人名称进行更改的票据，为无效票据。 （   ）

5. 个人在票据和结算凭证上的签章，必须为本人本名的签名和盖章。 （   ）

6. 未使用中国人民银行统一规定格式的结算凭证，银行也可受理，但由此造成的损失，由委托人自行承担。 （   ）

7. 票据的出票日期必须使用中文大写。 （   ）

8. 填写票据时，中文大写金额数字前必须标明"人民币"字样。 （   ）

9. 办理支付结算必须使用中国人民银行统一规定的票据和结算凭证，未使用中国人民银行统一规定的票据，票据无效；未使用中国人民银行统一规定的结算凭证，银行不予受理。 （   ）

10. 中文大写金额数字到"元"为止的，在"元"字之后，可以写"整"（或"正"）字，在"角"字之后不能写"整"（或"正"）字。 （   ）

11. 票据日期使用小写填写的，银行可予受理，但由此造成的损失，由出票人自行承担。 （   ）

12. 票据金额的中文大写记载与小写记载有差异时，以中文大写记载的金额为准。
（   ）

13. 阿拉伯金额数字角位是"0"，而分位不是"0"时，中文大写金额"元"字后面可以写"零"字，也可以不写"零"字。 （   ）

14. 票据和结算凭证上的签章，只能为签名或者盖章中的一种。 （   ）

15. 票据出票日期的大写日期未按要求规范填写的，银行可予受理，但由此造成的损失，由出票人自行承担。 （   ）

❦——— 测 试 题 ———❦

一、单项选择题

1. 下列各项中，不符合票据和结算凭证填写要求的是（   ）。
   A. 票据的出票日期使用中文大写数字填写
   B. 中文大写金额数字到"分"为止的，在"分"之后必须写"整"字
   C. 阿拉伯小写金额数字前填写人民币符号"¥"
   D. 1月15日出票的票据日期栏填写为"零壹月壹拾伍日"

2. 填写票据金额时，如"¥20 050.37"，其中文大写为（   ）。
   A. 贰万零伍拾元叁角柒分整
   B. 人民币贰万零伍拾元零叁角柒分

C．人民币贰万零伍拾元叁角柒分整

D．人民币贰万零零伍拾元零叁角柒分

3．某公司签发一张商业汇票，根据支付结算法律制度的规定，该公司的下列签章行为中，正确的是（　　）。

A．公司盖章

B．公司盖章加公司法定代表人李某盖章

C．公司法定代表人李某签名加盖章

D．公司法定代表人李某盖章

4．根据《支付结算办法》第二十条的规定，（　　）负责制定统一的支付结算制度，组织、管理和监督全国的支付结算工作，调解、处理银行之间的支付结算纠纷。

A．区和直辖市分行

B．中国人民银行总行

C．中国人民银行总行及各级分支机构

D．中国人民银行总行及各商业银行总行

5．下列各项中，不符合票据和结算凭证填写要求的是（　　）。

A．中文大写金额数字书写中使用繁体字

B．票据的出票日期使用阿拉伯数字填写

C．阿拉伯小写金额数字前面，填写人民币符号"￥"

D．将 6 007.10 元的金额数，大写成人民币陆仟零柒元壹角

6．票据的出票日期如果是 2 月 20 日，按规范填写要求，其中文大写为（　　）。

A．二月二十日　　　　　　B．零贰月零贰拾日

C．零贰月贰拾日　　　　　D．贰月贰拾日

7．根据《支付结算办法》的规定，下列各项中，属于支付结算行为的是（　　）。

A．用现金结算银行贷款利息　　B．用现金结算货款

C．用现金结算银行存款利息　　D．用信用卡结算货款

二、多项选择题

1．下列各项中，符合《支付结算办法》规定的有（　　）。

A．用繁体字书写中文大写金额

B．中文大写金额数字的"角"之后可以不写"整"字（或"正"字）

C．用阿拉伯数字填写票据出票日期

D．阿拉伯小写金额前面应当填写人民币符号"￥"

2．下列各项中，属于单位、个人和银行在办理支付结算过程中应遵循的法律依据

有（　　）。

      A.《票据管理实施办法》   B.《异地托收承付结算办法》

      C.《支付结算办法》   D.《中华人民共和国票据法》

3．下列各项表述中，正确的有（　　）。

    A．票据中的中文大写金额数字可以使用繁体字，满足条件的也可以使用少数民族文字或外国文字

    B．票据中的中文大写金额数字前应标明"人民币"字样

    C．单位和银行在票据上记载的名称可以是全称也可以是简称

    D．票据的出票日期中文大写不规范银行也可以受理

4．办理支付结算时，必须符合的基本要求有（　　）。

    A．单位、个人和银行应当按照《人民币银行结算账户管理办法》的规定开立、使用账户

    B．办理支付结算必须使用中国人民银行统一印制的票据和结算凭证

    C．票据和结算凭证的填写应当全面、规范

    D．票据和结算凭证上的签章和其他记载事项应当真实

5．根据支付结算法律制度的规定，下列非现金支付工具中，属于结算方式的有（　　）。

    A．汇兑   B．信用卡   C．票据   D．委托收款

6．下列关于办理支付结算的表述，符合有关法律规定的有（　　）。

    A．未使用按中国人民银行统一规定的票据，票据无效

    B．票据和结算凭证上的签章和其他记载的事项应当真实

    C．中文大写金额和阿拉伯数字金额不一致的票据，票据无效

    D．单位和银行签发票据时，名称应当记载全称，使用简称的，银行可以受理

7．下列各项中，可作为支付结算和资金清算的主体有（　　）。

    A．个人   B．农村信用合作社

    C．银行   D．个体工商户

三、判断题

第二章第二节答案

1．《支付结算办法》规定，单位、个人和银行办理支付结算未使用按中国人民银行统一规定印制的票据，则票据无效。   （　　）

2．银行在办理结算过程中，必要时可为结算当事人垫付部分款项。   （　　）

3．无权限人假冒他人或虚构人名签章的行为称为变造。   （　　）

4．个体工商户和个人不属于办理支付结算的主体。   （　　）

5．支付结算实行统一管理和分级管理相结合的管理体制。   （　　）

第三节 银行结算账户

【考点1】银行结算账户的概念与分类

银行结算账户是指银行为存款人开立的办理资金收付结算的人民币活期存款账户。

一、单项选择题

1. 以下不属于银行结算账户中所指银行的是（　　）。
   A. 中国工商银行　　　　　　　　B. 中国人民银行
   C. 国家开发银行　　　　　　　　D. 农村信用合作社
2. （　　）是指存款人凭个人身份证件以自然人开立的银行结算账户。
   A. 一般存款账户　　　　　　　　B. 临时存款账户
   C. 个人银行结算账户　　　　　　D. 专用存款账户

二、多项选择题

1. 下列各项中，可以申请开立银行结算账户的有（　　）。
   A. 部队　　　　B. 个体工商户　　　C. 自然人　　　　D. 事业单位
2. 银行结算账户按开立主体分为（　　）。
   A. 一般存款账户　　　　　　　　B. 基本存款账户
   C. 个人银行结算账户　　　　　　D. 单位银行结算账户
3. 单位银行结算账户按用途分为（　　）。
   A. 基本存款账户　　　　　　　　B. 一般存款账户
   C. 专用存款账户　　　　　　　　D. 临时存款账户

三、判断题

1. 银行结算账户是办理资金收付结算的人民币定期存款账户。（　　）
2. 单位定期账户不具有结算功能。（　　）
3. 储蓄账户也可以办理资金收付结算。（　　）
4. 个体工商户凭营业执照以字号或经营者姓名开立的银行结算账户纳入个人银行结算账户管理。（　　）

【考点2】基本存款账户

基本存款账户是存款人因办理日常转账结算和现金收付需要开立的银行结算账户。基本存款账户是存款人的主办账户，主要办理存款人日常经营活动的资金收付及其工资、奖金等现金的支取。

一、单项选择题

1. 存款人日常经营活动发生的资金收付及工资、奖金和现金的支取,都应通过（　　）办理。

　　A. 银行结算账户　　　　　　　　B. 专用存款账户

　　C. 基本存款账户　　　　　　　　D. 一般存款账户

2. 根据《人民币银行结算账户管理办法》的规定,下列关于基本存款账户的表述,正确的是（　　）。

　　A. 基本存款账户是存款人的主办账户

　　B. 存款人可以没有基本存款账户,但一定要有一般存款账户

　　C. 存款人可以没有基本存款账户,但一定要有临时存款账户

　　D. 基本存款账户是存款人的非主办账户

3. 甲公司成立后在某银行申请开立了一个用于办理日常转账结算和现金收付的账户,该账户属于（　　）。

　　A. 银行结算账户　　　　　　　　B. 专用存款账户

　　C. 基本存款账户　　　　　　　　D. 一般存款账户

二、多项选择题

1. 下列存款人中,可以申请开立基本存款账户的有（　　）。

　　A. 非法人企业　　　　　　　　　B. 单位设立的独立核算的附属机构

　　C. 异地常设机构　　　　　　　　D. 民办非企业组织

2. 下列关于支付结算的表述,符合规定的有（　　）。

　　A. 银行账户分为基本存款账户、一般存款账户、临时存款账户和专用存款账户

　　B. 存款人只能选择一家银行的一个营业机构开立一个基本存款账户

　　C. 存款人可以通过基本存款账户办理工资、奖金等现金的支取

　　D. 存款人可以通过一般存款账户办理工资、奖金等现金的支取

三、判断题

1. 根据《人民币银行结算账户管理办法》的规定,公司由于分公司较多、经济业务发生频繁、日常转账结算和现金收付业务量大,可以开立多个基本存款账户。（　　）

2. 非预算管理的事业单位开立基本存款账户,应出具政府人事部门或编制委员会的批文或登记证书和财政部门同意其开户的证明。（　　）

3. 一个单位只能选择一家银行的一个营业机构开立一个基本存款账户。（　　）

【考点3】一般存款账户

一般存款账户是存款人因借款或其他结算需要，在基本存款账户开户银行以外的银行营业机构开立的银行结算账户。一般存款账户主要用于办理存款人借款转存、借款归还和其他结算的资金收付。该账户可以办理现金缴存但不得办理现金支取。

一、单项选择题

1. 根据《人民币银行结算账户管理办法》的规定，只要存款人具有借款或其他结算需求，就可以申请开立一般存款账户，开立一般存款账户的个数为（　　）。

A. 没有数量限制　B. 1个　　　　　C. 5个　　　　　　　D. 3个

2. （　　）是指存款人因借款或其他结算需要，在基本存款账户开户银行以外的银行营业机构开立的银行结算账户。

A. 临时存款账户　　　　　　　B. 专用存款账户

C. 基本存款账户　　　　　　　D. 一般存款账户

3. 一般存款账户不能办理的业务有（　　）。

A. 借款转存　　　B. 借款归还　　　C. 现金缴存　　　D. 现金支取

4. 银行为存款人开立一般存款账户，应自开户之日起（　　）个工作日内向中国人民银行当地分支行备案。

A. 3　　　　　　B. 5　　　　　　C. 7　　　　　　D. 10

二、多项选择题

1. 一般存款账户的使用范围包括办理存款人的（　　）。

A. 借款归还　　　　　　　　　B. 借款转存

C. 党团工会经费的现金支取　　D. 所有现金支取

2. 开立一般存款账户应出具的证明文件有（　　）。

A. 开立基本存款账户规定的证明文件

B. 基本存款账户开户登记证

C. 因向银行借款需要，应出具借款合同

D. 因其他结算需要，应出具有关证明

三、判断题

1. 一般存款账户可以在基本存款账户的开户银行开立。（　　）

2. 一般存款账户既可以办理现金缴存，也可以办理现金支取。（　　）

【考点4】专用存款账户

专用存款账户是存款人按照法律、行政法规和规章，对其特定用途的资金进行专项管理和使用而开立的银行结算账户。专用存款账户用于办理各项专用资金的收付。

一、单项选择题

1. 根据《人民币银行结算账户管理办法》的规定，下列各项中，存款人因对特定用途的资金进行专项管理和使用而开立的账户是（   ）。

    A. 临时存款账户   B. 专用存款账户

    C. 基本存款账户   D. 一般存款账户

2. 存款人因附属的非独立核算单位或派出机构发生的收入汇缴或业务支出需要，可以开立（   ）。

    A. 临时存款账户   B. 专用存款账户

    C. 基本存款账户   D. 一般存款账户

3. 为了加强对住房基金和社会保障基金的管理，存款人应依法申请在银行开立（   ）。

    A. 临时存款账户   B. 专用存款账户

    C. 基本存款账户   D. 一般存款账户

二、多项选择题

1. 对下列资金的管理与使用，存款人可以申请开立专用存款账户的有（   ）。

    A. 金融机构存放同业资金   B. 流动资金借款

    C. 社会保障基金   D. 单位银行卡备用金

2. 下列专用存款账户中，不得支取现金的有（   ）。

    A. 证券交易结算资金   B. 更新改造资金

    C. 社会保障基金   D. 期货交易保证金

三、判断题

1. 存款人提供的一个开立专用存款账户所用的证明文件，能开立多个专用存款账户。

（　　）

2. 单位银行卡账户的资金可以由其基本存款账户转账存入，也可以存入现金。

（　　）

3. 收入汇缴账户除向其基本存款账户或预算外资金财政专用存款账户划缴款项外，只收不付，不得支取现金。

（　　）

【考点5】临时存款账户

临时存款账户是存款人因临时需要并在规定期限内使用而开立的银行结算账户。临时存款账户用于办理临时机构及存款人临时经营活动发生的资金收付。

一、单项选择题

1. 甲市某电台为在乙市从事拍摄工作而设立了临时机构，并在乙市某银行开立了银行账户，则该银行账户属于（　　）。

    A. 临时存款账户   B. 专用存款账户

    C. 基本存款账户   D. 一般存款账户

2. 注册验资的临时存款账户在验资期间（　　）。

    A. 只付不收   B. 只收不付   C. 可以收付   D. 不收不付

3. 下列对基本存款账户与临时存款账户在管理上区别的表述，正确的是（　　）。

    A. 基本存款账户能支取现金而临时存款账户不能支取现金

    B. 基本存款账户不能向银行借款而临时存款账户可以向银行借款

    C. 基本存款账户没有数量限制而临时存款账户有数量限制

    D. 基本存款账户没有时间限制而临时存款账户实行有限期管理

二、多项选择题

1. 下列情况中，可以申请开立临时存款账户的有（　　）。

    A. 设立临时机构   B. 异地临时经营活动

    C. 注册验资   D. 异地建筑施工及安装

2. 下列情况中，开立临时存款账户时需出具基本存款开户登记证的有（　　）。

    A. 设立临时机构   B. 异地建筑施工及安装

    C. 异地从事临时经营活动   D. 注册验资

3. 下列银行结算账户中，可以支取现金的有（　　）。

    A. 临时存款账户   B. 专用存款账户

    C. 基本存款账户   D. 一般存款账户

三、判断题

1. 临时存款账户的有效期最长不得超过1年。   （　　）

2. 临时存款账户不可以支取现金。   （　　）

【考点6】个人银行结算账户

个人银行结算账户是自然人因投资、消费、结算等而开立的可办理支付结算业务的存款账户。个人银行结算账户用于办理个人转账收付和现金存取。储蓄账户仅限于办理现金存取业务，不得办理转账结算。

一、单项选择题

1. 下列关于个人银行结算账户的说法，不正确的是（　　）。
   A. 自然人可根据需要申请开立个人银行结算账户，也可以在已开立的储蓄账户中选择并向开户银行申请确认为个人银行结算账户
   B. 邮政储蓄机构将办理银行卡业务开立的账户纳入个人银行结算账户管理
   C. 储蓄账户可以办理现金存取业务，也可以办理转账结算
   D. 个人银行结算账户用于办理个人转账收付和现金支取

2. （　　）是自然人因投资、消费、结算等而开立的可办理支付结算业务的存款账户。
   A. 临时存款账户
   B. 专用存款账户
   C. 个人银行结算账户
   D. 一般存款账户

二、多项选择题

存款人申请开立个人银行结算账户，应向银行出具的证明文件有（　　）。
   A. 居民身份证或临时身份证
   B. 军人身份证件
   C. 武警身份证件
   D. 护照

三、判断题

1. 银行为个人开立银行结算账户时，根据需要还可要求申请人出具户口簿、驾驶执照、护照等有效证件。　　　　　　　　　　　　　　　　　　　　　　　（　　）
2. 自然人可根据需要申请开立个人银行结算账户，也可以在已开立的储蓄账户中选择并向开户银行申请确认为个人银行结算账户。　　　　　　　　　　　　　（　　）
3. 所有以自然人姓名开立的银行结算账户都应纳入个人银行结算账户管理。（　　）

【考点7】异地银行结算账户

单位或个人，只要符合相关条件，均可在异地开立相应的银行结算账户，但不得违背一个基本存款账户原则。

一、单项选择题

符合法定条件，自然人根据需要可在异地开立（　　）账户。
   A. 临时存款
   B. 专用存款
   C. 个人银行结算
   D. 一般存款

二、多项选择题

存款人可以在异地开立的银行结算账户有（　　　）。
  A. 临时存款账户   B. 专用存款账户
  C. 基本存款账户   D. 一般存款账户

三、判断题

企业可以在注册地、异地开设两个基本存款账户。   （　　）

【考点8】银行结算账户管理的基本原则

银行结算账户管理应当坚持：一个基本存款账户原则、自主选择原则、存款信息保密原则、守法合规原则。

一、多项选择题

下列选项中，属于银行结算账户管理应当遵守的基本原则有（　　　）。
  A. 一个基本存款账户原则
  B. 自主选择原则
  C. 守法合规原则
  D. 存款信息保密原则

二、判断题

1. 根据规定，银行可以为任何单位或个人查询账户情况，但不得为任何单位或个人冻结、扣划款项，不得停止单位、个人存款的正常支付。   （　　）

2. 根据有关规定，除国家法律、行政法规和国务院另有规定外，任何单位和个人不得强令存款人到指定银行开立银行结算账户。   （　　）

【考点9】银行结算账户的开立、变更与撤销

银行结算账户的开立涉及的日期：中国人民银行2个工作日内核准；3个工作日内通知基本存款账户的开户行；5个工作日内向中国人民银行备案。（2核准，3通知，5备案）

银行结算账户的变更中涉及的日期：5个工作日内提出变更申请或通知开户行；2个工作日内向中国人民银行报告。（5申请或通知，2报告）

银行结算账户的撤销中涉及的日期：5个工作日内提出撤销申请；2个工作日内向中国人民银行报告；自收到通知之日起3个工作日内办理其他银行结算账户的撤销。（5申请2通知3办理）

银行存款账户的正式开立之日：对于核准类银行结算账户，正式开立之日指中国人民

银行当地分支行的"核准日期";对于备案类的银行结算账户,是指银行为存款人办理开户手续的日期。

一、单项选择题

1. 存款人开立存款账户,不需要实行核准制的是（   ）。

    A. 基本存款账户　　　　　　　　B. 临时存款账户

    C. 预算单位开立专用存款账户　　D. 因注册验资需要开设临时存款账户

2. 存款人更改名称,但不改变开户银行及账号的,应于（   ）个工作日内向开户银行提出银行结算的变更申请,并出具有关部门的证明。

    A. 7　　　　　　　B. 5　　　　　　　C. 10　　　　　　　D. 30

3. 存款人开立单位结算账户,自正式开立之日起（   ）个工作日后方可使用该账户办理付款业务。

    A. 7　　　　　　　B. 5　　　　　　　C. 10　　　　　　　D. 3

二、多项选择题

1. 根据《人民币银行结算账户管理办法》的规定,开立银行结算账户的基本程序为（   ）。

    A. 由存款人填写开户申请书,并将开立账户所需要的证明材料和盖有存款人印章的印鉴卡送交开户银行

    B. 银行与存款人须签订银行结算账户管理协议,明确双方的权利和义务

    C. 由开户银行对申请人的资格条件、所提供的证明材料进行审查

    D. 银行审查后符合开立账户条件的,应办理开户手续,并履行向人民银行当地分支行备案的义务;需要核准的,应及时报送人民银行核准

2. 存款人应向开户银行提出撤销银行结算账户申请的情形有（   ）。

    A. 被撤并、解散、宣告破产或关闭的

    B. 注销、被吊销营业执照的

    C. 因迁址需要变更开户银行的

    D. 单位法人变更

三、判断题

1. 单位银行结算账户中单位的法定代表人发生变更时,应当于 5 个工作日内书面通知开户银行并提供有关证明,银行接到存款人的变更通知后,应及时变更手续,并于 3 个工作日内向中国人民银行报告。　　　　　　　　　　　　　　　　　　（   ）

2. 存款人尚未清偿开户银行债务的,不得申请撤销银行结算账户。　　（   ）

3. 银行结算账户撤销时,没有先后顺利。　　　　　　　　　　　　　（   ）

4. 银行对一年未发生收付活动且未欠开户银行债务的单位银行结算账户，应通知单位自发出通知之日起30日内办理销户手续，逾期视同自愿销户。　　　（　　）

5. 单位银行结算账户支付给个人银行结算账户款项的，银行应按照有关规定，认真审查付款依据或收款依据的复印件，按照会计档案保管复印件。　　　（　　）

【考点10】违反银行账户管理法律制度的法律责任

中国人民银行是银行结算账户的监督管理部门。对存款人违法的处理主要包括警告并罚款、罚款，构成犯罪的依法追究刑事责任；对银行及其有关人员（公务人员）违法的处理主要包括警告并罚款、纪律处分、停止对其开立基本存款账户的核准、责令停业整顿或吊销经营金融业务许可证，构成犯罪的依法追究刑事责任。

一、单项选择题

1. 经营性存款人在使用银行结算账户过程中，有出租、出借银行结算账户行为的，应给予警告并处以（　　）的罚款。

　　A. 3 000元以上2万元以下　　　　B. 5 000元以上3万元以下
　　C. 1万元以上3万元以下　　　　　D. 1万元以上5万元以下

2. 对经营性存款人有伪造、变造、私自印制开户登记证的行为，处以（　　）的罚款；构成犯罪的，移交司法机关依法追究刑事责任。

　　A. 3 000元以上2万元以下　　　　B. 5 000元以上3万元以下
　　C. 1万元以上3万元以下　　　　　D. 1万元以上5万元以下

3. 存款人地址变更，未在规定期限内通知银行的，应给予存款人（　　）并处以（　　）的罚款。

　　A. 警告，1 000元　　　　　　　　B. 警告，3 000元
　　C. 处分，3 000元　　　　　　　　D. 处分，5 000元

4. 银行违反规定为存款人多头开立银行结算账户，应给予警告，并处以（　　）的罚款。

　　A. 1万元以上10万元以下　　　　B. 2万元以上10万元以下
　　C. 3万元以上20万元以下　　　　D. 5万元以上30万元以下

二、多项选择题

1. 银行在银行结算账户的开立中，不得有（　　）行为。

　　A. 违反规定为存款人多头开立银行结算账户
　　B. 明知是单位资金，而允许以自然人名称开立账户储存
　　C. 违反规定支取现金
　　D. 出租、出借银行结算账户

2. 银行在银行结算账户使用中违法将会受到的处罚有（   ）。

　　A. 给予警告，并处以 5 000 元以上 3 万元以下的罚款

　　B. 对银行直接负责的高管人员、其他直接负责的主管人员、直接责任人员按规定给予纪律处分

　　C. 情节严重的，中国人民银行有权停止对其开立基本存款账户的核准

　　D. 构成犯罪的，移交司法机关依法追究刑事责任

3. 存款人违反规定伪造、变造开户登记证，对于该行为的处罚，下列表述正确的有（   ）。

　　A. 非经营性的存款人，给予警告并处以 1 000 元的罚款

　　B. 经营性存款人，给予警告并处以 1 万元以上 3 万元以下的罚款

　　C. 非经营性存款人，给予警告并处以 1 万元以上 3 万元以下的罚款

　　D. 构成犯罪的，移交司法机关依法追究刑事责任

三、判断题

对非经营性存款人在使用银行结算账户中的违法行为，给予警告并处以 1 000 元的罚款。

（   ）

⸺ 测 试 题 ⸺

一、单项选择题

1. 银行在结算账户的使用中有违法行为时，中国人民银行可对其给予警告并进行罚款，罚款金额是（   ）。

　　A. 5 000 元以上 2 万元以下　　　　B. 5 万元以上 30 万元以下

　　C. 5 000 元以上 3 万元以下　　　　D. 5 万元以上 10 万元以下

2. 下列关于开立一般存款账户所提供的证明文件，错误的是（   ）。

　　A. 开立基本存款账户规定的证明文件

　　B. 专用存款账户开户登记证

　　C. 存款人因向银行借款需要，应出具借款合同

　　D. 存款人因其他结算需要，应出具有关证明

3. 下列关于专用存款账户的说法，正确的是（   ）。

　　A. 对于建设资金和更新改造资金可以开设专用存款账户

　　B. 单位银行卡账户的资金可以由其一般存款账户转账存入

　　C. 因收入汇缴资金开立的专用存款账户，应使用本单位的名称

　　D. 该账户可用于办理临时机构及存款人临时经营活动发生的资金收付

4.（   ）是银行结算账户的监督管理部门。

　　A. 中国银行业监督管理委员会　　　B. 中国人民银行

C. 中国银行   D. 国务院国有资产监督管理委员会

5. 伪造、变造、私自印制开户登记证的非经营性存款人，中国人民银行可对其处以罚款的金额是（ ）元。

A. 2 000   B. 3 000   C. 1 000   D. 10 000

6. 甲公司以经营需要向中国工商银行某支行借款 150 万元，拟在中国工商银行再开立一个基本存款账户，银行为其开立了一般存款账户，公司于开户当日将借款金额划转至中国建设银行基本存款账户中，则下列说法中，错误的是（ ）。

A. 中国工商银行拒绝为其开立基本存款账户的做法正确

B. 存款人开立单位银行结算账户，自正式开立之日起 3 个工作日后，方可办理付款业务

C. 开立一般存款账户需要中国人民银行核准

D. 企业于开户当日将借款金额划转至中国建设银行基本存款账户的做法正确

7. 存款人银行结算账户有法定变更事项的，应于（ ）个工作日内书面通知开户银行并提供有关证明。开户银行办理变更手续并于（ ）个工作日内向中国人民银行当地分支行报告。

A. 3，2   B. 2，3   C. 5，2   D. 2，5

8. 存款人开立单位银行结算账户后，可开始使用该账户办理付款业务的时间是（ ）。

A. 自正式开立之日起后 5 个工作日

B. 自正式开立之日起后 3 个工作日

C. 自正式开立之日起后 2 个工作日

D. 自正式开立之日起后 7 个工作日

9. 下列银行结算账户的特点，与单位定期存款账户不同的是（ ）。

A. 办理人民币业务   B. 办理资金收付结算业务

C. 是活期存款账户   D. 是定期存款账户

二、多项选择题

1. 根据《人民币银行结算账户管理办法》的规定，下列各项中，可以申请开立基本存款账户的有（ ）。

A. 分公司   B. 单位附属的独立核算部

C. 个体工商户   D. 居民委员会、村民委员会、社区委员会

2. 下列关于银行结算账户的说法，正确的有（ ）。

A. 基本存款账户是存款人的主办账户

B. 一般存款账户可以办理现金缴存

C. 财政预算外资金专用存款账户不得支取现金

D. 临时存款账户有限期限不能超过 2 年

3. 根据《人民币银行结算账户管理办法》的规定，下列各项中，其款项可以转入个人银行结算账户的有（　　）。

　　A．纳税退还　　　　　　　　　B．农、副、矿产品销售收入
　　C．非法收入　　　　　　　　　D．个人贷款转存

4. 下列关于银行结算账户的开立、变更和撤销的说法，错误的有（　　）。

　　A．存款人开立银行结算账户其预留银行签章可以为该单位的公章
　　B．银行接到存款人的变更通知后，应及时办理变更手续，并于 3 个工作日内向中国人民银行报告
　　C．银行对 1 年为发生收付活动且未欠开户银行债务的单位银行结算账户，应通知单位自发出通知之日起 30 日内办理销户手续
　　D．存款人撤销银行结算账户，应先撤销基本存款账户后再办理其他银行结算账户的撤销

5. 根据《人民币银行结算账户管理办法》的规定，存款人申请开立基本存款账户，应向银行出具的证明文件有（　　）。

　　A．机关和实行预算管理的事业单位，应出具政府人事部门或编制委员会的批文或登记证书
　　B．民办非企业组织，应出具民办非企业登记证书
　　C．外国驻华机构，应出具国家登记机关颁发的登记证
　　D．独立核算的附属机构，应当出具其主管部门的基本存款账户开户登记证和批文

6. 银行结算账户按存款人不同可以分为（　　）。

　　A．一般存款账户　　　　　　　　B．个人银行结算账户
　　C．基本存款账户　　　　　　　　D．单位银行结算账户

7. 下列关于存款人银行结算账户管理的表述，正确的有（　　）。

　　A．中国人民银行对银行结算账户的开立、使用、变更和撤销实施监控和管理
　　B．开户银行负责所属营业机构银行结算账户开立和使用的管理
　　C．开户银行对已开立的单位银行结算账户实行年检制度
　　D．存款人的开户许可证管理

8. 下列关于银行结算账户的表述，错误的有（　　）。

　　A．任何单位和个人不得强令存款人到指定银行开立银行结算账户
　　B．银行有权拒绝任何单位或个人查询
　　C．银行不得为任何单位或者个人冻结、扣划款项，不得停止单位、个人存款的正常支付
　　D．存款人均可以开立一个基本存款账户

9. 银行结算账户管理应当遵守的基本原则有（　　）。

　　A．一个基本存款账户原则　　　　B．自主选择原则

C. 遵守法律、行政法规原则　　　D. 信息保密原则

10. 下列关于基本存款账户的说法，不正确的有（　　　）。

A. 存款人日常经营活动的资金收付及其现金的支取，应通过一般存款账户办理

B. 市第一中学在校内设立的非独立核算的小卖部可以申请开立基本存款账户

C. 基本存款账户的存款人可以通过本账户办理基本建设资金

D. 企业法人开立基本存款账户时，应出具企业法人税务登记证正本作为证明文件

11. 专用存款账户中不得支取现金的有（　　　）。

A. 证券交易结算资金　　　　　　B. 期货交易保证金

C. 更新改造资金　　　　　　　　D. 社会保障基金

12. 下列关于专用存款账户使用范围的表述，正确的有（　　　）。

A. 单位银行卡账户的资金必须由其基本存款账户转账存入

B. 财政预算外资金、证券交易结算资金、期货交易保证金和信托基金专用存款账户，可以支取现金

C. 基本建设资金、更新改造资金、政策性房地产开发资金、金融机构存放同业资金账户需要支取现金的，应在开户时报中国人民银行当地分支行批准

D. 收入汇缴账户除向其基本存款账户或预算外资金财政专用存款户划缴款项外，只收不付，不得支取现金

三、判断题

1. 对基本建设资金、更新改造资金、政策性房地产开发资金、金融机构存放同业资金应开设临时存款账户。（　　　）

2. 在银行预留印鉴卡片上要同时加盖开户单位公章、单位负责人或财务机构负责人和出纳人员图章。（　　　）

3. 存款人因附属非独立核算单位或派出机构发生的收入汇缴或业务支出可在异地开立专用存款账户。（　　　）第二章第三节答案

第四节　票据结算方式

【考点1】票据的概念、种类、特征和功能

票据是由出票人依法签发的，约定自己或者委托付款人在见票时或指定的日期向收款人或持票人无条件支付一定金额的有价证券。《中华人民共和国票据法》（以下简称《票据法》）规定的票据仅指汇票（商业汇票和银行汇票）、本票（银行本票）、支票。

一、单项选择题

1. （　　）不是《票据法》规定的票据。
   A. 发票　　　　B. 汇票　　　　C. 支票　　　　D. 本票
2. 下列不属于《票据法》规定的票据的是（　　）。
   A. 债券　　　　B. 汇票　　　　C. 支票　　　　D. 本票

二、多项选择题

1. 票据的特征有（　　）。
   A. 是一种不可转让证券　　　　B. 以支付一定金额为目的
   C. 是出票人依法签发的有价证券　D. 所表示的权利与票据不可分离
2. 下列属于票据功能的有（　　）。
   A. 支付功能　　B. 汇兑功能　　C. 信用功能　　　D. 结算功能
3. 在支付结算中，票据具有支付的功能，即票据可以充当支付工具代替现金使用。除此以外，（　　）。
   A. 票据还可以代替货币在不同地方之间运送，方便异地之间的支付
   B. 还可以凭借票据当事人自己的信誉，将未来才能获得的金钱提前消费
   C. 票据还具有结算功能，即债务抵消功能
   D. 票据还具有融资功能

三、判断题

我国的银行本票均为即期本票。　　　　　　　　　　　　　　　　　　（　　）

【考点2】票据行为、票据签章

票据行为是指票据当事人以发生票据债务为目的的，以在票据上签名或盖章为权利与义务成立要件的法律行为，包括出票、背书、承兑、保证4种。单位在票据上的签章应为该单位的财务专用章或者公章加其法定代表人或其授权的经办人的签名或盖章。个人在票据上的签章，应为该个人的签名或者盖章。

一、单项选择题

1. 下列（　　）不是《票据法》所规定的票据行为。
   A. 付款　　　　B. 承兑　　　　C. 出票　　　　D. 背书
2. 在票据背面或者粘单上记载有关事项并签单的行为称为（　　）。
   A. 出票　　　　B. 背书　　　　C. 承兑　　　　D. 保证
3. 根据《支付结算办法》的规定，下列各项中，必须承兑的票据是（　　）。

    A. 支票   B. 银行本票   C. 商业汇票   D. 发票

    4. 甲将一张 100 万元的汇票分别背书转让给乙 70 万元、丙 30 万元，下列有关该背书效力的表述，正确的是（   ）。

    A. 背书无效   B. 背书有效

    C. 乙和丙中数额较大的有效   D. 乙和丙中签章在前的有效

二、多项选择题

    1. 下列事项中，因签章不符合法律规定仅使签章无效的有（   ）。

    A. 出票人在票据上的签章不符合《票据法》的规定

    B. 承兑人在票据上的签章不符合《票据法》的规定

    C. 保证人在票据上的签章不符合《票据法》的规定

    D. 背书人在票据上的签章不符合《票据法》的规定

    2. 根据《支付结算办法》的规定，下列关于票据签章当事人的表述，正确的有（   ）。

    A. 票据签发时，由出票人签章   B. 票据承兑时，由承兑人签章

    C. 票据转让时，由背书人签章   D. 票据保证时，由保证人签章

    3. 下列（   ）是《票据法》所规定的票据行为。

    A. 保证   B. 承兑   C. 出票   D. 背书

    4. 票据行为的成立，必须符合的条件有（   ）。

    A. 行为人必须具有从事票据行为的能力

    B. 行为人的意思表示必须真实或无缺陷

    C. 票据行为的内容必须符合法律、法规的规定

    D. 票据行为必须符合法定形式

三、判断题

    1. 保证人对取得来源不合法的汇票也享有票据权利，承担保证责任。（   ）

    2. 票据的出票，是出票人依据《票据法》的规定在原始票据上记载法定事项并签章，做成票据。（   ）

    3. 被背书人名称是背书的相对记载事项。（   ）

    4. 付款人承兑商业汇票，不得附有条件，承兑附有条件的，视为拒绝承兑。（   ）

    5. 票据签章是票据行为生效的重要条件。（   ）

【考点 3】票据当事人和票据记载事项

    票据的基本当事人包括出票人、付款人和收款人，非基本当事人包括承兑人、背书人、保证人、被背书人等。票据记载事项一般分为绝对记载事项、相对记载事项、任意记载事项、非法定记载事项、不得记载事项等。

一、单项选择题

1. 根据《票据法》的规定，下列各项中，属于基本当事人的是（　　）。
   A. 出票人　　　　B. 背书人　　　　C. 承兑人　　　　D. 保证人

2. 下列票据记载事项中，属于任意记载事项的内容是（　　）。
   A. 出票日期　　　B. 付款日期　　　C. 不得转让　　　D. 用途

3. 依法定方式制作票据并在票据上签章，将票据交付给收款人的是（　　）。
   A. 付款人　　　　B. 持票人　　　　C. 出票人　　　　D. 承兑人

二、多项选择题

1. 在票据做成交付后，通过一定的票据行为加入票据关系而享有一定权利、义务的当事人包括（　　）。
   A. 由票据债务人以外的他人担当的为票据债务提供担保的人
   B. 在转让票据时，在票据背面或粘单上签字或盖章并将该票据交付给受让人的票据收款人或持有人
   C. 接受汇票出票人的付款委托同意承担支付票据义务的人，即汇票主债务人
   D. 被记名受让票据或接受票据转让的人

2. 下列各项中，属于票据当事人的有（　　）。
   A. 付款人　　　　B. 收款人　　　　C. 出票人　　　　D. 承兑人

3. 下列各项中，属于本票基本当事人的有（　　）。
   A. 付款人　　　　B. 收款人　　　　C. 出票人　　　　D. 承兑人

4. 下列情况中，属于付款人的有（　　）。
   A. 商业承兑汇票的承兑人　　　　　B. 银行汇票的出票银行
   C. 银行本票的出票人　　　　　　　D. 支票的出票人开户银行

三、判断题

1. 背书人是指被记名受让票据或接受票据转让的人。　　　　　　　　　　（　　）
2. 甲公司收到乙公司签发的一张支票，该支票记载了"不得转让"字样。该记载事项不影响甲公司将该支票背书转让。　　　　　　　　　　　　　　　　　　　（　　）
3. 汇票上可以记载《票据法》规定事项以外的其他出票事项，但该记载事项不具有汇票上的效力。　　　　　　　　　　　　　　　　　　　　　　　　　　　　　（　　）

【考点4】票据权利与责任、票据丧失的补救

票据权利包括付款请求权和追索权。票据丧失后，失票人可以采取挂失止付、公示催告和普通诉讼3种形式进行补救。只有确定付款人或代理付款人的票据丧失才可以进行挂

失止付，具体包括已承兑的商业汇票、支票、填明"现金"字样和代理付款人的银行汇票、填明"现金"字样的银行本票。

一、单项选择题

1. 票据的第一顺序权利，即主要票据权利，是指（　　）。
    A. 追索权　　　　B. 付款请求权　　C. 提示权　　　　D. 要求承兑权
2. 票据丧失后，不能采取的补救措施是（　　）。
    A. 挂失止付　　　　B. 公示催告　　　C. 申请仲裁　　　D. 普通诉讼
3. 票据丧失后，失票人可以申请公示催告，受理该申请的应当是（　　）。
    A. 中国人民银行各级机构　　　　　B. 出票人开户银行
    C. 财政部门　　　　　　　　　　　D. 人民法院
4. 甲公司持有一张商业汇票，到期委托开户银行向承兑人收取票款。甲公司行使的票据权利是（　　）。
    A. 票据追索权　　　　　　　　　B. 付款请求权
    C. 票据返还请求权　　　　　　　D. 利益返还请求权

二、多项选择题

1. 票据权利包括（　　）。
    A. 收款请求权　　　B. 追索权　　　　C. 付款请求权　　　D. 偿还权
2. 下列有关票据权利不行使而消灭时效的表述，正确的有（　　）。
    A. 持票人对见票即付的汇票、本票为自出票日起 1 年
    B. 持票人对支票出票人的权利为自出票日起 2 年
    C. 持票人对前手的追索权为自被拒绝承兑或者被拒绝付款之日起 6 个月
    D. 持票人对前手的再追索权为自清偿或者被提起诉讼之日起 3 个月
3. 下列关于票据丧失的补救措施，说法正确的有（　　）。
    A. 只有确定付款人或代理付款人的票据丧失时，才可以进行挂失止付
    B. 失票人应当在通知挂失止付后的 3 日内，也可以在票据丧失后，依法向人民法院申请公示催告，或者向人民法院提起诉讼
    C. 申请公示催告的主体必须是可以背书转让的票据的最后持票人，失票人不知道票据的下落，利害关系人也不明确
    D. 如果与票据上的权利有利害关系的人是明确的，无须公示催告，可按一般的票据纠纷向法院提起诉讼
4. 结算实务中，票据债务人承担的票据义务一般有（　　）。
    A. 支票付款人在与出票人有资金关系时承担付款义务
    B. 汇票承兑人因承兑而应承担付款义务

C. 本票出票人因出票而承担自己付款的义务

D. 汇票、本票、支票的背书人，汇票、支票的出票人、保证人，在票据不获承兑或不获付款时的付款清偿义务

三、判断题

1. 根据《票据法》的规定，持票人行使追索权，应按票据债务人的先后顺序依次进行。

（　　）

2. 票据丧失后，必须经过挂失止付、公示催告和普通诉讼 3 个程序进行补救。（　　）

【考点 5】支票

支票是指由出票人签发的、委托办理支票存款业务的银行在见票时无条件支付确定的金额给收款人或者持票人的票据。单位和个人的各种款项结算，均可使用支票。自 2007 年 7 月起，支票可以实现全国范围内互通使用。

一、单项选择题

1. 下列有关支票的表述中，正确的是（　　）。

A. 转账支票可以用于支取现金，也可用于转账

B. 现金支票可以用于支取现金，也可用于转账

C. 普通支票可以用于支取现金，也可用于转账

D. 用于支取现金的支票可以背书转让

2. 根据《支付结算办法》的规定，既可以用于支取现金，又可以用于转账的支票是（　　）。

A. 普通支票中的非划线支票　　　　B. 现金支票

C. 普通支票中的划线支票　　　　　D. 转账支票

3. 下列关于支票的提示付款期限的表述中，正确的是（　　）。

A. 自出票日起 10 日内　　　　　　B. 自出票日起 20 日内

C. 自出票日起 30 日内　　　　　　D. 自出票日起 60 日内

4. 银行审核支票付款的依据是支票出票人的（　　）。

A. 电话号码　　　B. 身份证　　　C. 支票存根　　　D. 预留银行签章

5. 甲公司发现其持有的由乙公司签发的金额为 40 万元的转账支票为空头支票后，有权要求乙公司向其支付赔偿金（　　）元。

A. 20 000　　　　B. 12 000　　　　C. 8 000　　　　D. 2 000

6. 填写支票出票日期时，2 月 12 日应填写成（　　）。

A. 贰月拾贰日　　　　　　　　　　B. 零贰月拾贰日

C. 零贰月壹拾贰日　　　　　　　　D. 贰月壹拾贰日

7. 以下有关转账支票的表述，错误的是（　　）。

A. 用于转账结算

B. 可背书转让

C. 既可用于转账结算，又可用于支取现金

D. 无须承兑，见票即付

8. 下列有关支票挂失止付规定的表述，正确的是（ ）。

A. 现金支票与转账支票丧失后均可挂失止付

B. 现金支票丧失后可以挂失止付，转账支票丧失后不得挂失止付

C. 转账支票丧失后可以挂失止付，现金支票丧失后不得挂失止付

D. 现金支票与转账支票丧失后均不得挂失止付

9. 出票人签发空头支票、签章与预留银行签章不符的支票，银行应予以退票，并按票面金额处以 5% 但不低于（ ）元的罚款。

A. 2 000　　　　　B. 2 500　　　　　C. 1 000　　　　　D. 1 500

10. 下列关于支票的表述，错误的是（ ）。

A. 个人不能使用支票

B. 支票的基本当事人是出票人、付款人、收款人

C. 支票是见票即付的票据

D. 支票是由出票人签发的

二、多项选择题

1. 可支取现金的支票有（ ）。

A. 现金支票　　　B. 转账支票　　　C. 普通支票　　　D. 划线支票

2. 可转账支付的支票有（ ）。

A. 现金支票　　　B. 转账支票　　　C. 普通支票　　　D. 划线支票

3. 根据《票据法》的规定，下列各项中，属于支票必须记载事项的有（ ）。

A. 付款人名称　　B. 出票日期　　　C. 确定的金额　　D. 付款日期

4. 根据《票据法》的规定，下列各项中，属于支票上可以由出票人授权补记的事项有（ ）。

A. 金额　　　　　B. 收款人名称　　C. 付款人名称　　D. 出票日期

5. 根据《支付结算办法》的规定，下列各项中，属于银行应予以退票的支票有（ ）。

A. 出票人签发的空头支票

B. 签章与预留银行签章不符的支票

C. 使用圆珠笔填写的支票

D. 使用支付密码地区的，签发支付密码错误的支票

6. 下列各项中属于支票签发要求的有（ ）。

A. 签发支票应使用碳素墨水或墨汁填写，中国人民银行另有规定的除外

B. 签发现金支票和用于支取现金的普通支票，必须符合国家现金管理的规定

C. 支票的出票人签发支票的金额不得超过付款时在付款人处实有的存款金额

D. 出票人不得签发与其预留银行签章不符的支票

7. 根据《票据法》的规定，支票按支付票据的方式分为（　　）。

A. 现金支票　　　B. 转账支票　　　C. 通用支票　　　D. 普通支票

8. 根据规定，下列关于支票的表述，正确的有（　　）。

A. 支票主要用于同城转账结算，异地不能使用

B. 支票没有金额的限制

C. 用于支取现金的支票不能背书转让

D. 出票人只能在账户可用余额以内签发支票，不能透支

三、判断题

1. 用于支取现金的支票可以背书转让。　　　　　　　　　　　　　　　（　　）

2. 支票的提示付款期限为自出票日起 15 日。　　　　　　　　　　　　（　　）

3. 出票人签发空头支票，除银行予以退票并处以一定数额的罚款外，持票人还有权要求出票人赔偿支票金额 2% 的赔偿金。　　　　　　　　　　　　　　　　（　　）

4. 不论单位还是个人，签发支票的金额都不得超过付款时实有的银行存款余额。

　　　　　　　　　　　　　　　　　　　　　　　　　　　　　　　　（　　）

5. 普通支票仅用于转账时，应在支票左上角加划两条平行线；未划线的，可用于支取现金。　　　　　　　　　　　　　　　　　　　　　　　　　　　　　　（　　）

6. 签发支票时可以使用圆珠笔填写。　　　　　　　　　　　　　　　　（　　）

7. 超过提示付款期的支票，付款人可以不予付款，出票人也不承担票据责任。

　　　　　　　　　　　　　　　　　　　　　　　　　　　　　　　　（　　）

8. 支票上记载付款日期的，支票无效。　　　　　　　　　　　　　　　（　　）

9. 银行审核支票付款的依据是支票出票人的预留银行签章。　　　　　　（　　）

10. 支票的出票人在票据上的签章，应为其预留银行签章。　　　　　　（　　）

11. 支票的出票人为存款人，支票的付款地为付款人所在地。　　　　　（　　）

12. 单位和个人在全国的各种款项结算，均可使用支票。　　　　　　　（　　）

【考点6】商业汇票

商业汇票是由出票人签发，委托付款人在指定日期无条件支付确定金额给收款人或者持票人的票据。商业汇票按承兑人的不同，分为商业承兑汇票和银行承兑汇票。商业承兑汇票由银行以外的付款人承兑，银行承兑汇票由银行承兑。

一、单项选择题

1. 付款人应当在收到提示承兑的汇票（　　）内承兑或拒绝承兑。
   A. 之日起 3 日　　B. 次日起 3 日　　C. 之日起 5 日　　　D. 次日起 5 日

2. 出票后定期付款的商业汇票的提示付款期限，自汇票到期日起（　　）日。
   A. 3　　　　　　　B. 5　　　　　　　C. 10　　　　　　　D. 20

3. 商业承兑汇票付款人开户银行于 12 月 3 日接到收款人开户银行的通知，并于当日通知了付款人，如果付款人未通知银行付款，应于（　　）上午营业时划款给持票人。
   A. 12 月 3 日　　B. 12 月 5 日　　C. 12 月 6 日　　　D. 12 月 7 日

4. 银行承兑汇票的承兑银行应按票面金额向（　　）收取（　　）的手续费。
   A. 持票人，万分之五　　　　　　B. 承兑人，千分之五
   C. 持票人，千分之五　　　　　　D. 出票人，万分之五

5. 定日付款、出票后定期付款或者见票后定期付款的汇票，自（　　）向承兑人提示付款。
   A. 出票日起 10 日内　　　　　　B. 出票日起 1 个月内
   C. 到期日起 10 日内　　　　　　D. 到期日起 1 个月内

6. 下列关于商业汇票出票效力的说法，不正确的是（　　）。
   A. 收款人取得出票人发出的汇票后，即取得票据权利
   B. 出票行为是双方行为，因此付款人有付款义务
   C. 出票人签发汇票后，即承担保证该汇票承兑和付款的责任
   D. 收款人在付款请求权不能满足时，即享有追索权

7. 根据《票据法》的规定，商业汇票的绝对记载事项是（　　）。
   A. 出票地　　B. 付款地　　C. 付款日期　　　D. 出票日期

8. 商业汇票的付款期限，最长不得超过（　　）。
   A. 1 个月　　　　B. 3 个月　　　　C. 6 个月　　　　D. 1 年

二、多项选择题

1. 以下（　　）事项如果缺失，商业汇票即属无效。
   A. 确定的金额　　B. 付款人名称　　C. 用途　　　D. 出票人地址

2. 根据《支付结算办法》的规定，下列各项中，（　　）属于汇票背书时应记载的内容。
   A. 背书签章　　B. 背书日期　　C. 被背书人名称　　D. 禁止背书的记载

3. 付款人在办理承兑手续时，应在汇票上记载承兑的事项包括（　　）。
   A. 承兑文句　　B. 承兑日期　　C. 承兑人签章　　D. 承兑金额

4. 商业汇票按照承兑人的不同分为（　　）。

A．商业本票　　B．银行汇票　　C．银行承兑汇票　　D．商业承兑汇票

5．汇票中未记载付款地的，可以付款人的（　　）为付款地。

A．营业场所　　B．住所　　C．经常居住地　　D．主要财产所在地

6．下列关于商业汇票的表述，符合法律规定的有（　　）。

A．商业汇票的提示承兑期限，为自汇票到期日起 10 日内

B．商业汇票的提示付款期限，为自汇票到期日起 10 日内

C．商业汇票的付款期限，最长不得超过 6 个月

D．出票后定期付款的商业汇票，提示承兑期限为自出票日起 1 个月内

7．根据规定，银行承兑汇票的出票人必须具备的条件有（　　）。

A．在承兑银行开立存款账户的法人及其他组织

B．与收款人具有真实的委托付款关系

C．与承兑银行具有真实的委托付款关系

D．资信状况良好，具有支付汇票金额的可靠资金来源

三、判断题

1．承兑不得附有条件，承兑附有条件的，条件无效。　　　　　　　　　　（　　）

2．付款人在接到通知日的次日起 3 日内未通知银行付款的，视同付款人拒绝付款。

（　　）

3．汇票背书不得附有条件，背书附有条件的，背书无效。　　　　　　　　（　　）

4．汇票上未记载付款日期的，为见票即付。　　　　　　　　　　　　　　（　　）

5．最后一位使用粘单的背书人必须将粘单粘接在票据上，并且在汇票和粘单的粘接处签章。　　　　　　　　　　　　　　　　　　　　　　　　　　　　　　　　（　　）

【考点7】银行汇票

银行汇票是由出票银行签发的，在其见票时按照实际结算金额无条件支付给收款人或者持票人的票据。出票银行为银行汇票的付款人。单位和个人在异地、同城或同一票据交换区域的各种款项结算，均可使用银行汇票。

一、单项选择题

1．银行汇票的付款人为（　　）。

A．银行汇票的申请人　　　　　　B．出票银行

C．代理付款银行　　　　　　　　D．申请人的开户银行

2．（　　）是由出票银行签发的，在其见票时按照实际结算金额无条件支付给收款人或持票人的票据。

A．银行汇票　　B．商业汇票　　C．托收承付　　D．支票

3. 银行汇票的持票人向银行提示付款时，须同时提交银行汇票和（　　），缺少任何一联，银行不予受理。

    A．解讫通知   B．付款凭证   C．进账单   D．个人身份证

4. 银行汇票的提示付款期限自出票日起（　　）。

    A．1个月   B．1年   C．2年   D．3年

5. 银行汇票是由出票银行签发的，在见票时按照（　　）无条件支付给收款人或者持票人的票据。

    A．出票金额   B．实际结算金额

    C．票面金额   D．确定金额

二、多项选择题

1. 下列银行汇票不能背书转让的是（　　）。

    A．填明"现金"字样的银行汇票

    B．未填写实际结算金额的银行汇票

    C．实际结算金额超过出票金额的银行汇票

    D．实际结算金额小于出票金额的银行汇票

2. 下列关于银行汇票的表述，正确的有（　　）。

    A．银行汇票的实际结算金额不得更改，且不得超过出票金额

    B．持票人向银行提示付款时，须同时提交银行汇票和解讫通知

    C．银行汇票的提示付款期限自出票日起1个月

    D．申请人或者收款人为单位的，可以申请使用现金银行汇票

三、判断题

1. 银行汇票的提示付款期限为自出票日起1个月。（　　）

2. 未填明"现金"字样和代理付款人的银行汇票丧失后不得挂失止付。（　　）

3. 银行汇票可用于转账，也可用于支取现金。（　　）

4. 银行汇票仅限于单位和个人在异地进行各种款项结算。（　　）

5. 填明"现金"字样的银行汇票不得背书转让。（　　）

【考点8】银行本票

银行本票是银行签发的承诺自己在见票时无条件支付确定金额给收款人或者持票人的票据。银行本票的基本当事人只有出票人和收款人。单位和个人在同一票据交换区域需要支付的各种款项，均可使用银行本票。

一、单项选择题

1. （　　）是指由银行签发的，承诺自己在见票时无条件支付确定的金额给收款人或

者持票人的票据。

    A. 银行汇票   B. 支票   C. 银行本票   D. 商业汇票

2. 银行本票自出票之日起，提示付款最长不得超过法律规定的期限，该法定期限为（   ）个月

    A. 6   B. 3   C. 2   D. 1

3. 下列关于银行本票的提示付款期限的表述，错误的是（   ）。

    A. 银行本票见票即付

    B. 提示付款期限自出票日起最长不得超过 1 个月

    C. 持票人超过付款期限提示付款的，代理付款人不予受理

    D. 持票人超过提示付款期限不获付款的，在票据权利时效内向出票银行做出说明，并提供本人身份证件或单位证明，可持银行本票向出票银行请求付款

4. 根据票据法律制度的规定，下列关于票据提示付款期限的表述，不正确的是（   ）。

    A. 银行汇票的提示付款期限为自出票日起 1 个月

    B. 商业汇票的提示付款期限为自出票日起 10 日

    C. 银行本票的提示付款期限为自出票日起最长不得超过 2 个月

    D. 支票的提示付款期限为自出票日起 10 日

二、多项选择题

1. 根据票据法律制度的规定，下列票据中，允许个人使用的有（   ）。

    A. 支票   B. 银行承兑汇票

    C. 银行本票   D. 银行汇票

2. 既可同城结算，又可异地结算的票据有（   ）。

    A. 支票   B. 银行汇票   C. 银行本票   D. 商业汇票

3. 根据《票据法》的规定，下列有关银行本票的各项表述，正确的有（   ）。

    A. 标明"现金"字样的银行本票仍然不得提取现金

    B. 确定的金额是银行本票必载事项

    C. 银行本票必须有无条件支付的承诺

    D. 银行本票的提示付款期自出票日起最长不得超过 2 个月

4. 根据《票据法》的规定，下列有关银行本票的表述，正确的有（   ）。

    A. 标明"现金"字样的银行本票可以提取现金

    B. 标明"现金"字样的银行本票丧失后可以挂失止付

    C. 银行本票的提示付款期限自出票日起最长不得超过 1 个月

    D. 单位和个人在同一票据交换区域的各种款项结算，均可使用银行本票

三、判断题

1. 同一当事人在同一票据中不可以有 2 个名称，即双重身份。   （   ）

2．银行本票见票即付。 （　　）

3．注明现金字样的银行本票不得背书转让。 （　　）

4．银行本票持票人超过提示付款期限提示付款的，代理付款人不予受理。 （　　）

测 试 题

一、单项选择题

1．汇票的保证不得附有条件，如果附有条件，其后果是（　　）。

 A．该保证无效   B．视为未保证

 C．不影响对汇票的保证责任   D．保证人对所附条件承担责任

2．出票人可以签发（　　）。

 A．空头支票

 B．签章与预留银行签章不符的支票

 C．未记载收款人名称的支票

 D．使用支付密码地区，支付密码错误的支票

3．单位和个人在（　　）的各种款项结算，均可以使用支票。

 A．异地   B．同城

 C．同一票据交换区域   D．全国范围内

4．关于支票的说法，错误的有（　　）。

 A．支票可适用于同一票据交换地区

 B．支票的付款人为支票上记载的出票人开户银行

 C．支票的付款地为付款人所在地

 D．用于支取现金的支票可以背书转让

5．出票人在付款人处的存款是以支付支票金额时，付款人应当在（　　）足额付款。

 A．见票后 3 日内   B．见票当时

 C．见票后 2 日内   D．见票后 10 日内

6．根据《支付结算办法》的规定，出票人签发空头支票，不以骗取财物为目的的，由（　　）给予处罚。

 A．财政部   B．开户银行   C．持票人   D．中国人民银行

7．银行承兑汇票是以银行作为承兑人的商业汇票，不属于其基本当事人的是（　　）。

 A．申请人   B．出票人   C．承兑人   D．收款人

8．商业汇票的付款地为（　　）。

 A．出票人所在地   B．承兑人所在地

 C．收款人所在地   D．保证人所在地

二、多项选择题

1. 根据《票据法》的规定，下列各项中，可以行使票据追索权的当事人有（　　）。

A. 票据记载的收款人　　　　　　　B. 代为清偿票据债务的保证人

C. 最后的被背书人　　　　　　　　D. 代为清偿票据债务的背书人

2. 支票的出票人签发支票的金额不超过（　　）在付款人处实有的存款金额时，不属于签发空头支票。

A. 付款时　　　　B. 出票时　　　　C. 签发时　　　　D. 开具时

3. 支票是出票人签发的，委托办理支票存款业务的银行在见票时无条件支付确定的金额给收款人或者持票人的票据。支票分为（　　）。

A. 本币支票　　　B. 外币支票　　　C. 现金支票　　　D. 转账支票

4. 商业承兑汇票的签发人可以是（　　）。

A. 银行　　　　　　　　　　　　　B. 代理付款银行

C. 收款人　　　　　　　　　　　　D. 付款人

5. 下列属于票据非基本当事人的有（　　）。

A. 背书人　　　B. 承兑人　　　C. 被背书人　　　D. 保证人

6. 银行本票的基本当事人有（　　）。

A. 出票人　　　B. 收款人　　　C. 付款人　　　D. 背书人

三、判断题

1. 支票的持票人超过提示付款期提示付款的，付款人可以不予付款；但是出票人仍应当对持票人承担票据责任。　　　　　　　　　　　　　　　　　　　（　　）

2. 支票的金额和收款人名称可以由出票人授权补记，未补记前，不得背书转让和提示付款。　　　　　　　　　　　　　　　　　　　　　　　（　　）

3. 出票人不可以在支票上记载自己为收款人。　　　　　　　（　　）

4. 银行承兑汇票应由在承兑银行开立存款账户的存款人签发。（　　）

5. 《票据法》规定的本票是指银行本票。　　　　　　　　　（　　）

6. 承兑人签章不符合规定的，票据无效。　　　　　　　　　（　　）　　第二章第四节答案

第五节　银　行　卡

【考点】银行卡

银行卡是指由商业银行（含邮政金融机构）向社会发行的具有消费信用、转账结算、

存取现金等全部或部分功能的信用支付工具。单位卡账户的资金，一律从其基本存款账户转账存入，不得交存现金，不得将销货收入的款项存入其账户。

测　试　题

一、单项选择题

1. 银行卡按照是否给予持卡人授信额度可以分为（　　）。
   A. 境内卡和境外卡　　　　　　　B. 信用卡和借记卡
   C. 人民币卡、外币卡和双币卡　　D. 磁条卡和芯片卡

2. 银行卡分为人民币卡、外币卡、双币种卡是按照（　　）来划分的。
   A. 发行主体是否在境内　　　　　B. 是否给予持卡人授信额度
   C. 信息载体不同　　　　　　　　D. 账户币种不同

3. 贷记卡持卡人非现金交易享受免息还款期，免息还款期最长为（　　）天。
   A. 20　　　　　　B. 30　　　　　　C. 50　　　　　　D. 60

4. 信用卡销户时，单位卡账户的余额应（　　）。
   A. 转入基本存款账户　　　　　　B. 转入一般存款账户
   C. 转入临时存款账户　　　　　　D. 支取现金

5. 下列关于银行卡账户及交易管理要求的表述，不正确的是（　　）。
   A. 单位人民币卡账户的资金一律从其基本存款账户转账存入
   B. 单位外币卡账户的资金应从其单位的外汇账户转账存入
   C. 单位人民币卡账户不得支取现金
   D. 单位人民币卡账户可以存入销货收入

二、多项选择题

1. 发卡银行可以通过（　　）途径追偿透支款项和诈骗款项。
   A. 扣减持卡人保证金　　　　　　B. 依法处理抵押物和质押物
   C. 向保证人追索透支款项　　　　D. 通过司法机关的诉讼程序进行追偿

2. 信用卡按照是否向发卡银行交存保证金分为（　　）。
   A. 借记卡　　　　B. 贷记卡　　　　C. 准贷记卡　　　　D. 人民币卡

3. 下列选项中，属于信用卡的发行主体的是（　　）。
   A. 外资银行　　　　B. 台资银行　　　　C. 信托投资公司　　D. 非银行金融机构

4. 下列属于单位人民币卡不能办理的是（　　）。
   A. 用于 8 万元的商品交易款项结算
   B. 用于 15 万元的劳务供应款项结算
   C. 透支
   D. 支取现金

5. 下列情形中，信用卡持卡人可申请办理销户的有（　　）。

A. 信用卡有效期满 45 天后，持卡人不更换新卡的

B. 信用卡挂失满 45 天后，没有附属卡又不更换新卡的

C. 信用卡被列入止付名单，发卡银行已收回其信用卡 45 天的

D. 持卡人要求销户或担保人撤销担保，并已交回全部信用卡 45 天的

三、判断题

1. 银行卡是指经批准由商业银行（含邮政金融机构）向社会发行的具有消费信用、转账结算、存取现金等全部或部分功能的信用支付工具。（　　）

2. 我国国内发行的信用卡主要是借记卡，即先存款后消费，允许透支的信用卡。（　　）

3. 凡具有民事行为能力的公民，可凭本人有效身份证件及发卡银行规定的相关证明文件申领个人卡。（　　）

4. 根据《支付结算办法》的规定，信用卡销户时，单位卡账户余额转入其基本存款账户，不得提取现金。（　　）

5. 信用卡账户 1 年以上未发生交易的，持卡人可申请办理销户。（　　）　第二章第五节答案

第六节　其他结算方式

【考点 1】汇兑

汇兑是指汇款人委托银行将其款项支付给收款人的结算方式，汇兑便于汇款人向异地的收款人主动付款。汇兑分为电汇和信汇，适用于单位和个人异地的各种款项结算。

一、单项选择题

1. 汇款人委托银行将其款项支付给收款人的结算方式是（　　）。

A. 汇兑　　　　B. 汇款　　　　C. 电汇　　　　D. 信汇

2. 汇兑分为电汇和（　　），由汇款人自行选择。

A. 邮寄　　　　B. 汇款　　　　C. 电汇　　　　D. 信汇

3. 汇入行对于向收款人发出取款通知，经过（　　）个月无法交付的汇款，应主动办理退汇。

A. 1　　　　　B. 2　　　　　C. 3　　　　　D. 6

二、多项选择题

汇兑分为（　　）。

A. 转汇　　　　B. 票汇　　　　C. 电汇　　　　D. 信汇

三、判断题

1. 汇入银行对于向收款人发出取款通知，经过 1 个月无法交付的汇款应主动办理退汇。

（   ）

2. 汇款人对汇出银行尚未汇出的款项可以申请撤销，对汇出银行已经汇出的款项可以申请退汇。

（   ）

3. 汇款回单既能作为汇出银行受理汇款的依据，又能作为该笔汇款已转入收款人账户的证明。

（   ）

【考点 2】委托收款

委托收款是收款人委托银行向付款人收取款项的结算方式。无论是同城还是异地，均可使用委托收款，可以办理单位和个人的各种款项结算。委托收款分为邮寄和电报划回 2 种。

一、单项选择题

1. （   ）是收款人委托银行向付款人收取款项的结算方式。
   A. 委托收款　　　B. 托收承付　　　C. 银行承兑汇票　　D. 银行汇票

2. 委托收款在（   ）范围内均可使用。
   A. 同城　　　　　B. 异地　　　　　C. 同城和异地　　　D. 无法使用

3. 下列属于非票据结算方式的是（   ）。
   A. 委托收款　　　B. 支票　　　　　C. 银行承兑汇票　　D. 银行汇票

二、多项选择题

委托收款分为（   ）。
   A. 邮寄　　　　　B. 电汇　　　　　C. 信汇　　　　　　D. 电报划回

三、判断题

1. 委托收款只能在同城使用。

（   ）

2. 委托收款以银行为付款人的，银行应在收到凭证当日将款项主动支付给收款人。

（   ）

【考点 3】托收承付

托收承付是指根据购销合同由收款人发货后委托银行向异地付款人收取款项，由付款人向银行承付的结算方式。

一、单项选择题

1. 托收承付在（   ）范围内可以使用。

A. 同城   B. 异地   C. 同城和异地   D. 全国

2. 下列结算的种类中，有金额起点的是（   ）。

     A. 委托收款   B. 支票   C. 托收承付   D. 汇兑

3. 下列款项中，可以办理托收承付结算的是（   ）。

     A. 商品交易取得的款项   B. 代销的商品款项

     C. 因寄售商品而产生的款项   D. 赊销商品后结算的款项

二、多项选择题

1. 下列单位中，不可以办理托收承付结算的有（   ）。

     A. 国有企业   B. 个体工商户   C. 外资企业   D. 外商投资企业

2. 托收承付结算方式购货单位可以选择（   ）方式承付货款。

     A. 验单承付   B. 验货承付   C. 直接承付   D. 签订合同

三、判断题

1. 托收承付结算方式适用于全国各地的各单位和个人。   （   ）

2. 托收承付没有金额起点限制。   （   ）

3. 验单承付期为 3 天，从购货单位开户银行发出通知的当日算起。   （   ）

【考点 4】国内信用证

国内信用证是指开证银行依照申请人的申请向受益人开出的，有一定金额、在一定期限内凭信用证规定的单据支付款项的书面承诺。国内信用证只适用于国内企业之间的商品交易产生的货款结算，并且只能用于转账结算，不得支取现金。

一、单项选择题

1. 下列关于国内信用证的说法，正确的是（   ）。

     A. 开证申请人承担第一付款责任   B. 我国信用证可撤销

     C. 信用证结算适用于国内外企业   D. 国内信用证不能支取现金

2. 我国的国内信用证属于（   ）。

     A. 可撤销信用证   B. 可转让信用证

     C. 可支取现金信用证   D. 跟单信用证

二、多项选择题

1. 下列属于非票据结算方式的有（   ）。

     A. 汇兑   B. 委托收款   C. 托收承付   D. 国内信用证

2. 下列结算方式中，个人不能使用的有（   ）。

　　A. 汇兑　　　　B. 委托收款　　C. 托收承付　　　D. 国内信用证

三、判断题

1. 我国国内信用证是不可撤销、可转让的跟单信用证。　　　　　　　　　（　　）

2. 我国国内信用证既可以转账，也可以支取现金。　　　　　　　　　　（　　）

◈── 测 试 题 ──◈

一、单项选择题

1. 下列关于汇兑的表述，不正确的是（　　）。

　　A. 汇兑是汇款人委托银行将其款项支付给收款人的结算方式

　　B. 汇兑分为电汇和信汇 2 种

　　C. 汇兑结算适用于各种经济内容的异地提现和结算

　　D. 汇兑凭证上记载收款人为个人的，收款人需要到汇出银行领取汇款

2. 汇出银行经审核无误后，及时向汇入银行办理汇款，并向（　　）签发汇款回单。

　　A. 收款人　　　B. 汇款人　　　C. 收款银行　　　D. 汇款银行

3. 以银行以外的单位或在银行开立存款账户的个人为收款人的，委托收款凭证必须记载（　　）。

　　A. 付款人开户银行名称　　　　　B. 收款人开户银行名称

　　C. 被委托银行名称　　　　　　　D. 委托银行名称

4. 委托收款中，以银行为付款人的，银行应当在（　　）将款项主动支付给收款人。

　　A. 当日　　　B. 次日　　　C. 1 周内　　　D. 1 月内

5. 下列关于托收承付的说法，正确的是（　　）。

　　A. 托收承付结算每笔的金额起点为 1 000 元

　　B. 新华书店系统每笔的金额起点为 1 万元

　　C. 验单承付为 3 天，应从购货单位开户银行发出通知的当日算起（承付期内遇法定节假日顺延）

　　D. 验货付款为 10 天，应从运输部门向付款人发出提货通知的次日算起，付款人在承付期内，未向银行表示拒绝付款，银行即视作承付，在承付期满的次日上午将款项划给收款人

6. 根据支付结算法律制度的规定，下列关于国内信用证的表述，正确的是（　　）。

　　A. 可用于支取现金

　　B. 开证申请人可以是个人

　　C. 有效期最长不得超过 1 年

　　D. 国内信用证为不可撤销、不可转让的跟单信用证

7. 根据支付结算法律制度的规定，下列有关汇兑的表述，不正确的是（　　）。

    A. 汇兑分为信汇和电汇 2 种

    B. 汇兑每笔金额起点为 1 万元

    C. 汇兑适用于单位和个人各种款项的结算

    D. 汇兑是汇款人委托银行将其款项支付给收款人的结算方式

8. 下列支付结算的种类中，有金额起点限制的是（　　）。

    A. 委托收款　　　B. 支票　　　　　C. 托收承付　　　　D. 汇兑

9. 甲公司和乙公司签订购销合同，由甲公司在发货后委托银行向异地的乙公司收取款项，而乙公司必须向银行承诺付款的结算方式是（　　）。

    A. 委托收款　　　B. 信用证　　　　C. 汇兑　　　　　D. 托收承付

10. 汇入银行对经过（　　）无法交付的汇款，应主动办理退汇。

    A. 15 天　　　　B. 1 个月　　　　C. 2 个月　　　　D. 3 个月

二、多项选择题

1. 根据《支付结算办法》的规定，汇款人签发汇兑凭证时必须记载的事项有（　　）。

    A. 无条件支付的委托　　　　　　B. 确定的金额

    C. 汇入地点、汇入行名称　　　　D. 委托日期

2. 国内信用证办理的基本程序包括（　　）。

    A. 开证　　　　　B. 通知　　　　　C. 议付　　　　　D. 付款

3. 单位和个人凭（　　）等付款人债务证明办理款项的结算，均可以使用委托收款结算方式。

    A. 已承兑的商业汇票　　　　　　B. 债券

    C. 商业汇票　　　　　　　　　　D. 存单

4. 下列关于汇兑结算办理的表述，不正确的有（　　）。

    A. 只有汇兑凭证上注明"现金"字样的收款人才能支取现金

    B. 汇款回单是汇款人会计核算的原始凭证

    C. 未注明"现金"字样的需要支取现金，由汇入银行审核后按规定支付

    D. 收账通知是收款人会计核算的原始凭证

5. 下列各项表述正确的有（　　）。

    A. 国内信用证只能用于转账结算

    B. 国内信用证只能用于支取现金

    C. 国内信用证既可以用于转账结算，也可以用于支取现金

    D. 国内信用证不得支取现金

6. 汇兑分为（　　）。

    A. 信汇　　　　　B. 电汇　　　　　C. 票汇　　　　　D. 转汇

7. 下列结算方式中，由收款人选用邮寄和电报划回款项的有（　　）。

　　A. 汇兑　　　　　B. 托收承付　　　C. 委托收款　　　D. 信用证

8. 下列各项中，可以在同一票据交换区使用的结算方式包括（　　）。

　　A. 银行汇票　　　B. 支票　　　　　C. 托收承付　　　D. 银行本票

三、判断题

1. 办理汇兑时，需要在汇入银行支取现金的，信汇、电汇凭证上必须按照规定填明"现金"字样，才能办理。未填明"现金"字样的，需要支取现金的，由汇入银行按照国家现金管理规定审查支付。（　　）

2. 托收承付结算每笔的金额起点为 1 000 元，新华书店系统每笔的金额起点为 1 万元。（　　）

3. 国内信用证结算方式只适用于国内企业之间的商品交易产生的贷款结算，既能用于转账结算，也能用于支取现金。（　　）

4. 国内信用证开证行决定受理开证业务时，应向申请人收取不低于开证金额 20%的保证金。（　　）

5. 收付双方使用托收承付结算方式必须签有符合《中华人民共和国合同法》的购销合同，并在合同上订明使用托收承付结算款项的划回方法，分为信汇和电汇由收款人选用。（　　）

6. 不论验单付款还是验货付款，付款人都可以在承付期内提前向银行表示承付，并通知银行提前付款，银行应立即办理划款。（　　）

7. 未在银行开立存款账户的个人为收款人的，委托收款凭证必须记载委托银行名称。（　　）

8. 赊销商品的款项，不得办理托收承付结算。（　　）

9. 银行受理信用证开证业务，不受购销合同的约束。（　　）

10. 汇款回单是银行确已将款项收入收款人账户的凭据。（　　）　第二章第六节答案

第七节　网　上　支　付

【考点】网上支付

网上支付是电子支付的一种形式，它是指电子交易的当事人，包括消费者、商户、银行或支付机构，使用电子支付手段信息网络进行的货币支付或资金流转。网上支付的主要方式有网上银行和第三方支付 2 种。

❧—— 测 试 题 ——❧

一、单项选择题

1. 根据支付结算法律制度的规定，网上银行按经营模式分为（　　）。
   A. 企业网上银行和个人网上银行　　B. 分支型网上银行和单纯网上银行
   C. 零售银行和批发银行　　　　　　D. 转账银行和区县银行

2. 以下各项描述中，错误的是（　　）。
   A. 网上支付是电子支付的一种形式
   B. 与传统的支付方式相比，网上支付具有方便、快捷、高效、安全的优势
   C. 网上支付的主要方式有网上银行和第三方支付
   D. 网上支付将在我国非现金支付工具体系中发挥越来越重要的作用

二、多项选择题

1. 根据支付结算法律制度的规定，企业网上银行的主要功能包括（　　）。
   A. 账户信息查询　　　　　　　　　B. 支付指令
   C. B2B 网上支付　　　　　　　　　D. 批量支付

2. 以下各项中，属于电子交易的当事人有（　　）。
   A. 消费者　　　　B. 商户　　　　C. 银行　　　　D. 支付机构

三、判断题

1. 网上银行又被称为"3A 银行"，因为它不受时间、空间的限制，能够在任何时间、任何地点、以任何方式为客户提供金融服务。　　　　　　　　　　　　　　　（　　）

2. 支付机构办理银行账户与支付账户之间转账业务的，相关银行账户与支付账户可以不属于同一客户。　　　　　　　　　　　　　　　　　　　　　　　　　　（　　）

3. 支付账户不得透支，不得出借、出租、出售，不得利用支付账户从事或者协助他人从事非法活动。　　　　　　　　　　　　　　　　　　　　　　　　　　　（　　）

第二章第七节答案

第三章　税收法律制度

第一节　税　收　概　述

【考点1】税收的概念、作用和特征

税收是国家为了满足一般社会共同需要，凭借国家政治权力，按照国家法律规定的标准，强制地、无偿地取得财政收入的一种分配形式。税收具有三大特征（强制性、无偿性、固定性）和四大作用（组织财政收入的基本形式、调控国家经济运行、巩固和维护国家政权、在国际交往中维护国家利益）。

一、单项选择题

1. 在税收特征中，居于核心地位的是（　　）。
　　A. 无偿性　　　　B. 有偿性　　　　C. 强制性　　　　D. 固定性

2. （　　）是指国家征税以法律形式预先规定征税范围和征收比例，便于征纳双方共同遵守。
　　A. 强制性　　　　B. 固定性　　　　C. 无偿性　　　　D. 自愿性

二、多项选择题

1. 税收的特征有（　　）。
　　A. 有偿性　　　　B. 固定性　　　　C. 自愿性　　　　D. 强制性

2. 税收的作用有（　　）。
　　A. 组织国家财政收入　　　　　　　B. 调控国家经济运行
　　C. 巩固和维护国家政权　　　　　　D. 在国际交往中维护国家利益

三、判断题

税收是国家为实现国家职能，凭借政治权力，按照法律规定的标准，有偿取得财政收入的一种特定分配方式。　　　　　　　　　　　　　　　　　　　　　　（　　）

【考点2】税收的分类

税收按照征税对象可以分为流转税、所得税、财产税、资源税和行为税，按照征收管理的分工体系可以分为工商税（主体部分）和关税，按照税收征收权限和收入支配权限可以分为中央税、地方税和中央地方共享税，按照计税标准可以分为从价税、从量税和复合税。

一、单项选择题

1. 在我国现行的下列税种中，不属于财产税的是（　　）。

　　A. 房产税　　　　B. 车船税　　　　C. 契税　　　　D. 车辆购置税

2. 下列各项中，属于财产税的是（　　）。

　　A. 资源税　　　　B. 车船使用税　　C. 车辆购置税　　D. 个人所得税

3. 按照税收征收权限和收入支配权限分类，可以将我国税种分为中央税、地方税和中央地方共享税。下列各项中，属于中央税的是（　　）。

　　A. 契税　　　　　B. 消费税　　　　C. 营业税　　　　D. 企业所得税

4. 按照不同的标准，对税种有不同的归类。下列税种既属于流转税，又属于工商税和中央与地方共享税的是（　　）。

　　A. 消费税　　　　B. 房产税　　　　C. 企业所得税　　D. 增值税

5. （　　）可以调节纳税人的收益或所得，能够充分体现量能负税的原则，促进纳税人之间合理竞争。

　　A. 流转税　　　　B. 所得税　　　　C. 资源税　　　　D. 行为税

二、多项选择题

1. 根据我国税法规定，我国的增值税属于（　　）。

　　A. 流转税　　　　B. 工商税　　　　C. 中央税　　　　D. 从价税

2. 下列税种中，属于流转税的有（　　）。

　　A. 增值税　　　　B. 消费税　　　　C. 关税　　　　　D. 营业税

3. 下列税目，属于中央立法、收入划归中央并由中央政府征收管理的有（　　）。

　　A. 关税　　　　　B. 消费税　　　　C. 车船税　　　　D. 增值税

4. 采用从量税和从价税同时征收的方法，称为（　　）。

　　A. 复式税　　　　B. 复合税　　　　C. 混合税　　　　D. 从价从量税

三、判断题

工商税是我国现行税制的主要部分，其征税机关包括税务机关和海关。　　　　（　　）

【考点3】税收与税法的关系、税法的种类

税收必须以税法为依据和保障，税收活动必须严格依照税法的规定进行；税法以保障税收活动的有序进行为其存在的理由和依据。税法按照功能作用不同，分为税收实体法和税收程序法；按照主权国家行使税收管辖权不同，分为国内税法、国际税法和外国税法。

一、单项选择题

（　　）主要是指确定税种立法，具体规定各税种的征收对象、征收范围、税目、税率、纳税地点等。

　　A．税收实体法　　　B．税收程序法　　C．税收法律　　　　D．税收行政法规

二、多项选择题

1．下列关于税收与税法关系的说法，正确的有（　　）。

　　A．税收活动必须严格按照税法的规定进行

　　B．税收属于经济基础范畴

　　C．税法以保障税收活动的有序进行为其存在的理由和依据

　　D．税法属于上层建筑范畴

2．税法按照主权国家行使税收管辖权的不同，可以分为（　　）。

　　A．国内税法　　　　　　　　　　B．国际税法

　　C．外商投资企业税法　　　　　　D．外国税法

3．根据税法的功能作用的不同，可以将税法分为（　　）。

　　A．税收实体法　　　B．税收法律　　　C．税收程序法　　　D．税收行政法规

4．下列各项中，属于税收程序法的有（　　）。

　　A．《中华人民共和国进出口关税条例》

　　B．《中华人民共和国个人所得税法》

　　C．《中华人民共和国税收征收管理法》

　　D．《中华人民共和国海关法》

5．下列税法中，属于税收实体法的有（　　）。

　　A．《中华人民共和国个人所得税法》

　　B．《中华人民共和国企业所得税法》

　　C．《中华人民共和国外商投资企业和外国企业所得税法》

　　D．《中华人民共和国税收征收管理法》

三、判断题

税收程序法是税法的核心部分。　　　　　　　　　　　　　　　　　　　　（　　）

【考点4】税法的构成要素

税法的构成要素包括征税人、纳税义务人、征税对象、税目、税率、计税依据、纳税环节、纳税期限、纳税地点、减免税和法律责任等。其中，纳税义务人、征税对象和税率是构成税法的三大基本要素。

一、单项选择题

1. （　　）是区别不同税种的重要标志。
   A. 征税对象　　　B. 税目　　　　　C. 税率　　　　　　D. 计税依据
2. 当征税对象的数额大于（　　）时，要对课税对象的全部数额征税。
   A. 起征点　　　　B. 免征额　　　　C. 免征点　　　　　D. 3 500 元
3. 增值税实行（　　）税率。
   A. 定额　　　　　B. 比例　　　　　C. 累进　　　　　　D. 平均

二、多项选择题

1. 下列关于起征点与免征额的说法，正确的有（　　）。
   A. 征税对象的数额达到起征点的对全部数额征税
   B. 征税对象的数额未达到起征点的不征税
   C. 当课税对象小于免征额时，不予征税
   D. 当课税对象大于免征额时，仅对课税对象超过免征额部分征税
2. 税法的构成要素一般包括（　　）。
   A. 征税对象　　　B. 计税依据　　　C. 减免税　　　　D. 纳税期限
3. 累进税率是根据征税对象数额的大小不同，规定不同等级的税率，它可分为（　　）。
   A. 全额累进税率　　　　　　　　　B. 超额累进税率
   C. 全率累进税率　　　　　　　　　D. 超率累进税率
4. 以下各项所得，适用累进税率形式的有（　　）。
   A. 工资薪金所得　　　　　　　　　B. 个体工商户生产经营所得
   C. 财产转让所得　　　　　　　　　D. 承包承租经营所得
5. 下列各项中，表述不正确的有（　　）。
   A. 税目是各个税种所规定的具体征税项目
   B. 税率是衡量税负轻重的重要标志
   C. 纳税人就是履行纳税义务的法人和其他组织
   D. 征税对象就是税收法律关系中征纳双方权利义务所指的物品
6. 下列关于税率的说法，正确的有（　　）。
   A. 税率的高低直接关系国家财政收入和纳税人的负担水平

B．税率分为比例税率、定额税率和累进税率 3 种类型

C．定额税率是按照征税对象规定征收比例

D．我国的增值税适用的是比例税率

7．税收实体法由多种要素构成。下列各项不属于税收实体法基本要素的有（　　）。

　　A．征税人　　　B．纳税义务人　　C．征税对象　　　D．税务代理人

8．我国税法规定的税率有（　　）。

　　A．比例税率　　　B．定额税率　　C．超额累进税率　　D．超率累进税率

三、判断题

1．纳税义务人可以是自然人，也可以是法人或其他社会组织。　　　　　　（　　）

2．累进税额是指按课税对象数额的大小规定不同等级，降低的税率。　　（　　）

3．纳税义务人是指税法规定的直接或间接负有纳税义务的自然人、法人或其他组织。

　　　　　　　　　　　　　　　　　　　　　　　　　　　　　　　　　（　　）

4．税收的法律责任是指纳税主体因违反税法应承担的法律责任，包括行政责任和刑事责任。　　　　　　　　　　　　　　　　　　　　　　　　　　　　　　（　　）

5．我国税法的计税依据分为从价计税和从量计税 2 种。　　　　　　　　（　　）

6．根据我国税法规定，税务机关就是我国税收的征税人。　　　　　　　（　　）

——测　试　题——

一、单项选择题

1．国家对纳税人征收税收不需要给予纳税人任何报酬，反映了税收的（　　）特征。

　　A．无偿性　　　B．有偿性　　　C．强制性　　　　D．固定性

2．下列各项中，属于财产税的是（　　）。

　　A．土地增值税　　　　　　　　B．房产税

　　C．城市维护建设税　　　　　　D．增值税

3．按照税收的征收权限和收入支配权限分类，可以将我国税种分为中央税、地方税和中央地方共享税。下列各项中，属于中央税的是（　　）。

　　A．个人所得税　　B．消费税　　C．营业税　　　　D．企业所得税

4．（　　）促使自然资源合理开发和有效利用。

　　A．流转税　　　B．所得税　　　C．资源税　　　　D．行为税

5．采用从量税和从价税同时征收的方法，称为（　　）。

　　A．从量税　　　B．复合税　　　C．从价税　　　　D．从价从量税

6．（　　）由税务机关负责征收管理，是我国现行税制的主体部分。

　　A．税收实体法　　B．工商税　　C．关税　　　　D．增值税

7.（   ）是计算税额的尺度，是衡量税负轻重与否的重要标志，是税法三大基本要素之一。

    A．征税对象   B．税目   C．税率   D．计税依据

8．企业所得税实行（   ）税率。

    A．定额   B．比例   C．累进   D．平均

二、多项选择题

1．税收的特征不包括（   ）。

    A．有偿性   B．随意性   C．自愿性   D．强制性

2．我国税收的作用有（   ）。

    A．维持国家统治者的奢侈生活   B．调控国家经济运行

    C．巩固和维护国家政权   D．在国际交往中维护国家利益

3．下列税种中，属于流转税的有（   ）。

    A．增值税   B．企业所得税   C．关税   D．营业税

4．根据税法的功能作用的不同，可以将税法分为（   ）。

    A．税收实体法   B．国内税法   C．国际税法   D．税收程序法

5．下列各项中，属于税收实体法的有（   ）。

    A．《中华人民共和国进出口关税条例》

    B．《中华人民共和国个人所得税法》

    C．《中华人民共和国增值税暂行条例》

    D．《中华人民共和国海关法》

6．下列关于起征点与免征额的说法，正确的有（   ）。

    A．征税对象的数额达到起征点的，全部数额征税

    B．征税对象的数额未达到起征点的不征税

    C．当课税对象小于免征额时，不予征税

    D．当课税对象大于免征额时，对课税对象全部征税

7．构成税法实体法的三大基本要素包括（   ）。

    A．纳税义务人   B．税率   C．纳税地点   D．征税对象

8．下列各项中，表述正确的有（   ）。

    A．税目是各个税种所规定的具体征税项目

    B．税率是衡量税负轻重的重要标志

    C．纳税人就是履行纳税义务的法人和其他组织及个人

    D．征税对象就是税收法律关系中征纳双方权利义务所指的物品

三、判断题

1．税收是国家为实现国家职能，凭借政治权力，根据国家税务机关人员的意志，无偿

取得财政收入的一种特定分配方式。　　　　　　　　　　（　　）

2. 纳税义务人是指税法规定的直接或间接负有纳税义务的自然人、法人或其他组织。　　　　　　　　　　　　　　　　　（　　）

3. 税收的法律责任就是指纳税主体因违反税法应承担的法律责任。

（　　）

4. 我国税法的计税方法分为从价计税和从量计税2种。　（　　）　第三章第一节答案

第二节　增　值　税

【考点1】增值税的概念和分类

"营改增"前，增值税是以销售货物、提供加工修理修配劳务过程中产生增值额作为计税依据而征收的一种流转税。"营改增"后，增值税是以销售货物、应税服务、无形资产、不动产过程中产生增值额作为计税依据而征收的一种流转税。按外购固定资产处理方式不同，增值税可以分为消费型增值税、生产型增值税、收入型增值税。从2009年1月1日起，我国实行消费型增值税，允许购入的固定资产价值中所含的增值税税额，在购置当期全部一次扣除。

一、单项选择题

我国现行的增值税是（　　）。

　　A. 收入型增值税　　　　　　　　B. 消费型增值税

　　C. 生产型增值税　　　　　　　　D. 混合型增值税

二、多项选择题

1. 根据税收的分类，增值税属于（　　）。

　　A. 财产税　　　　B. 流转税　　　　C. 从价税　　　　D. 复合税

2. 以下关于增值税特点的说法，正确的有（　　）。

　　A. 不重复征税

　　B. 既普遍征收又多环节征收

　　C. 同种产品最终售价相同，税负就相同

　　D. 采用税款抵扣制

3. 我国增值税的类型有（　　）。

　　A. 生产型增值税　　　　　　　　B. 成本型增值税

　　C. 收入型增值税　　　　　　　　D. 消费型增值税

三、判断题

2009年1月1日起，我国实行消费型增值税，该税种是一个新的税种。　（　　）

【考点2】增值税的改革

我国自 1979 年开始在部分城市试行增值税，1983 年 1 月 1 日开始全国试行。2009 年 1 月 1 日起，增值税第三次改革，实现了生产型增值税向消费型增值税的转型。2012 年 1 月 1 日起，开始增值税第四次改革，即"营改增"，2016 年 5 月 1 日，"营改增"全面改革完成，营业税退出中国历史舞台。

一、单项选择题

1. 我国于（   ）起在上海交通运输业（铁路运输除外）和部分现代服务业开展"营改增"试点。
   A. 2009 年 1 月 1 日　　　　　　　　B. 2012 年 1 月 1 日
   C. 2014 年 1 月 1 日　　　　　　　　D. 2014 年 6 月 1 日

2. 我国于（   ）起将交通运输业全部纳入"营改增"。
   A. 2009 年 1 月 1 日　　　　　　　　B. 2012 年 1 月 1 日
   C. 2014 年 1 月 1 日　　　　　　　　D. 2014 年 6 月 1 日

3. 我国于（   ）起将电信业纳入"营改增"。
   A. 2009 年 1 月 1 日　　　　　　　　B. 2012 年 1 月 1 日
   C. 2014 年 1 月 1 日　　　　　　　　D. 2014 年 6 月 1 日

4. 我国于（   ）起将邮政服务业纳入"营改增"。
   A. 2009 年 1 月 1 日　　　　　　　　B. 2012 年 1 月 1 日
   C. 2014 年 1 月 1 日　　　　　　　　D. 2014 年 6 月 1 日

二、多项选择题

2016 年 5 月 1 日起，我国将（   ）纳入"营改增"。"营改增"全面完成，营业税退出中国历史舞台。
   A. 建筑业　　　　B. 房地产业　　　　C. 金融业　　　　D. 生活性服务业

【考点3】增值税的征收范围

在"营改增"前，增值税的征税范围包括销售或进口货物，提供加工、修理修配劳务。2016 年 5 月 1 日前，范围扩大到交通运输业、邮政服务业、电信业及部分现代服务业。2016 年 5 月 1 日后，"营改增"全面改革完成，范围扩大到建筑业、房地产业、金融业、生活性服务业。至此，增值税的征税范围为销售或进口货物；提供加工、修理修配劳务；销售服务、无形资产、不动产。

一、单项选择题

1. 2016 年 5 月 1 日前（全面"营改增"前），以下不属于增值税课税对象的是（ ）。
   - A. 销售不动产
   - B. 加工和修理修配
   - C. 进口货物
   - D. 销售货物

2. 下列行为不属于视同销售的是（ ）。
   - A. 将购进的货物用于非应税项目
   - B. 将自产的货物作为投资
   - C. 将货物交付他人代销
   - D. 将自产货物用于集体福利或个人消费

3. 以下行为不应缴纳增值税的是（ ）。
   - A. 将自产货物分发给职工作为福利
   - B. 将委托加工的货物分发给职工作为福利
   - C. 将自产货物用于个人消费
   - D. 将委托加工的货物用于连续加工

4. 以下行为应作视同销售处理的是（ ）。
   - A. 将购买的货物用于职工食堂
   - B. 将购买的货物用做本企业的原料
   - C. 将委托加工收回货物用于连续生产
   - D. 运输单位向其他单位无偿提供运输服务

5. 下列各项中属于视同销售行为应当计算销项税额的是（ ）。
   - A. 将购买的货物用于非应税项目
   - B. 将购买的货物委托外单位加工
   - C. 将购买的货物无偿赠送他人
   - D. 将购买的货物用于集体福利

6. 以下交易中不征收增值税的是（ ）。
   - A. 销售小轿车
   - B. 提供运输劳务
   - C. 为雇主提供加工劳务
   - D. 提供通信服务

7. 以下交易中不征收增值税的是（ ）。
   - A. 进口香烟
   - B. 在境外提供电信服务
   - C. 销售图书
   - D. 提供机器修理服务

8. 在核算增值税时，下列行为应作视同销售处理的是（ ）。
   - A. 将自产货物用于非增值税应税项目
   - B. 员工为本单位提供应税服务
   - C. 将委托加工的货物用于连续生产增值税应税商品
   - D. 单位以公益活动为目的，对社会公众提供应税服务

二、多项选择题

1. 2016 年 5 月 1 日后，以下属于增值税课税对象的有（ ）。

  A. 销售不动产   B. 加工和修理修配

  C. 进口货物   D. 销售货物

2. 下列不属于增值税征收对象的有（　　）。

  A. 单位员工为本单位提供的取得工资的应税服务

  B. 单位为本单位员工提供的应税服务

  C. 提供交通运输服务

  D. 有形动产租赁服务

3. 以下行为应缴纳增值税的有（　　）。

  A. 将自产货物用于对外投资

  B. 将委托加工的货物用于对外投资

  C. 将自产货物用于连续加工

  D. 将自产货物分配给股东

4. 以下行为应缴纳增值税的有（　　）。

  A. 将购买的货物用于对外投资

  B. 将购买的货物用作本企业的原料

  C. 将购买的货物分配给股东

  D. 将购买的货物无偿赠送他人

5. 下列不应该征收增值税的有（　　）。

  A. 单位为本单位员工提供的应税服务

  B. 员工为所在单位提供的支付工资的劳务

  C. 某提供应税服务的公司，免费为社会公众提供服务

  D. 某运输企业免费为其他单位提供运输服务

6. 下列属于增值税的征收范围的有（　　）。

  A. 单位或者个体工商户向其他单位或者个人无偿提供应税服务

  B. 单位向其他单位或者个人无偿转让机械设备

  C. 单位或者个体工商户聘用的员工为本单位或者雇主提供取得工资的服务

  D. 单位或者个体工商户为聘用的员工提供服务

7. 下列行为应按"提供加工和修理修配劳务"征收增值税的是（　　）。

  A. 空调制造公司为客户安装大型中央空调

  B. 企业为另一家企业修理机床

  C. 企业受托为另一家企业加工零件

  D. 汽车修理厂为本厂修理汽车

8. 下列属于征收增值税范畴的交易有（　　）。

  A. 汽车修配厂发生的修理修配劳务 B. 药店销售的药品

  C. 邮局销售集邮商品   D. 员工为本单位提供的修理劳务

三、判断题

1. 不在同一县（市）的关联企业之间的货物移送，应于货物移送时，按视同销售行为计算缴纳增值税。 （ ）

2. 纳税人将购买的货物无偿赠送他人，因该货物购买时已缴纳增值税，因此，赠送他人时可不再计入销售额征税。 （ ）

3. 将自产、委托加工或购买的货物用于厂房建设时，应视同销售，计征增值税。 （ ）

【考点4】增值税的纳税人

增值税的纳税人是指税法规定附有缴纳增值税义务的单位和个人。在"营改增"后，销售货物、应税服务、无形资产及不动产的单位和个人，为增值税纳税人。按照经营规模的大小和会计核算健全与否等标准，增值税纳税人可以分为一般纳税人和小规模纳税人。

一、单项选择题

1. 新办小型商贸企业在认定为一般纳税人之前，一律按小规模纳税人计税，一年内销售额达到或超过（ ）万元后，可申报一般纳税人。
   A. 50   B. 100   C. 150   D. 80

2. 以下不能被认定为一般纳税人的是（ ）。
   A. 年应纳税销售额为205万元的个体工商户
   B. 年应纳税额在82万元以上、会计核算健全的工业企业
   C. 年应纳税销售额在80万元以下、会计核算健全的商业企业
   D. 年纳税销售额在800万元以上、全部经营出口货物的外贸企业

二、多项选择题

1. 按照规模大小和会计核算是否健全，增值税的纳税人可以分为（ ）。
   A. 单位   B. 一般纳税人   C. 个人   D. 小规模纳税人

2. 下列属于增值税一般纳税人的有（ ）。
   A. 从事货物生产的纳税人，年应税销售额在50万元以上
   B. 提供应税劳务的纳税人，年应税销售额在80万元以上
   C. 提供交通运输、电信服务的纳税人，年应税销售额在500万元以上
   D. 年应税销售额超过规定标准的其他个人、非企业性单位、不经常发生应税行为的企业

3. 下列项目中，能被认定为增值税一般纳税人的有（ ）。
   A. 年应税销售额在50万元以上、会计核算健全的工业企业

    B. 年应税销售额在 100 万元以上、会计核算健全的商业企业

    C. 年应税销售额在 50 万元以上、会计核算健全的商业企业

    D. 年应税销售额为 200 万元的自然人

4. 下列不能作为增值税一般纳税人的有（　　　）。

    A. 个体工商户以外的其他个人

    B. 非企业型单位

    C. 经常发生增值税应税行为的企业

    D. 年销售额 480 万元的提供应税服务型的企业

三、判断题

1. 增值税的纳税人是一般纳税人。　　　　　　　　　　　　　　　　　　（　　　）

2. 个人不能成为增值税一般纳税人。　　　　　　　　　　　　　　　　　（　　　）

3. 小规模纳税人，会计核算健全，能够提供准确税务资料的，可以向主管税务机关办理一般纳税人资格认定，成为一般纳税人。除国家税务总局另有规定外，一经认定为一般纳税人后，不得转为小规模纳税人。　　　　　　　　　　　　　　　　　　（　　　）

4. 商业企业的小规模纳税人，不论其财务核算健全与否，一律不得认定为增值税一般纳税人。　　　　　　　　　　　　　　　　　　　　　　　　　　　　　　　（　　　）

【考点 5】增值税的税率

    增值税一般纳税人的适用税率主要包括以下 2 种：①基本税率为 17%；②低税率为 11%、6%。小规模纳税人的一般适用征收率为 3%。除此之外，还有零税率和免征增值税等情况，零税率即适用税率为零，增值税进项税额可依法抵扣；免征增值税即适用税率为零，但增值税进项税额不得抵扣。

一、单项选择题

1. 进口下列货物应按 17% 征收增值税的是（　　　）。

    A. 计算机检验设备　　　　　　　　B. 粮食

    C. 外文图书　　　　　　　　　　　D. 农机

2. 增值税一般纳税人销售或进口下列货物，适用 17% 税率的是（　　　）。

    A. 鲜奶　　　　B. 图书　　　　C. 自行车　　　　D. 饲料

3. 增值税一般纳税人销售（　　　），不适用 17% 的税率。

    A. 羽毛球　　　B. 食用植物油　　C. 手机　　　　D. 电视

4. 增值税一般纳税人销售（　　　），不适用 11% 的增值税税率。

    A. 手表　　　　　　　　　　　　　B. 旅客运输服务

    C. 货物运输服务　　　　　　　　　D. 基础电信服务

5. 增值税一般纳税人销售或提供（　　），不适用 6%的增值税税率。

    A. 增值电信服务　B. 生活服务　　　C. 现代服务　　　　D. 食品

6. 我国出口货物增值税的退（免）税政策不包括（　　）。

    A. 出口免税并退税　　　　　　　　B. 即征即退

    C. 出口免税但不退税　　　　　　　D. 出口不免税也不予退税

7. 我国现行增值税征收对小规模纳税人采用的征收率是（　　）。

    A. 4%　　　　　　　B. 6%　　　　　　C. 3%　　　　　　D. 17%

二、多项选择题

1. 2016 年 5 月 1 日前，对增值税一般纳税人而言，下列适用 17%的增值税税率的有（　　）。

    A. 提供加工修理修配劳务

    B. 销售或进口货物（特殊规定除外）

    C. 有形动产经营租赁服务

    D. 有形动产融资租赁服务

2. 2016 年 5 月 1 日后，对增值税一般纳税人而言，下列适用 17%的增值税税率的有（　　）。

    A. 提供加工修理修配劳务　　　　　B. 销售或进口货物（适用低税率的除外）

    C. 有形动产经营租赁服务　　　　　D. 有形动产融资租赁服务

3. 2016 年 5 月 1 日前，对增值税一般纳税人而言，下列适用 11%的增值税税率的有（　　）。

    A. 提供交通运输服务

    B. 提供邮政服务

    C. 提供基础电信服务

    D. 建筑服务（工程、安装、修缮、装饰、其他建筑服务）

4. 2016 年 5 月 1 日后，"营改增"全面改革完成。对增值税一般纳税人而言，下列适用 11%的增值税税率的有（　　）。

    A. 提供交通运输服务

    B. 提供邮政服务

    C. 提供基础电信服务

    D. 建筑服务（工程、安装、修缮、装饰、其他建筑服务）

5. 纳税人销售下列货物适用 17%税率的有（　　）。

    A. 电视机　　　　B. 化肥　　　　C. 卷烟　　　　　D. 石油液化气

三、判断题

1. 对出口货物实行零税率是指对出口货物免税。　　　　　　　　　　　（　　）

2．纳税人销售或进口货物，以及提供加工、修理修配劳务一律适用 17% 的税率。
（　　）

3．出口货物实行零税率与在出口环节免征增值税的本质是相同的。　（　　）

【考点 6】增值税销项税额的计算

增值税销项税额的计算公式为

增值税一般纳税人当期应纳增值税税额＝当期销项税额－当期进项税额

增值税销项税额＝不含税销售额×适用税率

其中，销售额包括纳税人向购买方收取的全部价款和价外费用，但不包括向购买方收取的销项税额、代为收取的政府性基金或者行政事业性收费。增值税专用发票上注明的销售额是不含税销售额；增值税普通发票上注明的销售额是含税销售额，需要转化为不含税销售额，即

不含税销售额＝含税销售额÷（1＋增值税适用税率）

一、单项选择题

1．某酒厂为一般纳税人，本月向一小规模纳税人销售白酒，开具普通发票上注明金额 93 600 元；本月应纳增值税是销项税额（　　）元。

A．13 600　　　　　B．15 912　　　　　C．2 808　　　　　D．2 804.85

2．下列项目中应确认收入计算销项税额的项目有（　　）。

A．将购买的货物用于集体福利

B．将购买的货物用于非应税项目

C．将购买的货物委托加工单位加工后收回继续生产使用的货物

D．将购买的货物作为投资给其他单位

3．下列行为应当确认收入并核算增值税销项税额的是（　　）。

A．某企业购进生活物质作为员工福利发放给单位职工

B．将购买的货物用于简单计税方法计税项目

C．以购进的货物为材料，委托加工单位加工成新的货物

D．将购买的货物作为股利分配给股东或投资者

4．计算增值税时，销售额包括（　　）。

A．向购买方收取的销项税额或增值税额

B．受托加工应征消费税的消费品所代收代缴的消费税

C．行政事业性收费

D．政府性基金

5．某家电卖场采用以旧换新方式销售电视机 1 台，旧电视机折价 600 元，向顾客收取现金 1 400 元，该笔经济业务的销项税额为（　　）元。

A. 102   B. 238   C. 290.6   D. 136

6. 公司外购一批礼品，取得专用发票上注明的价款为 87 万元，其中赠送客户价值 61 万元，剩余部分发给了职工，计算增值税销项税是（　　）万元。

A. 14.8   B. 11.4   C. 10.37   D. 4.4

7. 某化工公司（增值税一般纳税人），2015 年 3 月 12 日，向一个体工商户销售化工产品取得价款不含税收入 240 万元，用本公司汽车为客户运送，收取了 1.6 万元运输费（送货运输费），本月销项税额为（　　）万元。

A. 41.03   B. 46.48   C. 40.98   D. 35.03

8. 某增值税一般纳税人，2016 年 3 月销售一台 2015 年 11 月购进的原值为 2 万元的机床，取得全部收入 2.4 万元，则该企业（　　）。

A. 应缴纳增值税 4 080 元   B. 应缴纳增值税 3 487.18 元

C. 应缴纳增值税 680 元   D. 应缴纳增值税 581.20 元

9. 某加工企业为增值税小规模纳税人，2015 年 12 月购进货物取得普通发票，共计支付 12 000 元，本月销售货物取得收入 158 080 元，则 12 月份应缴纳的增值税为（　　）元。

A. 4 604.27   B. 22 225   C. 4 604   D. 4 254

二、多项选择题

1. 下列情况，不含增值税的有（　　）。

A. 直接说明是不含税销售额

B. 增值税专用发票或增值税专用缴款书上注明的价款

C. 已经入账的销售收入

D. 从库存中领用的材料或物资

2. 增值税销项税额＝不含税销售额×适用税率。其中"销售额"包括（　　）。

A. 全部价款

B. 价外费用

C. 向购买方收取的增值税销项税额

D. 代为收取的政府性基金或行政事业性收费

3. 某运输企业，2 月份提供运输服务收入 80 万元。下列有关税收核算的说法正确的是（　　）。

A. 若发生在"营改增"前，则依法核算营业税

B. 若发生在交通运输业"营改增"后，则依法核算增值税

C. 若发生在交通运输业"营改增"后，且为增值税一般纳税人，按 11%税率核算增值税

D. 若发生在交通运输业"营改增"后，且为增值税小规模纳税人，按 3%税率核算增值税

4. 下列属于委托加工的有（　　　）。

　　A. 委托方提供主要材料，由加工厂提供加工劳务和辅助材料

　　B. 委托方提供原材料和主要材料，由加工厂提供加工劳务和辅助材料

　　C. 委托方提供所有材料，由加工厂提供加工劳务

　　D. 委托方出货币资金，由加工厂代购材料并提供加工劳务

三、判断题

1. 增值税一般纳税人的销项税额＝含税销售额×适用税率。　　　　　　（　　）

2. 农民销售粮食，应依法缴纳增值税。　　　　　　　　　　　　　　（　　）

3. 纳税人销售货物或应税劳务的价格明显偏低并无正当理由的，由主管税务机关核定其销售额。　　　　　　　　　　　　　　　　　　　　　　　　　　　　（　　）

4. 采用"以旧换新"方式销售一般货物时，应按新货物的同期销售价格确定销售额，旧货物的收购价格不允许扣除。　　　　　　　　　　　　　　　　　　　　（　　）

5. 甲纳税人未按规定向乙纳税人付货款，乙按合同规定向甲收取违约金。由于违约金是在销售实现后收取的，因而不应该征收增值税。　　　　　　　　　　　　（　　）

6. 在视同销售时，根据组成计税价格核算销售额，组成计税价格＝成本×（1＋成本利润率），若应税项目又属于应税消费品，则组成计税价格＝成本×（1＋成本利润率）＋消费税税金。其中商品的成本利润率均为10%。　　　　　　　　　　　　　（　　）

7. 销项税额＝销售额×税率。其中，销售额包含增值税销项税额。　　　（　　）

四、材料分析题

　　材料一：加工是指受托加工货物，即委托方提供原材料及主要材料，受托方按照委托方的要求制造货物并收取加工费的业务；修理修配，是指受托对损伤和丧失功能的货物进行修复，使其恢复原状和功能的业务。

　　根据材料回答1～4题。

1. 甲加工厂（增值税一般纳税人），2013年5月受委托加工一批机械部件，委托方提供所有材料，甲加工厂因提供加工劳务，获得加工费20万元，并开具了增值税专用发票。依法核算甲加工厂应缴纳的增值税税金。

2. 乙加工厂（增值税一般纳税人），2013年6月受委托加工一批机械部件，委托方提供所有材料，乙加工厂因提供加工劳务，获得加工费（含税）351 000元，依法核算乙加工厂应缴纳的增值税税金。

3. 丙加工厂（增值税一般纳税人），2013年7月受委托加工一批5 000个机械部件。丙加工厂领取库存材料50万元，全部作为加工辅助材料；每个零部件加工费用（不含税）10元。依法核算丙加工厂应缴纳的增值税税金。

4. 丁加工厂，根据加工合同要求，代理委托方购买原材料及主要材料含税价175.5万

元，丁加工厂提供加工劳务（不含税）20万元，辅助材料（领用库存）30万元。依法核算丁加工厂应纳增值税销项税额。（假定国家税务总局规定成本利润率为20%）。

材料二：增值税征收范围的特殊规定：……将自产、委托加工的货物用于集体福利或个人消费，或作为投资，提供给其他单位或个体工商户，或分配给股东或投资者，或无偿赠送给其他单位或个人等……单位或个人向其他单位或个人无偿提供服务，或无偿转让无形资产或不动产，但用于公益事业或以社会公众为对象的除外……应作视同销售处理，依法征收增值税。

A公司，主营小汽车生产，为增值税一般纳税人，2015年3月发生如下经济业务：

（1）销售小汽车50辆，市场价格每辆93 600元。

（2）将3辆小汽车用作公司公务用车。

根据材料回答5～7题。

5．材料中"市场价格每辆93 600元"，是（　　）。

　　A．含税价格　　　B．不含税价

6．留用于公务用车的3辆小汽车，（　　）。

　　A．自产自用，不应缴纳增值税

　　B．自产自用，应依法核算增值税销项税额

　　C．虽然应该核算增值税销项税额，但没有价格，无法核算增值税销项税额

7．A公司当月应纳增值税销项税额计算正确的是（　　）。

　　A．（50＋3）×93 600÷（1＋17%）×17%

　　B．50×93 600÷（1＋17%）×17%

　　C．（50＋3）×93 600×17%

　　D．50×93 600×17%

材料三：甲公司（增值税一般纳税人，适用增值税税率17%），2015年3月成立，为新研发产品（市场上暂无此产品）开拓市场，特拿出2 000套产品做广告宣传，无偿赠送给消费者试用。该批产品单个生产成本为500元，国家规定此类产品的成本利润率为20%。

根据增值税税法规定，回答8～12题。

8．甲公司将产品无偿赠送给消费者，（　　）。

　　A．应作"视同销售"处理

　　B．应用"销售"处理

　　C．不作"销售"处理，也不作"视同销售"处理

9．因是新研发产品，且市场上无此产品销售，无论是否作为视同销售处理，因无销售价格，均无法核算增值税。　　　　　　　　　　　　　　　　　　　　　　（　　）

10．单个产品的生产成本500元，是（　　）成本。

　　A．含税　　　　B．不含税　　　　C．无法判断

11．若该批产品不属于消费税的税目，按照组成计税价格核算增值税，核算该批产品

的组成计税价格。

12. 依法核算增值税销项税额。

材料四：2012 年起，我国税收第四次改革，属于增值税的"营改增"阶段。从 2012 年 1 月 1 日始，交通运输业（铁路运输除外）部分现代服务业的"营改增"开始"营改增"试点；2013 年 8 月 1 日起，"营改增"试点范围推广到全国；2014 年 1 月 1 日起，将铁路运输和邮政服务业纳入"营改增"；2014 年 6 月 1 日起，电信业纳入"营改增"。2016 年 5 月 1 日起，建筑业、房地产业、金融业、生活性服务业纳入"营改增"，"营改增"全面改革完成，营业税退出中国历史舞台。

"营改增"后，增值税税率增加两档。①11%：销售交通运输、邮政、基础电信、建筑、不动产租赁服务，销售不动产，转让土地使用权；②6%：销售增值电信服务、金融服务、现代服务和生活服务，销售土地使用权以外的无形资产。

根据材料核算 13～16 题中的增值税销项税额。

13. 2014 年 5 月 1 日，甲公司（货运，增值税一般纳税人）为 A 企业提供货物运输服务取得不含税收入 60 万元。

14. 2016 年 7 月 9 日，乙公司（货运，增值税一般纳税人）为 B 企业提供货物运输代理服务收入 8 万元。

15. 2016 年 8 月 20 日，丙公司（增值税一般纳税人）为 C 企业提供仓储服务收入 12 万元。

16. 2016 年 9 月 10 日，丁公司（增值税一般纳税人）为 D 企业提供装卸搬运服务收入 5 万元。

【考点7】增值税一般纳税人的进项税额

增值税一般纳税人实行增值税进项税额抵扣制度。增值税进项税额的抵扣问题，需要依次考虑：①纳税人是否属于一般纳税人；②是否属于购进，只有购进时，才涉及进项税额抵扣；③是否具有符合抵扣的凭证，如增值税专用发票，在实践中抵扣进项税额前，需要"验票"；④是否发生"不得抵扣的情形"。

一、单项选择题

1. 在核算（ ）的增值税时，应纳增值税＝当期销项税额－当期进项税额。
   A. 增值税一般纳税人　　　　　　B. 增值税小规模纳税人
   C. 企业　　　　　　　　　　　　D. 个人

2. 增值税进项税额抵扣制度一般适用于（ ）。
   A. 增值税一般纳税人　　　　　　B. 增值税小规模纳税人
   C. 企业　　　　　　　　　　　　D. 个人

3. 2016 年 5 月 1 日前，将购买的货物用于下列项目，其进项税额准予抵扣的是（ ）。

A．用于商品房建设　　　　　　　B．用于发放奖品

C．作为原料用于生产　　　　　　D．作为发放职工的福利

4．下列进项税额可以从销项税额中抵扣的是（　　　　）。

A．购进发生霉烂变质的货物的进项税额

B．外购货物或应税劳务用于非应税项目

C．外购原材料的进项税额

D．外购货物或应税劳务用于集体福利

5．下列进项税额可以从销项税额中抵扣的是（　　　　）。

A．非正常损失的在产品所耗用的购进货物的进项税额

B．增值税专用发票符合抵扣要求

C．非正常损失的在产品所耗用的加工修理修配劳务

D．非正常损失的不动产在建工程所耗用的购进货物、设计服务和建筑服务

6．某器械厂为增值税一般纳税人，其本期发生的经济业务中，需作进项税额转出处理的购进货物是（　　　　）。

A．生产本企业产品耗用上期购买的原材料

B．捐赠灾区的器械耗用上期购买的原材料

C．本企业使用自产器械耗用本期购买的原材料

D．被盗产品耗用本期购买的原材料

7．下列项目中，不允许扣除进项税额的是（　　　　）。

A．一般纳税人购进应税劳务　　　　B．一般纳税人销售货物时支付的运费

C．企业购进的烟丝用于生产卷烟　　D．企业购进的货物被雨水淋坏

8．下列进项税额可以从销项税额中抵扣的是（　　　　）。

A．非正常损失的在产品所耗用的购进货物的进项税额

B．增值税专用发票不符合抵扣要求

C．非正常损失的产成品所耗用的购进货物的运输费用的进项税额

D．委托加工货物用于继续生产

9．工业生产企业购进下列货物，其进项税额不可以抵扣的是（　　　　）。

A．为应税产品购入的材料　　　　　B．为生产经营购入的设备

C．为生产经营购入的材料　　　　　D．购入的娱乐服务

10．2015 年 2 月，某工厂（增值税一般纳税人）购进免税农产品一批已入库，支付给农业生产者收购凭证上注明的价格为 60 000 元，为该货物支付的运费为 500 元（取得增值税专用发票），该项业务准允抵扣的进项税额为（　　　　）元。

A．5 835　　　　B．6 000　　　　C．7 855　　　　D．6 050

11．以下项目中，不允许抵扣进项税额的是（　　　　）。

A．一般纳税人委托修理设备支付的修理劳务费

B．商业企业购进用于职工福利的货物

C．生产企业销售货物时支付的运费

D．工业企业购进用于对外投资的货物

12．甲公司（增值税一般纳税人）销售给乙公司（增值税一般纳税人）一批货物，乙公司因资金紧张，无法支付货币资金，经双方友好协商，乙公司用自产的产品抵顶货款，则以下说法正确的是（　　）。

A．甲公司收到乙公司的抵顶货物不应作购货处理

B．乙公司发出抵顶货款的货物不应作销售处理

C．甲乙双方发出货物都作销售处理，但收到货物所含增值税额一律不能计入进项税额

D．甲乙双方都应作购销处理，可互开增值税专用发票，分别核算销售额和购进额，并计算销项税额和进项税额

13．下列项目中，不允许扣除进项税额的是（　　）。

A．一般纳税人购进免税农产品，未取得增值税专用发票

B．增值税一般纳税人在销售货物时支付的运输费用，并取得运输费增值税专用发票

C．购进原材料生产消费税应税消费品

D．因保管不善造成损失的产成品中的购进材料成本和相关运输费用

14．下列项目中，不得从计税销售额中扣除的是（　　）。

A．折扣额与销售额同开在一张发票情形下的折扣额

B．销售折扣额

C．销售折让额

D．销售退货额

15．"营改增"前，某化工厂（增值税一般纳税人）发生的下列经济业务，不准予抵扣进项税额的是（　　）。

A．进口材料取得海关完税凭证上注明的增值税税额

B．购进辅助材料取得增值税专用发票上注明的增值税税额

C．购料时卖方转来的代垫运费（运费发票抬头开给化工厂）

D．为加固厂房而购进钢材取得增值税专用发票上注明的增值税税额

16．下列支付的运费中，不允许计算扣除进项税额的是（　　）。

A．销售货物支付的运输费用　　　　B．外购材料支付的运输费用

C．外购自用小汽车支付的运输费用　D．向小规模纳税人购买农产品

17．2014 年 11 月，某工厂（增值税一般纳税人）购进免税农产品一批已入库，支付给农业生产者的收购凭证上注明的价格为 120 000 元，为该货物支付的运费为 1 000 元（取得增值税专用发票），该项业务准允抵扣的进项税额为（　　）元。

A. 11 670　　　　B. 12 000　　　　C. 15 710　　　　D. 12 100

18. 下列进项税额可以从销项税额中抵扣的是（　　）。

　　A. 购进发生被盗的货物的进项税额

　　B. 外购货物或应税劳务用于员工福利

　　C. 外购原材料的进项税额

　　D. 外购货物或应税劳务用于集体福利

19. 下列进项税额可以从销项税额中抵扣的是（　　）。

　　A. 外购货物或应税劳务用于个人消费

　　B. 外购货物或应税劳务用于连续生产

　　C. 外购货物或应税劳务用于免税项目

　　D. 腐烂变质的购进货物的进项税额

20. 2015 年某一纳税人购进的原材料被盗，其成本为 85 万元，其中免税农产品 15 万元，应转出的进项税额是（　　）万元。

　　A. 14.45　　　　B. 14.14　　　　C. 13.85　　　　D. 0.44

21. 工业生产企业购进下列货物，进项税额不可以抵扣的是（　　）。

　　A. 为生产应税产品购入的材料和机器设备

　　B. 为生产活动购买的工具和劳保用品

　　C. 为顺利生产购入电力等能源

　　D. 购入的旅客运输服务

22. 下列项目中，不允许抵扣进项税额的是（　　）。

　　A. 汽车经销商进口的高档汽车

　　B. 用于应税项目的购进应税劳务

　　C. 企业食堂购置炊事用具

　　D. 生产企业进口原材料由海关代征的增值税

二、多项选择题

1. 2016 年 5 月 1 日后，将购买的货物用于下列项目，其进项税额准予抵扣的有（　　）。

　　A. 用于商品房建设　　　　　　B. 用于发放奖品

　　C. 作为原料用于生产　　　　　D. 作为发放职工的福利

2. 增值税一般纳税人实行税额抵扣制度，在实践中，下列能够抵扣的进项税额有（　　）。

　　A. 从销售方取得的普通发票

　　B. 从海关取得的海关进口增值税专用缴款书

　　C. 按照农产品收购发票或者销售发票上注明的农产品买价

D. 从境外单位或者个人购进货物和应税服务，自税务机关或者扣缴义务人取得的解缴税款的完税凭证

3. 增值税一般纳税人发生下列项目而支出的款项，可以按 11%的扣除率计算进项税额的有（　　）。

　　A. 销售货物所支付的运输费用　　　　B. 收购免税农业产品的买价

　　C. 商场销售童装　　　　　　　　　　D. 购入货物所支付的运输费用

4. 下列进项税额不得从销项税额中抵扣的有（　　）。

　　A. 购进固定资产的进项税额

　　B. 外购货物或应税劳务用于增值税免税项目

　　C. 外购原材料的进项税额

　　D. 增值税一般纳税人购进的旅客服务

5. 下列属于不能抵扣增值税进项税额的有（　　）。

　　A. 购进货物和应税劳务用于简易计税方法计税项目、免征增值税项目（农产品除外）、集体福利或者个人消费的

　　B. 非正常损失的购进货物，以及相关的加工修理修配劳务和交通运输服务

　　C. 非正常损失的购进货物及相关的应税劳务

　　D. 购进的旅客运输服务

6. 某公司为增值税一般纳税人，在生产经营过程中发生的（　　），可以按规定从销项税额中进行抵扣。

　　A. 从农户直接购买其自产农产品计算的进项税额

　　B. 因管理不善出现损失的购进材料

　　C. 购进原材料而取得承运部门开具的运输费用增值税专用发票，根据运费计算的进项税额

　　D. 购进原材料，但未按规定取得增值税扣税凭证

7. 某公司为增值税一般纳税人，其发生（　　）等行为时，应作进项税额转出。

　　A. 已抵扣税款的购进货物用于职工福利

　　B. 火灾后损失的产成品所耗用的购进货物

　　C. 生产过程废品所耗用的购进货物

　　D. 为捐赠而购进的货物对外捐赠

三、判断题

1. 增值税一般纳税人购进的旅客运输服务，在核算增值税时准予抵扣其进项税额。

　　　　　　　　　　　　　　　　　　　　　　　　　　　　　　　　　　（　　）

2. 符合增值税一般纳税人进项税额抵扣条件的购进货物或应税服务，在抵扣后发生非正常损失的，不应作进项税额转出处理。　　　　　　　　　　　　　　　　（　　）

3．在核算增值税时，增值税纳税人的进项税额应当抵扣。（　　）

4．已抵扣进项税额的购进货物，如果作为投资提供给其他单位，应将该货物的进项税额从当期发生的进项税额中扣除。（　　）

5．自来水公司销售自来水按照 3% 的征收率计算征收增值税，不能抵扣其购进自来水取得增值税扣税凭证上注明的增值税税款。（　　）

6．进项税额是可以抵扣的部分，纳税义务人支付的所有进项税额都允许抵扣。（　　）

7．一般纳税义务人向农业生产者购买免税农产品，或者向小规模纳税义务人购买免税农产品，准予按照买价和 17% 的扣除率计算进项税额，从当期销项税额中扣除。（　　）

8．企业购进固定资产的进项税额不得从销项税额中扣除。（　　）

9．一般纳税人在经营过程中发生应纳税额不足抵扣的，不足抵扣部分下期不得继续抵扣。（　　）

10．纳税人在免税期内购进用于免税项目的货物或应税劳务所取得的增值税扣税凭证，一律不得抵扣。（　　）

11．"营改增"前，企业将外购铝合金型材加工成的铝合金门窗用于在建工程，应作为进项税额转出。"营改增"后，企业将外购铝合金型材加工成的铝合金门窗用于在建工程，准予依法抵扣其增值税进项税额。（　　）

12．用于集体福利或者个人消费的购进货物或者应税劳务所支付的进项税额不得从销项税额中抵扣。（　　）

四、计算题

1．甲公司（增值税一般纳税人）本月购进办公用品及修理用备件，取得增值税专用发票，注明价款 20 万元，根据材料核算甲公司当期进项税额。

2．某食品加工厂（增值税一般纳税人），上月购进农产品一批，农产品收购发票上注明农产品价款 20 万元。依法核算当月可以抵扣的增值税进项税额。

3．2015 年 12 月，乙公司车队购进汽油取得增值税专用发票，注明价款 14 万元，增值税税额为 2.38 万元，其中 10% 属于本公司建筑工地用车。根据材料核算甲公司当期进项税额。

4．某自行车厂 12 月自产的 10 辆自行车不慎损毁，每辆成本 300 元（材料成本占 65%），每辆对外销售 450 元（不含税），则 12 月进项税额的抵减额为多少元？

五、材料分析题

从 2012 年 1 月 1 日起，我国开始"营改增"，到 2016 年 5 月 1 日，建筑业、房地产业、金融业、生活性服务业纳入"营改增"，"营改增"全面改革完成，营业税退出中国历史舞台。其中，2012 年 1 月 1 日起，交通运输业（铁路运输除外）的"营改增"开始试点，2013

年8月1日起,"营改增"试点范围推广到全国,2014年1月1日起,将铁路运输纳入"营改增",交通运输业的"营改增"全面完成。在核算有关运输费用的进项税额抵扣问题时,需要注意纳税义务发生的确认时间是"营改增"前,还是"营改增"后。

根据材料回答1、2题。

1. 2010年5月23日,甲公司(增值税一般纳税人)购进原材料一批,取得增值税专用发票,发票中注明的价款是500万元,并支付运输费用,取得运输费用结算单据,单据上注明的运输费用是5万元。根据材料,核算准予抵扣的进项税额。

2. 乙公司(增值税一般纳税人,适用增值税税率为17%),2016年10月发生以下经济业务:①购进原材料,取得增值税专用发票,发票注明销售额200万元,并支付运输费用22 200元(普通发票);②销售货物,取得含税销售收入468万元;③为销售货物,支付运输费用10万元(有增值税专用发票)。根据材料,核算乙公司当月应纳增值税税额。

【考点8】增值税纳税义务发生时间的确定

增值税纳税义务发生时间为收讫销售款或取得索取销售款凭证的当天;先开具发票的,为开具发票的当天;进口货物,为报关进口的当天;增值税扣缴义务,为纳税人增值税纳税义务发生的当天。

一、单项选择题

1. 采取( )方式销售货物的,不论货物是否发出,均为收到销售款或者取得销售款凭证的当天,确认为增值税纳税义务的发生时间。
   A. 直接收款　　　B. 托收承付　　　C. 分期收款　　　D. 预收款项

2. 采用( )方式销售货物,货物发出的当天,确认为增值税纳税义务的发生时间。
   A. 预收货款　　　　　　　　　B. 赊销和分期付款
   C. 委托收款　　　　　　　　　D. 委托银行收款

3. 增值税纳税人发生视同销售货物行为,其增值税纳税义务发生时间为( )。
   A. 货物移送的当天　　　　　　B. 货物移送的次日
   C. 收到货款的当天　　　　　　D. 合同约定收款的当天

4. 以下关于增值税纳税义务发生时间的说法,错误的是( )。
   A. 预收货款方式销售货物,为发出货物的当天
   B. 委托代销货物,为收到代销清单的当天
   C. 视同销售的,为货物移送的次日
   D. 进口货物为报关进口的当天

5. 下列关于增值税销项税额确认的时间说法,正确的是( )。
   A. 赊销方式销售的,为提货单交给卖方的当天
   B. 直接收款方式销售的,为发货当天

C. 预收货款方式销售的，为收款当天

D. 将自产货物用于对外投资，为货物移送当天

二、多项选择题

1. 增值税纳税人发生视同销售行为时，增值税纳税义务的发生时间为（　　）。

A. 货物移送当天　　　　　　　B. 应税服务完成的当天

C. 收讫销售款的当天　　　　　D. 取得销售凭据的当天

2. 采用（　　）方式销售货物的，其增值税纳税义务的发生时间的确定，为书面合同约定的收款当天，无书面合同或书面合同没有约定收款日期的，货物发出的当天。

A. 赊销　　　　B. 托收承付　　　C. 分期付款　　　D. 预收款项

3. 下列结算方式中，以发货当天作为增值税纳税义务发生时间的有（　　）。

A. 托收承付　　　B. 交款提货　　　C. 预收货款　　　D. 分期收款

三、判断题

1. 进口货物增值税纳税义务发生的时间为报关进口的次日。（　　）

2. 以预收货款方式销售货物，增值税纳税义务发生时间为货物发出的当天。（　　）

3. 采取赊销和分期收款方式销售货物，增值税纳税义务发生时间为货物发出的当天。（　　）

4. 取得索取销售款凭据的当天，是指合同确定的付款日期；未签订书面合同或书面合同未确定付款日期的，为应税服务完成的当天。（　　）

5. 纳税人进口货物，增值税纳税义务发生时间为报关进口的次日。（　　）

【考点9】增值税纳税地点的确定

增值税的纳税地点主要包括机构所在地主管税务机关、销售地或劳务发生地主管税务机关、报关地海关、居住地主管税务机关。

一、多项选择题

增值税的纳税申报地包括（　　）。

A. 机构所在地　　B. 报关地　　　C. 销售地　　　　D. 劳务发生地

二、判断题

1. 增值税纳税人的总分支机构不在同一县（市）的增值税纳税义务人，应分别向各自机构所在地的主管税务机关申请认定。（　　）

2. 固定业户应当向其机构所在地主管税务机关申报纳税。（　　）

3. 非固定业户销售货物或者提供应税服务，应当向机构所在地的主管税务机关申报纳税。 （　　）

4. 进口货物，应当向机构所在地进行纳税申报。 （　　）

【考点10】增值税纳税申报期限

增值税的纳税申报包括按期纳税和按次纳税。按期纳税的期限分别为 1 日、3 日、5 日、10 日、15 日、1 个月、1 个季度，其具体纳税期限由主管税务机关根据纳税人应纳税额的大小分别核定，于次月 15 日内申报纳税并结清上月应纳税款。

一、单项选择题

以下不是增值税纳税期限的为（　　）。

A. 3 日 　　　　B. 5 日 　　　　C. 7 日 　　　　D. 10 日

二、多项选择题

增值税纳税人，以（　　）为一个纳税期的，自期满之日起 5 日内预缴税款，于次月 1 日起 15 日内申报并结清上月应纳税款。

A. 1 日、3 日、5 日、10 日 　　　　B. 15 日
C. 1 个月 　　　　　　　　　　　　D. 1 个季度

三、判断题

企业采取分期付款方式购进原材料，支付首期货款并取得增值税专用发票，应在当期申报抵扣进项税额。 （　　）

◈── 测 试 题 ──◈

（一）

一、单项选择题

1. 以下不属于增值税特点的是（　　）。
   A. 同种产品的最终售价相同，但税负不一定相同
   B. 既普遍征收又多环节征收
   C. 增值税是价外税，计税依据是不含税销售额
   D. 小规模纳税人和一般纳税人均实行进项税额抵扣制度
2. 下列项目中，应计算销项税额的项目是（　　）。
   A. 将购买的货物用于集体福利 　　B. 将自产的货物用于非应税项目
   C. 将自产的货物用于免税项目 　　D. 将购买的货物用于非应税项目

3. 以下属于增值税视同销售行为应征收增值税的是（　　　）。

    A. 农民销售玉米　　　　　　　　　B. 保险公司销售保单

    C. 企业转让不动产　　　　　　　　D. 企业将自产水泥无偿赠送他人

4. 以下行为应作视同销售处理的是（　　　）。

    A. 将购买的货物用于职工福利

    B. 某运输公司为回报社会，对某线路免费提供运输服务

    C. 将委托加工收回货物用于连续生产

    D. 运输单位向其他单位无偿提供运输服务

5. 以下不能被认定为一般纳税人的是（　　　）。

    A. 年应纳税销售额 210 万元的个体工商户

    B. 年应纳税额在 88 万元以上、会计核算健全的工业企业

    C. 年应纳税销售额在 80 万元以下、会计核算健全的商业企业

    D. 年应纳税销售额在 1000 万元以上、全部经营出口货物的外贸企业

6. 根据增值税税法规定，下列货物适用 11%税率的是（　　　）。

    A. 农机配件　　　B. 服装　　　　C. 农机　　　　D. 康师傅矿泉水

7. 销售或进口的以下货物，不适用 11%税率的是（　　　）。

    A. 煤气　　　　　B. 化肥　　　　C. 台灯　　　　D. 杂志

8. 我国现行增值税征收对小规模纳税人采用的征收率是（　　　）。

    A. 4%　　　　　　B. 6%　　　　　C. 3%　　　　　D. 17%

二、多项选择题

1. 增值税属于（　　　）。

    A. 财产税　　　　B. 价内税　　　C. 价外税　　　D. 从价税

2. 下列属于增值税类型的有（　　　）。

    A. 生产型增值税　　　　　　　　　B. 混合型增值税

    C. 成本型增值税　　　　　　　　　D. 消费型增值税

3. 2016 年 5 月 1 日前，下列属于增值税征收范围的有（　　　）。

    A. 提供加工和修理修配劳务　　　　B. 销售不动产

    C. 提供交通运输服务和邮政服务　　D. 提供电信服务

4. 下列属于征收增值税范畴的交易有（　　　）。

    A. 汽车修配厂发生的修理修配劳务

    B. 药店销售给病人的药品

    C. 新华书店销售的书刊

    D. 员工为本单位提供的修理劳务

5. 纳税人销售下列货物，适用 17%税率的有（　　　）。

A. 服装　　　　　　B. 玩具　　　　　　C. 化肥　　　　　　D. 食用植物油

6. "营改增"后，下列属于增值税课税对象的有（　　　　）。

A. 销售房产　　　　　　　　　　B. 转让科研技术使用权

C. 提供旅游服务　　　　　　　　D. 提供咨询服务

7. 以下行为不应征收增值税的有（　　　　）。

A. 将购进货物用于工程建设

B. 将委托加工货物用于继续生产

C. 将购进的生活用品用于职工福利

D. 将自产货物作为投资，提供给其他单位或个人

三、判断题

1. 根据税收的分类，增值税属于所得税。　　　　　　　　　　　　　　　　（　　）

2. 我国增值税是从 2009 年开始征收的一个新的税种。　　　　　　　　　　（　　）

3. 2016 年 5 月 1 日，将建筑业、房地产业、金融业、生活性服务业纳入"营改增"，至此，"营改增"全面完成，从此营业税退出我国历史舞台。　　　　　　　　　（　　）

4. 进口货物不用缴纳增值税。　　　　　　　　　　　　　　　　　　　　　（　　）

5. 商场将购进食品作为福利发给职工，应视同销售计征增值税。　　　　　　（　　）

6. 寄售商店销售寄售物品的业务，应征收增值税。　　　　　　　　　　　　（　　）

7. 纳税人认定为增值税一般纳税人后，也可以再转为小规模纳税人。　　　　（　　）

8. 增值税一般纳税人销售或进口一般货物，提供加工、修理修配应税劳务的，税率为 17%。　　　　　　　　　　　　　　　　　　　　　　　　　　　　　　　　　（　　）

9. 凡出口货物，均适用零税率。　　　　　　　　　　　　　　　　　　　　（　　）

10. 某服装厂接受一家饭店的委托，为其员工量体裁衣制作工作装，饭店指定了工作装面料质地、颜色和价格，则服装厂此项业务为提供增值税加工劳务的行为。　　（　　）

11. 某商店开展促销活动"买一赠一"，在这项活动中售货取得销售额 10 万元，赠送的商品价值 5 000 元，因未取得收入，所以企业按 10 万元的销售额计算销项税额。　（　　）

（二）

一、单项选择题

1. 下列应作视同销售处理，征收增值税的是（　　　　）。

A. 某公司用外购钢材建设厂房

B. 某商店为厂家代销服装

C. 某运输公司外购棉大衣用于职工福利

D. 某歌厅购进一批酒水饮料用于销售

2．某酒厂为一般纳税人，本月向一小规模纳税人销售白酒，开具普通发票上注明金额23.4万元；本月应纳增值税销项税额是（　　）元。

  A．34 000   B．39 780   C．7 020   D．6 815.53

3．公司外购一批礼品，取得专用发票上注明的价款为50万元，其中赠送客户的礼品价值40万元，剩余部分发给职工，计算增值税销项税额是（　　）元。

  A．68 000   B．58 119.66   C．1 700   D．85 000

4．2017年6月20日，某化工公司（增值税一般纳税人），向一个体工商户（小规模纳税人）销售化工产品取得含税价款20万元，并用本公司汽车为客户运送货物收取了2万元送货费，本月销项税额为（　　）元。

  A．31 041.81   B．36 200   C．31 965.81   D．31 259.83

5．某加工企业为增值税小规模纳税人，2015年11月购进货物取得普通发票，共计支付18 000元，本月销售货物取得含税收入113 300元，则11月份应缴纳的增值税税额为（　　）元。

  A．3 300   B．277.57   C．285.90   D．3 399

6．某服装厂（增值税一般纳税人）当月购进原料，取得增值税专用发票上注明销售额100 000元，后将其委托另一家服装厂加工成棉服，取得对方开具的增值税普通发票，注明销售额40 950元，当月收回并全部售给一小规模商业批发企业，开具普通发票上注明销售额为257 400元，其应纳增值税税额为（　　）元。

  A．20 400   B．19 765.50   C．38 426.78   D．16 920.09

7．某商场（增值税小规模纳税人）销售电视机，每台零售价3 200元，本月售出电视机117台，该业务应纳增值税税额为（　　）元。

  A．54 400   B．63 648   C．11 232   D．10 904.85

8．（　　）的增值税纳税义务的发生时间，为提供劳务同时收讫销售款或者取得索取销售款凭据的当天。

  A．采取直接收款方式销售货物   B．销售应税劳务

  C．视同提供应税服务   D．委托其他纳税人代销货物

9．下列关于增值税销项税额确认时间的说法正确的是（　　）。

  A．购销方式销售的，为将提货单交给卖方的当天

  B．直接收款方式销售的，为发货当天

  C．预收货款方式销售的，为收款当天

  D．将自产货物用于集体福利和个人消费的为货物移送当天

二、多项选择题

1．下列情况中，不含增值税的有（　　）。

  A．增值税普通发票上注明的价款

    B．增值税专用发票或增值税专用缴款书上注明的价款

    C．已经入账的销售收入

    D．从库存中领用的材料或物资

2．以下行为应作视同销售处理的有（　　　）。

    A．将购买的货物用于对外投资

    B．将自产货物和委托加工货物用于增值税免税项目

    C．单位或个体工商户，以公益活动为目的的对外无偿提供应税服务

    D．运输单位向其他单位无偿提供运输服务

3．（　　　）向其他单位或个人无偿提供应税服务，应作视同提供应税服务处理，但以公益活动为目的或以社会公众为对象的除外。

    A．增值税一般纳税人　　　　　　　B．公司

    C．个人　　　　　　　　　　　　　D．个体工商户

4．计算增值税时，关于销售额的确定表述正确的有（　　　）。

    A．销售额包括全部价款和价外费用

    B．销售额就是销售价款，不包括价外费用

    C．销售额不包括行政事业性收费和增值税税金

    D．计税销售额，应当是不含税销售额，其不含税销售额＝含税销售额÷（1＋增值税适用税率）

5．增值税一般纳税人的下列进项税额不可以从销项税额中抵扣的是（　　　）。

    A．用于增值税免税项目的购进货物

    B．非正常损失的购进货物及相关的应税劳务

    C．非正常损失的在产品所耗用的购进货物及应税劳务

    D．购进的旅客运输服务

6．某器械厂为增值税一般纳税人，其本期发生的经济业务中，无须作进项税额转出处理的购进货物有（　　　）。

    A．因生产需要购进的原材料

    B．用于对外投资的购进设备

    C．因管理不善造成损失的购进货物

    D．因意外发生火灾被烧毁的产成品所耗用的外购材料及相关应税劳务

7．增值税一般纳税人发生下列项目而支出的款项，不可以按11%的扣除率计算进项税额的有（　　　）。

    A．销售机器设备的同时提供的货物运输服务收取的运输费（未分别核算）

    B．购进农产品未取得增值税专用发票

    C．购进的货物运输服务，并取得增值税专用发票

    D．为销售产品支付的产品营销方案设计费用，并取得增值税专用发票

8．下列属于不能抵扣增值税进项税额的有（　　　）。

　　A．购进货物和应税劳务用于简易计税方法计税项目、免征增值税项目（农产品除外）、集体福利或者个人消费的

　　B．非正常损失的购进货物，以及相关的加工修理修配劳务和交通运输服务

　　C．非正常损失的购进货物及相关的应税劳务

　　D．购进的餐饮服务

9．某公司为增值税一般纳税人，其发生（　　　）时，应作进项税额转出。

　　A．将上期购进的货物在本期用于职工福利

　　B．火灾后损失的产成品所耗用的购进货物

　　C．生产过程废品所耗用的购进货物

　　D．购进的货物用于对外捐赠时

10．采用（　　　）方式销售货物的，发出货物并办妥手续的当天，确认为增值税纳税义务的发生时间。

　　A．直接收款　　　B．托收承付　　　C．委托银行收款　　D．预收款项

三、判断题

1．如果增值税一般纳税人将以前购进的货物以原进价销售，由于没有产生增值额，不需要计算增值税。　　　　　　　　　　　　　　　　　　　　　　　　　　（　　　）

2．纳税人销售货物或应税劳务的价格明显偏低并无正当理由的，由市级及以上的税务机关核定其销售额。　　　　　　　　　　　　　　　　　　　　　　　（　　　）

3．2009年1月1日起，我国全面实行的是消费型增值税，其特点是允许纳税人将购进用于生产经营的固定资产价值中所含的增值税税额，按照折旧期限分期扣除。（　　　）

4．电力产品的销售额是指纳税义务人销售电力产品向购买方收取的全部价款和价外费用，但不包括收取的销项税额。　　　　　　　　　　　　　　　　　　（　　　）

5．企业在销售货物中，为了鼓励购物方尽早偿还货款，按付款时间给予购货方一定比例的货款折扣，可以从货物销售额中减除。　　　　　　　　　　　　　　（　　　）

6．销项税额＝销售额×税率，其中，销售额不包含增值税销项税额。　（　　　）

7．增值税小规模纳税人购进货物取得增值税专用发票可抵扣进项税额，取得普通发票不允许抵扣进项税额。　　　　　　　　　　　　　　　　　　　　　　（　　　）

8．进口货物计算增值税应纳税额时，可以抵扣增值税进项税额。　　（　　　）

9．增值税扣缴义务人，应当向其机构所在地主管税务机关申报缴纳其扣缴的税款。

　　　　　　　　　　　　　　　　　　　　　　　　　　　　　　　　（　　　）

10．进口货物增值税的纳税期限应当自海关填发完税凭证的次日起15日内缴纳税款。

　　　　　　　　　　　　　　　　　　　　　　　　　　　　　　　　（　　　）

四、材料分析题

在我国，增值税一般纳税人实行增值税进项税额抵扣制度，增值税小规模纳税人不实行增值税进项税额抵扣制度。

根据税法知识回答 1～5 题。

1. 甲公司（增值税一般纳税人）支付人民币 10 万元为员工购买工作服和安全头盔，应当核算增值税（   ）税额 17 000 元。

    A. 进项   B. 销项

2. A 汽车修理厂（增值税一般纳税人）为本单位员工免费提供汽车保养服务。A 汽车修理厂应当（   ）。

    A. 核算增值税销项税额

    B. 核算增值税进项税额

    C. 不核算增值税

3. B 公司（增值税一般纳税人）上月购进的一批价值 20 万元的原材料，因发生火灾，全部烧毁。B 公司应当（   ）。

    A. 核算增值税销项税额

    B. 核算增值税进项税额

    C. 不核算增值税

    D. 作增值税进项税额转出处理，转出进项税额为 34 000 元

4. 食品加工厂（增值税一般纳税人），购进免税农产品一批，购货发票上注明价款 20 万元。食品加工厂（   ）。

    A. 核算增值税销项税额

    B. 可以抵扣增值税进项税额 26 000 元（200 000×13%）

    C. 不得抵扣增值税进项税额

5. D 公司（增值税小规模纳税人）购进一批原材料价值 5 万元，未取得增值税专用发票。D 公司（   ）。

    A. 应当核算增值税销项税额

    B. 可以抵扣增值税进项税额 6 500 元（50 000×13%）

    C. 不得抵扣增值税进项税额

五、计算题

旭日公司（增值税一般纳税人，适用增值税税率 17%）2015 年 4 月发生如下经济业务。

（1）购进原材料价值 180 万元用于生产，并依法取得增值税专用发票。

（2）销售自产货物，取得不含税收入 400 万元。

（3）将含税价值 35.1 万元的货物进行对外捐赠。

（4）发生非正常损失，其原材料价值 30 万元。

根据税法，核算旭日公司当月应纳增值税税额。

（三）

一、单项选择题

1．下列项目中，应确认收入计算销项税额的项目是（　　）。

    A．将委托加工收回的货物用于继续生产

    B．单位或个体工商户为社会公众免费提供应税服务

    C．非企业性单位按照法律规定，收取的行政事业性收费

    D．将购买的货物作为投资给其他单位

2．以下项目中，不允许抵扣进项税额的是（　　）。

    A．在委托加工中，增值税一般纳税人支付的加工费

    B．在委托加工中，增值税小规模纳税人支付的加工费

    C．增值税一般纳税人销售货物时支付的运费

    D．增值税一般纳税人购进用于生产所需的原材料

3．某公司下列已取得增值税专用发票的项目中，可以作为进项税额抵扣的是（　　）。

    A．外购用于员工宿舍用的器具　　　　B．外购修理用配件

    C．外购职工宿舍用电　　　　　　　　D．外购发给职工的节日慰问品

4．下列进项税额可以从销项税额中抵扣的是（　　）。

    A．非正常损失的在产品所耗用的购进货物的进项税额

    B．增值税专用发票符合抵扣要求

    C．非正常损失的在产品所耗用的购进材料的运输费用的进项税额

    D．非正常损失的购进货物的进项税额

5．下列项目中，不允许扣除进项税额的是（　　）。

    A．一般纳税人购进生产用物资

    B．一般纳税人销售免税货物时支付的运费

    C．工业企业估价入库的原材料

    D．商业企业购进的已支付货款并取得增值税专用发票的货物

6．某童装厂（增值税一般纳税人）当月购进原料，取得增值税专用发票上注明销售额 80 000 元，后将其委托另一家服装厂加工成棉服，取得对方开具的增值税专用发票上注明增值税 5 100 元，当月收回并全部售给一小规模商业批发企业，开具普通发票上注明销售额为 152 100 元，其应纳增值税税额为（　　）元。

    A．3 400　　　　　B．−1 700　　　　C．680　　　　D．4 600

7．某商场采取以旧换新方式销售电视机，每台零售价 3 000 元，本月售出电视机 150

115

台，旧电视机折价 200 元，共收回 150 台旧电视机，该业务应纳增值税税额为（　　）元。

    A．61 025.64   B．65 384.62   C．73 500   D．76 500

二、材料分析题

在增值税核算中，根据纳税人是一般纳税人还是小规模纳税人，确定正确的核算公式。

一般纳税人应纳增值税＝当期销项税额－当期进项税额

小规模纳税人应纳增值税＝当期销项税额

销项税额＝不含税销售额×增值税适用税率

＝含税销售额÷（1＋增值税适用税率）×增值税适用税率

一般只有一般纳税人实行进项税额抵扣，增值税进项税额抵扣必须符合抵扣条件。

根据增值税相关知识回答 1～5 题。

1．乙公司（增值税一般纳税人）将生产的商品委托他人代为销售。乙公司应当核算增值税（　　）税额。

    A．进项   B．销项

2．丙公司（增值税一般纳税人）将价值 10 万元的自产物品用于继续生产。丙公司应当（　　）。

    A．核算增值税销项税额

    B．核算增值税进项税额

    C．不核算增值税

3．东方公司（增值税一般纳税人）将一批自产食品，市场价值 10 万元，作为员工福利发给单位员工。东方公司应当（　　）。

    A．核算增值税销项税额

    B．核算增值税进项税额

    C．不核算增值税

4．食品加工厂（增值税一般纳税人），购进免税农产品一批，购货发票上注明价款 10 万元。食品加工厂（　　）。

    A．核算增值税销项税额

    B．可以抵扣增值税进项税额＝13 000 元（100 000×13%）

    C．不得抵扣增值税进项税额

5．C 公司（增值税一般纳税人）购进一批原材料，价值 50 万元，未取得增值税专用发票。C 公司（　　）。

    A．应当核算增值税销项税额

    B．可以抵扣增值税进项税额＝85 000 元（500 000×17%）

C．不得抵扣增值税进项税额

三、计算题

1．7月5日，某卷烟厂（增值税一般纳税人）向A批发商销售一批甲类卷烟，每条价格100元，合计1000条。核算增值税税额。

2．7月15日，某卷烟厂（增值税一般纳税人）向B商场销售一批乙类卷烟，每条不含税价格50元，合计500条。核算增值税税额。

3．7月16日，某卷烟厂（增值税一般纳税人）向另一卷烟生产企业C公司销售一批烟丝，并开具增值税专用发票，发票上注明价款58.5万元。核算增值税税额。

4．甲生产企业（增值税一般纳税人）委托乙加工企业，委托加工一批零部件，支付加工费和辅助材料费合计58.5万元。

（1）甲企业需支付多少增值税进项税额？

（2）甲企业能抵扣多少增值税进项税额？

5．某机械生产企业2015年10月，组织员工外出旅游，支付旅游旅客运输服务5000元。本月还销售机械产品，取得增值税普通发票，价款117万元。核算增值税税额。

6．甲公司为增值税一般纳税人，其进口一批货物（非应税消费品，增值税税率为17%），关税完税价格为50000元，关税税率为45%。核算进口该批货物时需要缴纳的增值税税额。

7．彩虹公司（增值税一般纳税人）外购一批礼品，取得专用发票上注明的价款8.7万元，其中赠送客户的礼品价值6.1万元，剩余礼品发给职工。计算增值税销项税额。

8．H公司（增值税一般纳税人，适用增值税税率17%）2016年3月发生如下经济业务。

（1）购进原材料价值200万元用于生产，并依法取得增值税专用发票。

（2）销售自产货物，取得不含税收入300万元。

（3）将含税价值11.7万元的货物进行对外捐赠。

（4）发生非正常损失，其原材料价值（不含税）20万元。

根据税法，核算H公司当月应纳增值税税额。

9．某童装厂（增值税一般纳税人）2015年10月发生如下经济业务。

（1）购进原料，取得增值税普通发票上注明销售额93600元。

（2）委托一家服装厂加工生产棉服，取得对方开具的增值税专用发票上注明增值税5100元。

（3）当月收回并全部售给一小规模商业批发企业，开具普通发票上注明销售额为152100元。

根据增值税相关法律法规，核算当月应纳增值税税额。

第三章第二节答案

第三节 消 费 税

【考点1】消费税的概念与特征

消费税是对在我国境内从事生产、销售、委托加工、进口应税消费品的单位和个人征收的一种流转税,是对特定的消费品和消费行为在特定的环节征收的一种流转税。消费税是价内税,即应税消费品的价格包含消费税税金。

一、单项选择题

1. 根据税收的分类,消费税属于( )。
   A. 流转税　　　　B. 财产税　　　　C. 从价税　　　　D. 地方税
2. 下列关于消费税和增值税的关系,表述正确的是( )。
   A. 都是流转税　　　　　　　　　B. 都是价内税
   C. 都是价外税　　　　　　　　　D. 缴纳增值税的纳税人一定缴纳消费税

二、多项选择题

关于消费税的说法,正确的是( )。
   A. 消费税,只对应税消费品在特定的环节征收
   B. 消费税、增值税都是流转税
   C. 消费税、增值税都是价内税
   D. 征收消费税的物品,也同样应征收增值税

三、判断题

消费税是价内税,增值税是价外税。　　　　　　　　　　　　　　　　( )

【考点2】消费税的征税对象——税目

2014年12月1日前,消费税征税对象有14个:烟、酒、高档手表、化妆品、贵重首饰及珠宝玉石、摩托车、小汽车、游艇、成品油、汽车轮胎、高尔夫球及球具、鞭炮烟火、实木地板、木制一次性筷子。

自2014年12月1日起,取消汽车轮胎税目、酒精的消费税;自2015年2月1日起对电池和涂料征收消费税;自2016年10月1日起,化妆品调整为高档化妆品。

调整后,消费税税目共15个:烟、酒、高档手表、高档化妆品、贵重首饰及珠宝玉石、摩托车、小汽车、游艇、成品油、高尔夫球及球具、鞭炮烟火、实木地板、木制一次性筷子、铅蓄电池、涂料。

一、单项选择题

1. 下列属于应税消费品的有（　　）。
   A. 卷烟和啤酒
   B. 普通护肤品
   C. 竹制一次性筷子和大理石地板
   D. 高档玩具飞机
2. 下列不属于消费税税目的有（　　）。
   A. 金银饰品
   B. 普通手表
   C. 木制一次性筷子
   D. 摩托车和游艇

二、多项选择题

1. 下列应当征收消费税的有（　　）。
   A. 实木地板和高档手表
   B. 燃料油和鞭炮
   C. 汽车轮胎和涂料
   D. 摩托车和钻石
2. 下列应当征收消费税的有（　　）。
   A. 铂金戒指和钻石
   B. 鞭炮、焰火
   C. 竹制一次性筷子和铅蓄电池
   D. 汽油和小汽车

三、判断题

1. 生产销售竹制一次性筷子，应当依法申报消费税。　　　　　　　　（　　）
2. 商场销售普通护肤品，需要依法缴纳消费税。　　　　　　　　　　（　　）

【考点3】消费税的征税范围与征税环节

在具体核算消费税时，是否应缴纳消费税，首先判断是否属于应税消费品；其次判断是否应在此环节纳税。消费税的征税范围包括：①生产应税消费品（生产销售环节）；②进口应税消费品（进口环节）；③委托加工应税消费品（委托加工交提货）；④批发应税消费品（批发环节，卷烟加征一次消费税）；⑤零售应税消费品（零售环节，金、银、铂、钻饰品及钻石，待料加工金银首饰，以旧换新和以旧翻新销售金银首饰；2016年12月1日起，超豪华小汽车在零售环节加征10%的消费税）。

一、单项选择题

1. 下列行为中应征消费税的是（　　）。
   A. 商店销售金银首饰
   B. 商店销售外购啤酒
   C. 商店销售化妆品
   D. 商店零售卷烟
2. 应当在批发环节加征消费税的是（　　）。
   A. 化妆品　　　　B. 鞭炮　　　　C. 卷烟　　　　D. 烟丝

3．应当在零售环节征收消费税的是（   ）。

    A．珠宝宝石   B．玉石手镯   C．钻石   D．卷烟

4．下列应当在批发环节征收消费税的有（   ）。

    A．批发商将卷烟批发给商场

    B．批发商将化妆品批发给商场

    C．批发商将卷烟批发给另一个批发商

    D．批发商将烟丝批发给卷烟厂

5．某商场（增值税一般纳税人）2014 年 7 月，销售化妆品收入 200 万元。该商场当月应纳消费税税金（   ）万元。

    A．0   B．60   C．51.28   D．52

6．某批发企业（增值税一般纳税人）将一批价值 50 万元的珠宝批发给另一个批发商。该批发企业该业务应纳消费税税金（   ）万元。

    A．5   B．2.5   C．4.28   D．0

二、多项选择题

1．下列行为中应征消费税的有（   ）。

    A．生产销售应税消费品   B．委托加工应税消费品

    C．进口应税消费品   D．批发、零售应税消费品

2．下列各项中，应同时征收增值税和消费税的有（   ）。

    A．批发环节销售的卷烟   B．零售环节销售的金基合金首饰

    C．生产环节销售的普通护肤护发品 D．进口的 iPhone 手机

3．下列对应税消费品的应纳税环节确认正确的有（   ）。

    A．进口轿车应当在进口报关环节缴纳消费税

    B．委托加工应税消费品应当在销售环节缴纳消费税

    C．卷烟应当在生产出厂销售环节和商店销售环节缴纳消费税

    D．酒吧销售自产的啤酒应当缴纳消费税

4．下列应税消费品中，除在生产（进口）环节征收一次消费税外，还在批发或零售环节加征消费税的有（   ）。

    A．超豪华小轿车 B．铂金首饰   C．卷烟   D．钻石饰品

三、判断题

1．生产销售金银饰品，应当缴纳消费税。   （   ）

2．批发商将烟酒批发给商场，应依法缴纳消费税。   （   ）

【考点4】消费税的纳税人

消费税的纳税人是指在中国境内生产、销售、委托加工和进口应税消费品的单位和个人。在具体经济活动中，是否是消费税的纳税人，需要考虑：①是否属于应税消费品；②是否应当在该环节缴纳消费税。

一、单项选择题

根据消费税法律制度的规定，下列各项中，不属于消费税纳税义务人的是（　　）。

    A．化妆品进口商　　　　　　　　B．鞭炮批发商

    C．钻石零售商　　　　　　　　　D．卷烟生产商

二、判断题

1．只有企业才是消费税的纳税人。　　　　　　　　　　　　　　（　　）

2．增值税的纳税人，同时也是消费税的纳税人。　　　　　　　　（　　）

3．个人自产应税消费品对外销售时，不缴纳消费税。　　　　　　（　　）

【考点5】消费税的税率与消费税的计税方法

消费税的税率包括比例税率和定额税率两类，消费税应纳税额的计算方法有3种：从价定率、从量定额、复合计税。适用"比例税率"的，应采取"从价定率"计税方法，计算公式为

$$其应纳消费税税额＝不含税销售额×消费税比例税率$$

适用"定额税率"的，应采取"从量定额"计税方法，计算公式为

$$其应纳消费税税额＝销售数量×消费税单位税额$$

同时适用"比例税率和定额税率"的（应税消费品为卷烟和白酒），应采取"复合计税"计税方法，计算公式为

$$应纳消费税税额＝不含税销售额×消费税比例税率＋销售数量×消费税单位税额$$

自2015年5月10日起，将卷烟批发环节从价税税率由5%提高至11%，并按0.005元/支加征从量税。

一、单项选择题

1．下列应税消费品中，应当采用"从价定率"方式计税的是（　　）。

    A．甲类卷烟（56%加0.6元/条）　　B．卷烟（11%加250元/箱）

    C．甲类啤酒（250元/吨）　　　　　D．烟丝（30%）

2．某商场（增值税一般纳税人）2015年4月销售金银首饰、铂金首饰，不含税销售额300 000元，该商场4月份因销售金银首饰、铂金首饰应缴纳消费税税额为（　　）元。

（金银首饰、铂金首饰消费税适用税率为5%）

    A．0   B．15 000   C．30 000   D．14 563.11

    3．某化妆品厂（增值税一般纳税人）2017年2月销售自产高档化妆品一批给某商场，并开出增值税专用发票，注明增值税税额5.1万元。化妆品厂该业务应纳消费税税额为（   ）元。（高档化妆品消费税适用税率为15%）

    A．90 000   B．76 923   C．51 000   D．45 000

    4．下列应税消费品应当采用"从量定额"方式计税的是（   ）。

    A．乙类卷烟（36%加0.6元/条）   B．金银首饰（10%）

    C．乙类啤酒（220元/吨）   D．高档手表（20%）

    5．某啤酒厂2015年6月，销售啤酒400吨，每吨出厂价为3 200元。该经济业务应纳消费税税额为（   ）元。（甲类啤酒消费税税率为250元/吨）

    A．0   B．64 000   C．100 000   D．88 000

    6．重庆某高速公路加油站（独立的企业法人），2016年6月，对外加汽油50 000升，该汽油适用消费税税率1.52元/升。该加油站应纳消费税税额为（   ）元。

    A．50 000   B．0   C．76 000   D．40 000

    7．在征收消费税时，下列同时适用比例税率和定额税率的有（   ）。

    A．卷烟和白酒   B．卷烟和啤酒   C．雪茄烟和白酒   D．红酒和烟丝

    8．某卷烟厂向某批发商批发甲类卷烟一批，并开具增值税专用发票，发票注明价格37 500元/箱，数量50箱。已知甲类卷烟消费税税率为56%加0.6元/条。该卷烟厂销售该批卷烟应缴纳消费税税额为（   ）元。

    A．1 875 000   B．7 500   C．1 057 500   D．0

二、多项选择题

    1．消费税的适用税率包括（   ）。

    A．比例税率   B．定额税率   C．符合税率   D．累进税率

    2．下列应当采用"复合计税"方法计算消费税的有（   ）。

    A．卷烟   B．白酒   C．成品油   D．高档手表

三、计算题

    1．某化妆品生产企业（增值税一般纳税人），2014年4月15日向A商场销售化妆品一批，开具增值税专用发票，注明销售额100万元。依法核算消费税税额。（化妆品适用消费税税率为30%）

    2．某汽车生产公司（增值税一般纳税人），2016年3月生产销售小汽车取得销售收入5 850万元，并对客户开具了增值税普通发票。依法核算该公司当月应纳消费税税额。（小汽车适用消费税税率为12%）

3．某批发企业（增值税一般纳税人），2017 年 3 月将一批卷烟批发给商场，批发数量 20 箱，单价 30 000 元/箱（不含税）。依法核算该批销售业务应纳消费税税额。（卷烟在批发环节适用税率 11%加 0.005 元/支）

4．分别核算下列经济业务中应纳消费税税额。

（1）某啤酒厂 2015 年 6 月销售啤酒 400 吨，每吨出厂价 3 200 元。

（2）某商场 2015 年 7 月销售啤酒 500 毫升装 19 760 瓶，每瓶 6.5 元。（1 吨啤酒＝988 升，该啤酒出厂价是每吨 3 500 元）

（3）某省级经销商，将代理经销的某种品牌啤酒（甲类啤酒）批发给该省各大超市，2015 年 3 月批发量 1 200 吨，每吨啤酒分装 500 毫升装 1 976 瓶，每瓶批发价 4 元。（甲类啤酒消费税税率为 250 元/吨）

5．B 卷烟厂（增值税一般纳税人）7 月 5 日，向 A 批发商销售一批甲类卷烟，每条价格 117 元，合计 1 000 条。（甲类卷烟消费税税率为 56%加 0.003 元/支）

（1）核算当月增值税税额。

（2）核算当月消费税税额。

6．某卷烟厂（增值税一般纳税人）7 月 16 日，向另一家卷烟生产企业 C 公司销售一批烟丝，并开具增值税专用发票，发票上注明价款 58.5 万元。（烟丝消费税税率为 30%）

（1）核算当月增值税税额。

（2）核算当月消费税税额。

【考点 6】自产应税消费品的计税

纳税人自产自用的应税消费品，用于连续生产应税消费品的不纳税，用于其他方面的，一律于移送使用时，按视同销售依法缴纳消费税。若为"从量征收"的，按自产自用应税消费品的移送使用数量计算纳税；若为"从价征收"的，应按纳税人生产的"同类消费品的销售价格"计算纳税，没有同类消费品销售价格的，按照"组成计税价格"计算纳税。

一、单项选择题

1．自产自用应税消费品，实行"从价定率"方法计算缴纳消费税的，其组成计税价格的计算公式为（　　）。

　　A．（材料成本＋加工费）÷（1－比例税率）

　　B．（成本＋利润＋自产自用数量×定额税率）÷（1－比例税率）

　　C．（材料成本＋加工费＋委托加工数量×定额税率）÷（1－比例税率）

　　D．（成本＋利润）÷（1－比例税率）

2．自产自用应税消费品，实行"复合计税"方法计算缴纳消费税的，其组成计税价格的计算公式为（　　）。

　　A．（材料成本＋加工费）÷（1－比例税率）

B. （成本＋利润＋自产自用数量×定额税率）÷（1－比例税率）

C. （材料成本＋加工费＋委托加工数量×定额税率）÷（1－比例税率）

D. （成本＋利润）÷（1－比例税率）

3. 自产自用应税消费品，实行"从量定额"方法计算缴纳消费税的，在核算增值税时，如果无同类商品销售价格的，其组成计税价格的计算公式为（　　）。

A. 成本＋利润＋自产自用数量×定额税率

B. （成本＋利润＋自产自用数量×定额税率）÷（1－比例税率）

C. （材料成本＋加工费＋委托加工数量×定额税率）÷（1－比例税率）

D. （成本＋利润）÷（1－比例税率）

4. 自产自用应税消费品，根据定额税率核算消费税时，其消费税的核算依据包括（　　）。

A. 生产成本　　　　　　　　　B. 利润

C. 移送使用数量　　　　　　　D. 增值税

5. 对于自产应税消费的下列处理方式不需缴纳消费税的是（　　）。

A. 将自产应税消费品销售给批发商

B. 将自产应税消费品销售给零售商和消费者

C. 将自产应税消费品用于继续生产应税消费品

D. 将自产应税消费品用于继续生产以外的其他用途

6. 甲汽车生产公司（增值税一般纳税人）2015 年 3 月 5 日，零售小汽车 100 辆，销售价格 117 000 元/辆；3 月 20 日，将 5 辆小轿车移交公司销售部用于销售办公业务需要。甲公司 3 月份应纳消费税税额是（　　）元。（该批小汽车消费税适用税率为 12%）

A. 1 200 000　　　B. 1 404 000　　　C. 1 474 200　　　D. 1 260 000

二、材料分析题

甲公司（增值税一般纳税人）发生如下经济业务。

（1）2014 年 6 月 20 日销售自产摩托车 200 辆，销售单价 9 360 元。

（2）2014 年 6 月 28 日将自产摩托车 20 辆作为奖励发给单位优秀员工。

根据税法，回答 1～4 题。（摩托车适用税率为 3%）

1. 2014 年 6 月 20 日销售自产摩托车 200 辆，销售单价 9 360 元。其销售单价为不含税价格，是否正确？

2. 2014 年 6 月 28 日将自产摩托车 20 辆作为奖励发给单位优秀员工。应当作为视同销售处理，但没有销售价格，应当如何确定销售价格？

3. 依法核算甲公司 2014 年 6 月应纳消费税税额。

4. 依法核算甲公司 2014 年 6 月应纳增值税税额。

三、计算题

1. 某啤酒厂（增值税一般纳税人）自产啤酒 20 吨赠送某啤酒节，每吨啤酒成本 1 000 元，无同类产品售价，成本利润率为 10%，税务机关核定的单位税额为每吨 220 元。计算此经济业务应纳消费税和增值税税额。

（1）核算当月消费税税额。

（2）核算当月增值税税额。

2. 某酒厂（增值税一般纳税人）新研制了一种养生白酒，每瓶成本 70 元（每瓶 500 毫升），假设国家规定，其成本利润率为 20%，现将该新品牌养生白酒 1 000 瓶送给一批老客户（关系户）。（白酒的增值税税率为 17%，消费税税率为 20% 加 0.5 元/500 毫升）

（1）该新品牌养生白酒的价格如何确定？

（2）核算增值税税额。

（3）核算消费税税额。

3. 自产自用白酒的酒厂（增值税一般纳税人）将自产价值（不含税）10 万元的白酒 2 500 斤作为员工福利送给本公司员工。根据增值税和消费税的知识，依法核算增值税税额和消费税税额。

【考点7】委托加工应税消费品的计税

委托加工是指由委托方提供原料和主要材料，受托方只代垫部分辅助材料，按照委托方的要求加工货物并收取加工费的经营活动。委托加工应税消费品，委托方是消费税的纳税人。受托方为个人的，由委托方取回加工货物后缴纳消费税；受托方为单位的，由受托方向委托方交货时代缴消费税。委托方将收回的委托加工应税消费品，用于直接销售的，不再缴纳消费税；委托方将收回的委托加工应税消费品，用于加价销售的，需按照规定申报缴纳消费税，在计税时准予扣除受托方已代收代缴的消费税。

一、单项选择题

1. 委托加工的应税消费品，按照受托方的同类消费品的销售价格计算纳税；没有同类消费品销售价格的，按照组成计税价格计算纳税，根据从价定率计算纳税的组成计税价格，其计算公式为（　　）。

　　A.（材料成本＋加工费）÷（1－比例税率）

　　B.（成本＋利润＋自产自用数量×定额税率）÷（1－比例税率）

　　C.（材料成本＋加工费＋委托加工数量×定额税率）÷（1－比例税率）

　　D.（成本＋利润）÷（1－比例税率）

2. 委托加工的应税消费品，按照受托方的同类消费品的销售价格计算纳税；没有同类消费品销售价格的，按照组成计税价格计算纳税，实行"复合计税"办法计算纳税的组成计税价格，其计算公式为（　　）。

  A. （材料成本＋加工费）÷（1－比例税率）

  B. （成本＋利润＋自产自用数量×定额税率）÷（1－比例税率）

  C. （材料成本＋加工费＋委托加工数量×定额税率）÷（1－比例税率）

  D. （成本＋利润）÷（1－比例税率）

 3. 下列关于委托加工应税消费品的说法，正确的是（　　）。

  A. 委托加工是指委托方与受托方签订委托合同，由受托方根据委托方提供的要求，提供加工劳务或提供辅助材料或提供主要材料

  B. 委托加工应税消费品，委托方是消费税的纳税人，所以消费税由委托方依法向税务机关纳税

  C. 委托加工卷烟，如果没有同类卷烟销售价格，应当按照从价定律的方式核算组成计税价格

  D. 将收回的委托加工的应税消费品，以高于原价出售的，需按照规定申报缴纳消费税，但在计税时准予扣除受托方已代收代缴的消费税

二、多项选择题

 1. 下列各项中，可按委托加工应税消费品的规定征收消费税的有（　　）。

  A. 受托方代垫原料，委托方提供辅助材料的

  B. 委托方提供原料和主要材料，受托方代垫部分辅助材料的

  C. 受托方负责采购委托方所需原材料的

  D. 委托方提供原料、材料和全部辅助材料的

 2. 委托加工应税消费品的单位，应税消费品适用比例税率的，代收代缴消费税的计税依据包括（　　）。

  A. 加工材料成本   B. 代垫的辅助材料成本

  C. 代收代缴的消费税   D. 加工费

 3. 甲公司（增值税一般纳税人）和一些加工厂签订如下委托合同。

 （1）甲公司和 A 加工厂签订委托加工合同：由甲公司提供主要原材料，由 A 加工厂提供辅助材料和加工劳务，加工一批应税消费品。

 （2）甲公司和 B 加工厂签订委托加工合同：由甲公司出钱，由 B 加工厂代购加工所需的主要原材料，由 B 加工厂提供辅助材料和加工劳务，加工一批应税消费品。

 （3）甲公司和个人 C 签订委托加工合同：由甲公司提供主要原材料和辅助材料，由 C 加工生产一批应税消费品。

 根据上述材料，下列分析正确的有（　　）。

  A. 业务（1）属于委托加工，由 A 加工厂在交货时代征消费税，甲公司属于消费税的纳税人

  B. 业务（2）不属于委托加工，B 加工厂应视为销售应税消费品，在生产销售环节征收消费税，B 加工厂为消费税的纳税人

  C. 业务（3）属于委托加工，受托人是个人，应由甲公司收回加工货物后缴纳消费税，甲公司属于消费税的纳税人

  D. 上述业务都属于委托加工，甲公司是消费税的纳税人

4. 下列关于应税消费品消费税的说法正确的有（   ）。

  A. 委托方将收回已税消费品用于直接销售（不高于原价），不再征收消费税

  B. 委托方将收回已税消费品用于连续生产应税消费品销售的，可按当期生产领用数量计算准予扣除委托加工收回的已税消费品的消费税税款

  C. 委托加工的受托方是单位，在交付委托加工的货物时由受托方向委托方代征消费税，其征税对象是受托方提供的加工劳务费用或受托方提供的辅助材料费用

  D. 收回的委托加工的应税消费品用于继续生产，视同销售应税消费品

三、计算题

1. 2014 年 5 月，甲企业（增值税一般纳税人）将收回的一批委托加工的已税化妆品，以原价销售给某批发商，并开具了增值税专用发票，专用发票上注明价款售价 100 万元。依法核算消费税和增值税。（化妆品消费税税率为 30%）

2. 2014 年 6 月，乙企业（增值税一般纳税人）将收回的一批委托加工的已税化妆品，以高于原价 20% 的价格销售给某商场，并开具了增值税专用发票，专用发票上注明价款 120 万元。依法核算消费税税额和增值税税额。（化妆品消费税税率为 30%）

3. 2014 年 7 月，丙企业（增值税一般纳税人）将收回的一批（已经入库）的委托加工的已税化妆品，价值 50 万元，经过再次生产加工后，以化妆品形式销售给某商场，并开具了增值税专用发票，专用发票上注明的价款是 80 万元。依法核算消费税税额和增值税税额。（化妆品消费税税率为 30%）

4. 2014 年 8 月，新兴摩托车厂（增值税一般纳税人）委托江南橡胶厂加工摩托车轮胎 500 套，新兴摩托车厂提供橡胶 5 000 公斤，单位成本为 12 元，江南橡胶厂加工一套轮胎耗料 10 公斤，收取加工费（不含税）10 元，代垫辅料 10 元。（汽车轮胎消费税税率为 3%）

  （1）依法核算增值税税额。

  （2）依法核算消费税税额。

【考点 8】组成计税价格及核算

  增值税是价外税，消费税是价内税。适用"从价定率"或"复合计税"方式计税的应税消费品，当无销售额时，应先考虑按本单位同类应税消费品的销售价格核算消费税，若无同类应税消费品销售时，才按组成计税价格核算消费税。

一、多项选择题

1. 在核算消费税的过程中，下列组成计税价格计算公式正确的有（　　）。
   A. （材料成本＋加工费）÷（1－比例税率）
   B. （材料成本＋加工费＋委托加工数量×定额税率）÷（1－比例税率）
   C. （成本＋利润＋自产自用数量×定额税率）÷（1－比例税率）
   D. （成本＋利润）÷（1－比例税率）

2. 在对应税消费品增值税的核算过程中，下列有关其价格确认正确的有（　　）。
   A. 委托加工应税货物，组成计税价格＝（不含税）加工费＋（不含税）辅助材料费
   B. 自产自用"从量定额"应税消费品在核算增值税时，组成计税价格＝成本＋利润＋消费税定额税税额
   C. 自产自用"复合计税"应税消费品在核算增值税时，组成计税价格＝（成本＋利润＋自产自用数量×定额税率）÷（1－比例税率）
   D. 自产自用"从价定率"应税消费品在核算增值税时，组成计税价格＝（成本＋利润）÷（1－比例税率）

二、计算题

1. 2015年3月，某化妆品生产公司（增值税一般纳税人）将一批（数量200套，每套生产成本300元，成本利润率为20%）自产化妆品（新品牌）用于广告宣传。（每套化妆品，适用消费税税率为30%）
   （1）如何确定该批新品牌化妆品的每套销售价格？
   （2）核算当月应纳消费税税额。
   （3）核算应纳增值税销项税额。

2. 甲卷烟厂（增值税一般纳税人）将价值100万元的烟丝委托给乙加工厂（增值税小规模纳税人）加工甲类卷烟，加工后甲类卷烟数量为200箱，乙加工厂每条收取不含税加工费10元，辅助材料费2元。履约完成后，双方均依法缴纳税费。
   （1）在核算消费税时，200箱卷烟的价格应当确定为多少元？
   （2）核算乙加工厂代收消费税税额。
   （3）核算甲卷烟厂应支付增值税税额。

3. 某酒厂2009年12月生产一种新的粮食白酒，广告样品使用0.2吨，已知该种白酒无同类产品出厂价，生产成本每吨35 000元，成本利润率为10%，粮食白酒定额税率为每斤0.5元，比例税率为20%。
   （1）在核算消费税时，其销售价格如何确定？
   （2）核算应纳消费税税额。
   （3）核算应纳增值税税额。

4. 某啤酒厂（增值税一般纳税人）自产啤酒 30 吨，赠送某啤酒节，每吨啤酒成本 1 000 元，无同类产品售价，成本利润率为 10%，税务机关核定的单位税额为每吨 220 元。计算此经济业务应纳增值税税额和消费税税额。

（1）核算 30 吨啤酒的消费税税额。

（2）核算 30 吨啤酒的增值税税额。

【考点 9】应税消费品已纳税款的扣除

外购（委托加工）已税应税消费品用于连续生产应税消费品，在对这些连续生产出来的应税消费品征税时，按当期生产领用数量计算准予扣除已纳税款。

一、单项选择题

1. 外购（委托加工）已税应税消费品用于连续生产应税消费品，在对这些连续生产出来的应税消费品征税时，按（ ）计算准予扣除已纳税款。

A. 购进数量   B. 当期购进数量

C. 当期期初库存数量   D. 当期生产领用数量

2. 根据消费税法律制度的规定，企业发生的下列经营行为中，外购应税消费品已纳消费税税额准予从应纳消费税税额中抵扣的是（ ）。

A. 以外购已税酒精为原料生产白酒

B. 以外购已税烟丝为原料生产卷烟

C. 以外购已税汽油为原料生产润滑油

D. 以外购已税汽车轮胎为原料生产应税小汽车

二、多项选择题

1. （ ）应税消费品用于连续生产应税消费品，在对这些连续生产出来的应税消费品征税时，按当期生产领用数量准予扣除已纳税款。

A. 外购   B. 委托加工   C. 自产   D. 进口

2. 下列符合应纳消费品已纳税款扣除条件的有（ ）。

A. 外购已税烟丝生产的卷烟

B. 以委托加工收回的已税化妆品原料生产的化妆品

C. 以委托加工收回的已税木制一次性筷子原料生产的木制一次性筷子

D. 外购已税散装白酒生产精装白酒

三、判断题

1. 应税消费品用于连续生产，均可以抵扣消费税。   （ ）

2．外购应税已税消费品继续销售的，应该继续征收消费税，但已纳消费税应该抵扣。

（　　）

四、计算题

1．某烟厂 4 月外购烟丝用于连续生产卷烟，取得增值税专用发票上注明税款为 8.5 万元，本月生产卷烟领用烟丝 80%，期初尚有库存的外购烟丝 2 万元，期末库存烟丝 12 万元，计算该企业本月应纳消费税中可扣除的消费税。

2．某化妆品厂期初库存化妆品 30 000 元（不含税），本期外购化妆品 80 000 元（不含税）用于连续生产化妆品，本期月末库存 20 000 元（不含税），生产出化妆品对外销售，取得不含税销售额 250 000 元。（化妆品消费税税率为 30%）

（1）将购进化妆品用于继续生产应税消费品（化妆品），可按当期领用数量核算准予抵扣的消费税。核算该化妆品本月可以抵扣的消费税税额。

（2）核算本月应纳消费税税额。

3．2015 年 1 月，甲实木地板厂（增值税一般纳税人）从木材厂手中收购一批木材，含税价款 23.4 万元，支付收购运费，取得运输业增值税专用发票，注明运费金额 2 万元，将该批材料委托乙实木地板厂（增值税一般纳税人）加工成素板（实木地板的一种），乙厂收取不含增值税加工费和辅料费 3 万元，甲实木地板厂收回素板后，将其中的 80% 继续加工成实木地板成品销售，取得不含税销售收入 35 万元。（成本利润率为 5%，消费税税率为 5%）

（1）受托方是单位，应当由受托方代收代缴消费税，在核算代收代缴消费税时，消费税的计税价格如何确定？

（2）甲厂被代收代缴的消费税是多少？

（3）甲厂销售实木地板成品应纳的消费税是多少？

【考点 10】消费税的征收管理

消费税纳税义务发生时间，根据货款结算方式或行为发生时间确定；消费税的纳税期限分为按期纳税和按次纳税，其规定与增值税纳税期限的规定一致。委托加工应税消费品，受托方是单位的，由受托方向机构所在地或者居住地主管税务机关申报纳税，其他纳税地点的规定与增值税的纳税申报地点一致。

一、单项选择题

1．采取（　　）方式销售应税消费品的，不论应税消费品是否发出，均为收到销售款或者取得销售款凭证的当天，确认为消费税纳税义务的发生时间。

A．直接收款　　　B．托收承付　　　C．分期收款　　　D．预收款项

2．采用（　　）方式销售应税消费品，发出应税消费品的当天，确认为消费税纳税义务的发生时间。

A．预收货款　　　　　　　　　　B．赊销和分期付款

C．委托收款　　　　　　　　　　D．委托银行收款

3．纳税人发生视同销售应税消费品行为，其消费税纳税义务发生的时间为（　　）。

A．应税消费品移送的当天　　　　B．应税消费品移送的次日

C．收到货款的当天　　　　　　　D．合同约定收款的当天

4．以下对消费税纳税义务发生时间说法错误的是（　　）。

A．预收货款方式销售应税消费品，为发出应税消费品的当天

B．委托代销应税消费品，为收到代销清单的当天

C．视同销售应税消费品的，为应税消费品移送的次日

D．进口货物为报关进口的当天

5．以下不是消费税纳税期限的是（　　）。

A．3 日　　　　　B．5 日　　　　　C．7 日　　　　　D．10 日

二、多项选择题

1．采用（　　）方式销售应税消费品的，其消费税纳税义务的发生时间的确定，为书面合同约定的收款当天，无书面合同或书面合同没有约定收款日期的，为发出应税消费品的当天。

A．赊销　　　　　B．托收承付　　　　C．分期付款　　　　D．预收款项

2．纳税人采用其他结算方式销售应税消费品的，其消费税纳税义务的发生时间为收讫销售款或取得销售款凭据的当天。其中，"其他结算方式"不包括（　　）。

A．赊销和分期付款　　　　　　　B．托收承付

C．委托银行收款　　　　　　　　D．预收款项

3．消费税的纳税申报地包括（　　）。

A．机构所在地　　B．报关地　　　　C．居住地　　　　D．销售地

4．消费税纳税人，以（　　）为一个纳税期的，自期满之日起 5 日内预缴税款，于次月 1 日起 15 日内申报并结清上月应纳税款。

A．1 日、3 日、5 日、10 日　　　B．15 日

C．1 个月　　　　　　　　　　　D．1 个季度

三、判断题

1．纳税人的总分支机构不在同一县（市）的消费税纳税义务人，应分别向各自机构所在地的主管税务机关申请报税。　　　　　　　　　　　　　　　　　　　　（　　）

2．纳税人销售应税消费品，自产自用应税消费品，除国务院财政、税务主管部门另有规定外，应当向纳税人机构所在地的主管税务机关申报纳税。　　　　　　　　（　　）

3．委托加工应税消费品，由受托方向机构所在地或居住地主管税务机关解缴消费税

税款。 （　　）

4. 进口货物（应税消费品），应当向机构所在地进行纳税申报。 （　　）

5. 消费税购买应税消费品后，因应税消费品质量问题退货的，应税消费品的销售者可直接退还已经征收的消费税税款。 （　　）

测 试 题

（一）

一、单项选择题

1. 根据税收的分类，消费税属于（　　）。

　A. 流转税　　　　B. 所得税　　　　C. 从量税　　　　D. 地方税

2. 下列应当在零售环节征收消费税的是（　　）。

　A. 批发商将卷烟批发给批发商

　B. 商场销售金、银、铂、钻饰品

　C. 商场销售化妆品

　D. 商场销售高档手表

3. 下列属于应税消费品的有（　　）。

　A. 男士手表和红酒　　　　　　　B. 高档化妆品

　C. 竹制一次性筷子和铅蓄电池　　D. 高档玩具小轿车

4. 下列不属于消费税税目的有（　　）。

　A. 钻石及钻石饰品　　　　　　　B. 女士高档手提包

　C. 实木地板　　　　　　　　　　D. 高档手表

5. 2015 年 3 月，某商场（增值税一般纳税人）销售红酒收入 117 万元。该商场当月应纳消费税税额为（　　）万元。（红酒消费税税率为10%）

　A. 0　　　　　　B. 10　　　　　　C. 11.7　　　　　　D. 11.36

6. 2016 年 3 月，某生产企业（增值税一般纳税人）将一批高档化妆品批发给另一个批发商，并开具了增值税专用发票，其增值税专用发票上注明的价款为 100 万元。该批发企业应纳消费税税额为（　　）万元。（高档化妆品消费税税率为15%）

　A. 10　　　　　　B. 15　　　　　　C. 4.28　　　　　　D. 0

7. 在征收消费税时，同时适用比例税率和定额税率的有（　　）。

　A. 卷烟和白酒　　B. 卷烟和红酒　　C. 雪茄烟和白酒　　D. 汽油和烟丝

8. 下列应税消费品应当采用"从量定额"方式计税的是（　　）。

　A. 甲类卷烟（56%加 0.6 元/条）　　B. 金银首饰（10%）

　C. 乙类啤酒（220 元/吨）　　　　　D. 高尔夫球及球具（10%）

二、多项选择题

1. 下列应当征收消费税的有（　　　）。
   - A. 大理石地板和手表
   - B. 燃料油和鞭炮
   - C. 汽车轮胎和涂料
   - D. 摩托车和钻石

2. 下列应当征收消费税的有（　　　）。
   - A. 成品油
   - B. 高尔夫球杆
   - C. 竹制一次性筷子和铅蓄电池
   - D. 游艇

3. 应当在零售环节征收消费税的有（　　　）。
   - A. 珠宝宝石
   - B. 金基银基饰品
   - C. 钻石
   - D. 白酒

4. 下列行为中应征消费税的有（　　　）。
   - A. 进口化妆品
   - B. 带料加工金银饰品
   - C. 批发商批发化妆品
   - D. 卷烟厂批发销售卷烟

5. 下列对应税消费品的应纳税环节确认正确的有（　　　）。
   - A. 进口高档手表应当在进口报关环节缴纳消费税
   - B. 委托加工应税消费品应当在零售环节缴纳消费税
   - C. 卷烟应当在生产出厂销售环节和批发环节缴纳消费税
   - D. 酒吧销售自产的啤酒应当缴纳消费税

6. 下列应税消费品应当采用"从价定率"方式计税的有（　　　）。
   - A. 乙类卷烟（36%加150元/箱）
   - B. 珠宝宝石（10%）
   - C. 甲类啤酒（250元/吨）
   - D. 木制一次性筷子（5%）

7. 下列应税消费品应当采用"复合计税"方式计税的有（　　　）。
   - A. 乙类卷烟（36%加0.6元/条）
   - B. 甲类卷烟（56%加0.03元/支）
   - C. 甲类啤酒（250元/吨）
   - D. 高档手表（20%）

三、判断题

1. 生产销售普通护肤品，应当缴纳消费税。　　　　　　　　　　　　　（　　　）

2. 批发商将烟丝批发给商场，应依法缴纳消费税。　　　　　　　　　　（　　　）

3. 消费税，只是在消费品生产、流通或消费的某一环节一次性征收，而不是在消费品生产、流通和消费的每一个环节征收，所以，国家对所有应税消费品只征收一次消费税。
　　　　　　　　　　　　　　　　　　　　　　　　　　　　　　　　（　　　）

4. 在核算消费税时，适用"从价定率"方式核算消费税的，其应纳消费税税额＝销售额×消费税适用税率，其中"销售额"包括增值税。　　　　　　　　　　　（　　　）

四、材料分析题

运用税法知识，回答下列各题：

1. 2016 年 5 月，甲啤酒厂销售啤酒 200 吨，每吨出厂价 3 300 元。下列说法正确的是（　　）。

    A. 应当依法核算增值税销项税额

    B. 应按照"从价定率"方式核算消费税

    C. 应按照"从量定额"方式核算消费税

    D. 核算增值税，但不核算消费税

2. 2016 年 7 月，某批发商将一批啤酒（500 毫升装 19 760 瓶），以每瓶 3 元的价格批发给市内各大娱乐场所。下列说法正确的是（　　）。

    A. 应当依法核算增值税销项税额

    B. 应按照"从价定率"方式核算消费税

    C. 应按照"从量定额"方式核算消费税

    D. 核算增值税，但不核算消费税

3. 2015 年 2 月，某化妆品生产企业（增值税一般纳税人），将一批化妆品销售给商场，取得销售收入 500 万元。（化妆品消费税税率为 30%）

    A. 应当依法核算增值税销项税额

    B. 应按照"从价定率"方式核算消费税

    C. 应按照"从量定额"方式核算消费税

    D. 销售收入 500 万元，属于不含税销售收入

五、计算题

1. 2016 年 8 月 25 日，某化妆品生产企业（增值税一般纳税人）向 C 商场销售化妆品一批，开具增值税专用发票，注明增值税税额为 3.4 万元。依法核算消费税税额。（化妆品的消费税税率为 30%）

2. 依法核算下列经济业务中，应纳消费税税额。（白酒定额税率为 0.5 元/500 克或 0.5 元/500 毫升，比例税率为 20%）

（1）某酒厂 2015 年 7 月，销售粮食白酒 20 吨，不含税单价 20 000 元/吨，销售散装白酒 8 吨，不含税单价 15 000 元/吨，款项全部存入银行。

（2）某商场 2015 年 8 月销售某品牌白酒 1 000 瓶（500 毫升/瓶），销售单价 234 元。

（3）某省级经销商，将代理经销的某知名品牌白酒，批发给该省各大超市，2015 年 9 月批发量 50 000 瓶（500 毫升/瓶），取得批发收入 877.5 万元。

（4）某酒厂 2015 年 12 月，销售粮食白酒 30 吨，取得销售收入 772.2 万元。

3．7 月 15 日，C 卷烟厂（增值税一般纳税人）向 B 商场销售一批乙类卷烟，每条价格 58.5 元，合计 500 条。（甲类卷烟消费税税率为 36%加 0.003 元/支）

（1）核算当月增值税税额。

（2）核算当月消费税税额。

（二）

一、单项选择题

1．购进已税应税消费品用于继续生产应税消费品，在对这些连续生产出来的应税消费品征税时，按当期生产领用数量准予扣除已纳税款。下列对当期生产领用数量的核算正确的是（　　）。

　　A．当期生产领用数量＝期初库存外购应税消费品的买价＋当期购进应税消费品的买价－期末库存外购应税消费品的买价

　　B．当期生产领用数量＝期末库存外购应税消费品的买价＋当期购进应税消费品的买价－期初库存外购应税消费品的买价

　　C．当期生产领用数量＝期初库存外购应税消费品的买价－当期购进应税消费品的买价＋期末库存外购应税消费品的买价

　　D．当期生产领用数量＝期末库存外购应税消费品的买价－期末库存外购应税消费品的买价

2．下列不属于消费税税率的是（　　）。

　　A．比例税率　　　　　　　　　　B．定额税率

　　C．比例税率和定额税率　　　　　D．累进税率

3．下列不属于消费税计税方法的是（　　）。

　　A．从价定率　　B．从量定额　　C．复合计税　　D．简易计税

4．下列关于消费税纳税义务发生时间的说法正确的是（　　）。

　　A．赊销方式销售应税消费品的，为提货单交给卖方的当天

　　B．直接收款方式销售应税消费品的，为发货当天

　　C．预收货款方式销售应税消费品的，为收款当天

　　D．将自产应税消费品用于对外投资，为应税消费品移送当天

5．2015 年 6 月，某化妆品厂（增值税一般纳税人）销售自产化妆品一批给某商场，取得销售收入 35.1 万元。化妆品厂该项经济业务应纳消费税税额为（　　）元。（化妆品消费税适用税率为 30%）

　　A．90 000　　　　B．76 923　　　　C．51 000　　　　D．9

6．2015 年 2 月，中国某石油公司（增值税一般纳税人）合计销售汽油 200 万升，取

得销售收入 1 100 万元。该石油公司应纳消费税税额为（　　　）。（该汽油消费税适用税率为 1.4 元/升）

　　A．280 万元　　　　B．200 万元　　　　C．0 元　　　　　D．187 万元

二、多项选择题

1．下列关于消费税和增值税的关系表述不正确的有（　　　）。

　　A．都是流转税

　　B．都是价内税

　　C．都是价外税

　　D．缴纳消费税的纳税人一定缴纳增值税

2．下列属于消费税的应税税目的有（　　　）。

　　A．小汽车　　　　B．手表　　　　C．酒精　　　　D．润滑油

3．在核算消费税的过程中，下列组成计税价格计算公式正确的有（　　　）。

　　A．（材料成本＋加工费）÷（1＋比例税率）

　　B．（材料成本＋加工费＋委托加工数量×定额税率）÷（1－比例税率）

　　C．（成本＋利润－自产自用数量×定额税率）÷（1－比例税率）

　　D．（成本＋利润）÷（1－比例税率）

4．下列应当核算消费税的有（　　　）。

　　A．卷烟厂将一批自产卷烟作为员工节日礼品发放给员工

　　B．某学校在春节时，购进一批大米和食用油作为员工福利发给员工

　　C．某酒吧销售自产啤酒

　　D．赵老师委托加工店将一对黄金戒指加工成黄金耳环

5．消费税纳税人销售应税消费品，自产自用应税消费品，除国务院财政、税务主管部门另有规定外，应当向纳税人（　　　）的主管税务机关申报纳税。

　　A．机构所在地　　B．报关地　　　C．居住地　　　D．销售地

6．自产自用应税消费品，根据比例税率核算消费税时，如果没有同类消费品销售价的，其消费税的核算依据包括（　　　）。

　　A．生产成本　　　B．利润　　　　C．消费税　　　D．增值税

7．消费税纳税人，以（　　　）为一个纳税期的，自期满之日起 15 日内申报纳税。

　　A．1 日、3 日、5 日、10 日　　　　B．15 日

　　C．1 个月　　　　　　　　　　　　D．1 个季度

8．下列行为中应征消费税的有（　　　）。

　　A．进口高档手表　　　　　　　　　B．批发企业向商场批发销售卷烟

　　C．委托加工应税消费品　　　　　　D．酒吧销售自制啤酒

三、判断题

1. 自产自用应税消费品，在核算消费税时，在核算"从价税"时，必须按照组成计税价格核算消费税。（　　）

2. 委托加工应税消费品的消费税纳税人是委托方。（　　）

3. 委托方将收回的委托加工应税消费品用于生产非消费税应税项目、员工福利、投资、广告等（对内对外），均视同应税消费品，应缴纳消费税。（　　）

4. 应税消费品用于连续生产应税消费品，均可以抵扣已税消费税。（　　）

5. 纳税人进口应税消费品，消费税纳税义务发生的时间为报关进口的当日。（　　）

四、材料分析题

1. A 卷烟厂（增值税一般纳税人）2016 年 4 月发生如下经济业务。

（1）A 卷烟厂将自己生产的一批价值 234 000 元的烟丝全部加工生产成卷烟。

（2）A 卷烟厂将 20 箱卷烟，以每箱 29 250 元的价格卖给某商场。

甲类卷烟（每标准条价格 70 元以上，含 70 元），消费税税率为 56% 加 0.003 元/支；乙类卷烟（每标准条价格 70 元以下），消费税税率为 36% 加 0.003 元/支；烟丝消费税税率为 30%。

根据税法，回答以下问题。

（1）判断：A 卷烟厂将自己生产的一批价值 234 000 元的烟丝全部加工生产成卷烟，属于自产自用，应当依法核算消费税税额和增值税税额。

（2）依法核算 A 卷烟厂 2016 年 4 月应纳增值税税额。

（3）依法核算 A 卷烟厂 2016 年 4 月应纳消费税税额。

2. 依法核算下列经济业务中，应纳消费税税额。（①甲类卷烟，每标准条 70 元以上，56% 加 0.003 元/支；乙类卷烟，每标准条不超过 70 元，36% 加 0.003 元/支。②"批发环节"，从 2009 年到 2015 年 5 月 10 日，在卷烟批发环节又加征了一道从价税，税率为 5%；从 2015 年 5 月 10 日起，将卷烟消费税批发环节从价税税率由 5% 提高至 11%，并按 0.005 元/支加征从量税。③中国卷烟的装箱标准：一箱＝5 件，一件＝50 条，一条＝10 包＝200 支。④定额税计算标准：0.003 元/支，0.06 元/包，0.6 元/条，30 元/件，150 元/箱）

（1）2014 年 3 月，某卷烟厂将一批卷烟批发给某省级代理商，批发价格为 180 元/条，批发数量为 200 箱，开具了增值税专用发票。

（2）2014 年 8 月 20 日，某卷烟厂销售一批卷烟，销售价格为 60 元/条，销售数量为 2 500 条。（结果保留两位小数）

（3）2015 年 3 月，某省级经销商将代理经销的某知名品牌甲类卷烟，批发给该省各大超市，批发数量 20 箱，每箱批发价为 48 000 元，并开具了增值税专用发票。（结果保留两位小数）

（4）2016 年 2 月，某省级经销商将代理经销的某知名品牌甲类卷烟，批发给该省城各

大商场，批发数量 10 箱，每箱批发价为 38 000 元。（结果保留两位小数）

（5）2016 年 5 月，某省级经销商将代理经销的某知名品牌乙类卷烟，批发给本省各市批发商，批发总量 60 箱，取得批发收入 112.5 万元。

五、计算题

甲酒类生产公司（增值税一般纳税人）因其所产白酒市场销售情况良好，因业务需要，将一批自产散装白酒（该批白酒 100 吨，价值 1 000 万元），委托乙加工厂（增值税一般纳税人）进行加工包装成精装白酒（每瓶 500 克），双方约定：乙加工厂每瓶收取加工费 5.85 元，辅助材料费 10 元。乙加工厂代收了消费税税金，并开具了增值税专用发票。（乙加工厂无同类白酒销售价格，白酒适用消费税税率为 20%加 0.5 元/500 克）

（1）该批委托加工的应税消费品（白酒）的消费税计税价格如何确定？

（2）应纳消费税税额为多少元？

（3）甲酒类生产公司因委托加工，需要支付增值税进项税额多少元？　第三章第三节答案

第四节　企业所得税

【考点1】企业所得税的概念

企业所得税是对我国企业和其他组织的生产经营所得和其他所得为计税依据而征收的一种所得税。

一、单项选择题

1. 企业所得税属于（　　）。

    A. 流转税　　　　B. 财产税　　　　C. 资源税　　　　D. 所得税

2. 企业所得税的计税依据是（　　）。

    A. 企业全部所得　　　　　　　　B. 企业总收入扣除企业总支出后的余额

    C. 应税所得额　　　　　　　　　D. 企业总营业额

二、判断题

企业所得税和增值税、消费税都属于流转税。　　　　　　　　　　　（　　）

【考点2】企业所得税的纳税人

企业所得税的纳税人，根据登记注册地和实际管理机构所在地分为居民企业和非居民企业。企业所得税纳税人包括国有企业、集体企业、股份制企业、私营企业、联营企业、

外商投资企业、外国企业等，以及有生产、经营所得和其他所得的其他组织，但不包括个人、个人独资企业、合伙企业、个体工商户。

一、单项选择题

1. 下列单位中，不缴纳企业所得税的是（　　）。
   - A. 个人独资企业
   - B. 股份有限公司
   - C. 集体企业
   - D. 有限责任公司

2. 下列属于居民企业的是（　　）。
   - A. 依法在中国境内成立的合伙企业
   - B. 依法在中国境内成立的公司制企业
   - C. 实际管理机构不在中国，但在中国境内设立有机构场所的外国公司
   - D. 在中国境内没有机构场所，但在中国境内有取得收入的外国公司

3. 根据《中华人民共和国企业所得税法》（以下简称《企业所得税法》）的规定，下列企业中属于非居民企业的是（　　）。
   - A. 依法在外国成立但实际管理机构在中国境内的境外公司
   - B. 在中国境内成立的公司制企业
   - C. 依照外国法律设立，在中国境内未设立机构、场所，但有来源于中国境内所得的企业
   - D. 依法在中国境外成立，中国境内未设立机构、场所，也没有来源于中国境内所得的企业

4. 下列单位中，不属于企业所得税纳税人的是（　　）。
   - A. 股份制企业
   - B. 合伙企业
   - C. 在我国有经营机构场所的外国企业
   - D. 有经营所得的其他组织

5. 下列各项中，不属于企业所得税纳税人的是（　　）。
   - A. 在外国成立但实际管理机构在中国境内的企业
   - B. 在中国境内成立的有限责任公司
   - C. 在中国境内成立的个人独资企业
   - D. 在中国境内未设立机构、场所，但有来源于中国境内所得的企业

6. 下列单位中，缴纳企业所得税的是（　　）。
   - A. 个人独资企业　　B. 合伙企业　　　C. 国有企业　　　D. 个体工商户

二、多项选择题

1. 企业所得税的纳税人包括（　　）。

  A. 国有企业   B. 外商投资企业

  C. 上市公司   D. 个人独资企业

2. 下列属于非居民企业的有（ ）。

  A. 某外国人在中国成立的生产型公司

  B. 在中国境内依法成立，但实际管理机构不在中国境内的公司

  C. 某美国公司在中国境内设立的办事机构

  D. 某日本公司不在中国境内设立办事机构，但在中国境内有取得收入

3. 下列无须缴纳企业所得税的有（ ）。

  A. 在中国境内成立的商贸公司

  B. 在中国境内成立的合伙企业

  C. 在中国境内成立的个人独资企业

  D. 不在中国境内成立，但在中国境内设有机构场所的境外公司

三、判断题

1. 企业所得税的纳税人是企业。   （ ）

2. 不在中国境内成立的企业都是非居民企业。   （ ）

【考点3】企业所得税征税对象

居民企业应就来源于中国境内、境外的所得作为征税对象。

一、单项选择题

下列各项中，不属于企业所得税征税对象的有（ ）。

  A. 居民企业来源于境外的所得

  B. 设立机构、场所的非居民企业，其机构、场所来源于中国境内的所得

  C. 未设立机构、场所的非居民企业来源于中国境外的所得

  D. 居民企业来源于中国境内的所得

二、多项选择题

1. 下列符合有关非居民企业征税对象的规定的有（ ）。

  A. 非居民企业在中国境内设立机构、场所的，应当就其所设机构、场所取得的来源于中国境内的所得，以及发生在中国境外但与其所设机构、场所有实际联系的所得，缴纳企业所得税

  B. 非居民企业在中国境内未设立机构、场所的，或者虽设立机构、场所但取得的所得与其所设机构、场所没有实际联系的，应当就其来源于中国境内的所得缴纳企业所得税

C.非居民企业在中国境内设立机构、场所的，只应就其所设机构、场所取得的来源于中国境内的所得缴纳企业所得税

D.所有的企业所得税都只要就其来源于中国境内的所得缴纳企业所得税

2．下列关于企业所得税的说法，错误的有（　　）。

A.国有企业、集体企业、合伙企业均是企业所得税的纳税人

B.依照外国法律成立，未在中国境内设立机构、场所的公司不是我国的企业所得税纳税人

C.居民企业应就其来源于中国境内和境外的全部所得缴纳企业所得税

D.非居民企业仅就其来源于中国境内的所得缴纳企业所得税

3．下列属于企业所得税的征税对象的有（　　）。

A.销售所得　　　　　　　　　　B.转让财产所得

C.偶然所得　　　　　　　　　　D.清算所得

三、判断题

1．居民企业要就来源于境内、境外的所得交税。　　　　　　　　　（　　）

2．非居民企业要就仅来源于境内的所得交税。　　　　　　　　　　（　　）

3．非居民纳税人仅就来源于中国境内所得交企业所得税。　　　　　（　　）

4．一个美国企业卖土豆，企业登记注册地和管理机构都在美国，在中国设有机构卖土豆，机构取得的所得应缴纳企业所得税。　　　　　　　　　　　　　　（　　）

【考点4】企业所得税的税率

企业所得税实行比例税率，其基本税率为25%，优惠税率有20%和15%。在核算企业所得税时，对符合条件的微型企业，减按20%的税率征收企业所得税；对国家重点扶持的高新技术企业，减按15%的税率征收企业所得税。

一、单项选择题

1．现行的企业所得税的税率不包括（　　）。

A.15%　　　　　B.20%　　　　　C.25%　　　　　D.30%

2．某法国企业未在中国境内设立机构、场所，其来源于中国境内的股息、红利所得应向中国政府缴纳的企业所得税实际适用的税率是（　　）。

A.20%　　　　　B.15%　　　　　C.10%　　　　　D.25%

3．根据《企业所得税法》的规定，国家重点扶持的高新技术企业，适用的企业所得税税率是（　　）。

A.10%　　　　　B.15%　　　　　C.20%　　　　　D.25%

4．根据《企业所得税法》的规定，以下适用25%税率的是（　　）。

A. 小型微利企业

B. 在中国境内设立机构、场所且所得与机构、场所有实际联系的非居民企业

C. 在中国境内未设立机构、场所但有来源于中国境内所得的非居民企业

D. 在中国境内虽设立机构、场所但取得所得与境内机构、场所没有实际联系的非居民企业

5. 企业所得税的基准税率是（　　　）。

    A. 25%   B. 20%   C. 15%   D. 10%

6. 符合条件的小型微利企业的企业所得税的适用税率是（　　　）。

    A. 25%   B. 20%   C. 15%   D. 10%

7. 2014 年以来，国务院不断加大对小微企业的税收优惠政策扶持力度，减半征收所得税优惠的范围由年应纳税所得额 6 万元提至 10 万元，后再提至 20 万元，而 2015 年 8 月直接提至 30 万元，范围扩大至所有小微企业。自 2017 年 1 月 1 日至 2019 年 12 月 31 日，将小型微利企业年应纳税所得额上限由 30 万元提高到 50 万元，符合这一条件的小型微利企业所得减半计算应纳税所得额并按（　　　）的优惠税率缴纳企业所得税。

    A. 25%   B. 20%   C. 15%   D. 10%

二、多项选择题

1. 下列税率中，非居民企业所得税不适用的有（　　　）。

    A. 25%   B. 15%   C. 18%   D. 30%

2. 以下适用 25%税率的企业有（　　　）。

    A. 在中国境内的居民企业

    B. 在中国境内设有机构场所，且所得与机构场所有关联的非居民企业

    C. 在中国境内设有机构场所，但所得与机构场所没有实际联系的非居民企业

    D. 在中国境内未设立机构场所的非居民企业

3. 下列应适用 25%的企业所得税税率的有（　　　）。

    A. 在中国境内依法成立的非高新技术股份有限公司

    B. 在中国境内依法成立的，国家需要重点扶持的高新技术企业

    C. 在外国成立，但实际管理机构在中国的公司

    D. 在中国境内依法成立的微型企业

三、判断题

1. 在我国，居民企业的企业所得税的适用税率都是 25%。（　　　）

2. 在我国，对国家需要重点扶持的高新技术企业，减按 15%的税率征收企业所得税。

（　　　）

【考点5】企业所得税的计税依据

企业所得税的计税依据是应税所得额。根据直接计算法，计算公式为

应纳税所得额＝收入总额－不征税收入－免税收入－各项扣除额

－准予弥补的以前年度亏损额

根据间接计算法，计算公式为

应纳税所得额＝利润总额±纳税调整项目金额

基于间接计算法，收入才可能调减，支出、费用及亏损弥补才可能调增。

一、单项选择题

企业所得税的计税依据是企业的（　　）。

A．应纳税额　　　B．收入总额　　　C．利润　　　　　D．应税所得额

二、多项选择题

1．根据直接计算法，居民企业的企业所得税应纳税所得额为收入减去（　　）。

A．不征税收入　　B．免税收入　　　C．各项扣除金额　　D．允许弥补的亏损

2．根据间接计算法，企业所得税的应税所得额＝利润总额＋调增项目金额－调减项目金额，下列可能涉及"调增项目金额"的有（　　）。

A．免税收入　　　B．不征税收入　　C．各项扣除　　　　D．年度亏损弥补

3．根据间接计算法，企业所得税的应税所得额＝利润总额＋调增项目金额－调减项目金额，下列可能涉及"调减项目金额"的有（　　）。

A．免税收入　　　B．不征税收入　　C．各项扣除　　　　D．年度亏损弥补

三、判断题

企业的收入总额就是企业所得税的应税所得额。　　　　　　　　　　　　　（　　）

【考点6】收入总额的概念

收入总额是企业以货币形式或非货币形式从各种来源取得的收入，包括销售收入，转让财产收入，股息、红利等权益性投资收益，利息收入，租金收入，特许权使用费收入，接受捐赠收入，以及其他收入。

一、单项选择题

1．企业下列处置资产行为，应当缴纳企业所得税的是（　　）。

A．将半成品用于连续生产成品

B．将资产在总机构及其分支机构之间转移

C. 将资产赠送他人

D. 改变资产形状、结构或性能

2. 某企业（增值税一般纳税人）接受一批材料捐赠，取得捐赠方按照市场价格开具的增值税专用发票注明价款 10 万元，增值税税额为 1.7 万元（捐赠方支付），受赠方自行支付运费 0.3 万元（取得增值税专用发票）。该批材料入账时接受捐赠收入的金额是（　　）元。

    A. 100 000　　　　B. 117 000　　　　C. 114 000　　　　D. 97 000

3. 某企业（增值税一般纳税人）接受一批材料捐赠，取得捐赠方按照市场价格开具的增值税专用发票注明价款 10 万元，受赠方自行支付增值税 1.7 万元，受赠方自行支付运费 0.3 万元（取得增值税专用发票）。该批材料入账时接受捐赠收入的金额是（　　）元。

    A. 100 000　　　　B. 117 000　　　　C. 114 000　　　　D. 97 000

二、多项选择题

1. 纳税人在计算企业应纳税所得额时，下列项目中应列入收入总额的有（　　）。

    A. 工程价款结算收入　　　　　　B. 固定资产转让收入

    C. 特许权使用费收入　　　　　　D. 没收的包装物押金收入

2. 计算企业所得税时，下列应计入企业收入总额的有（　　）。

    A. 利息收入　　　　　　　　　　B. 租金收入

    C. 接受捐赠收入　　　　　　　　D. 股息、红利等权益性投资收益

3. 企业的收入总额包括以货币形式和非货币形式从各种来源取得的收入，其中"货币形式的收入"包括（　　）。

    A. 现金和存款　　　　　　　　　B. 应收账款和应收票据

    C. 准备持有至到期的债券投资　　D. 债务的豁免

4. 企业的收入总额包括以货币形式和非货币形式从各种来源取得的收入。其中，"非货币形式的收入"包括（　　）。

    A. 固定资产和生物资产　　　　　B. 股权资产

    C. 存货　　　　　　　　　　　　D. 不准备持有至到期的债券投资

5. 下列各项中，应当征收企业所得税的收入有（　　）。

    A. 国库券的转让收入

    B. 因债权人原因确实无法支付的应付款项

    C. 纳税人接收捐赠的实物资产

    D. 企业在建工程发生的试运行收入

【考点 7】不征税收入的项目

不征税收入包括：①财政拨款；②依法收取并纳入财政管理行为的行政性事业收费和

政府性基金；③国务院规定的其他不征税收入。

一、单项选择题

1. 下列收入属于企业所得税不征税收入的是（　　）。
   A. 股权转让收入
   B. 因债权人缘故确实无法偿付的应付款项
   C. 依法收取并纳入财政管理的行政事业性收入
   D. 接受捐赠收入

2. 根据《企业所得税法》的规定，以下收入属于不征税收入的是（　　）。
   A. 财政拨款
   B. 居民企业之间的股息、红利收入
   C. 非营利组织从事营利性活动取得的收入
   D. 国债利息收入

二、多项选择题

1. 下列事项中，属于企业所得税不征税收入的有（　　）。
   A. 财政拨款
   B. 依法收取并纳入财政管理的行政事业性收费、政府性基金
   C. 国债利息收入
   D. 符合条件的居民企业之间的股息、红利等权益性投资收益

2. 下列属于不征税收入的有（　　）。
   A. 财政拨款
   B. 企业根据法律、行政法规等有关规定，代政府收取的具有专项用途的财政资金
   C. 企业取得的经国务院批准的国务院财政、税务主管部门规定专项用途的财政性资金
   D. 国债利息收入

【考点8】免税收入的项目

免税收入包括：①国债利息收入；②符合条件的居民企业之间的股息、红利收入；③在中国境内设立机构、场所的非居民企业从居民企业取得与该机构、场所有实际联系的股息、红利收入；④符合条件的非营利组织的收入。

一、单项选择题

1. 下列各项利息收入中，不计入企业所得税应纳税所得额的是（　　）。
   A. 企业债券利息收入　　　　　　　B. 外单位欠款付给的利息收入

    C. 购买国债的利息收入   D. 银行存款利息收入

  2. 下列项目中，可以免征企业所得税的是（　　　）。

    A. 非营利组织从事营利性活动取得的收入

    B. 社会团体按照省级民政、财政部门规定收取的会费

    C. 学校与外单位联合创办企业的收入

    D. 非货币性资产抵债收入

  3. 下列收入属于企业所得税的免税收入的是（　　　）。

    A. 某居民企业甲公司连续持有居民企业乙公司股票 2 年，现将其股票转让并获得转让收益 2 500 万元

    B. 某居民企业甲公司从 2013 年 2 月起持有居民企业乙公司部分股票，2014 年 4 月获得从乙公司 2013 年度股权分红 50 万元

    C. 某非居民企业 2015 年 4 月开始连续持有居民企业乙公司部分股票，2016 年年初从居民企业乙公司获得股票分红 30 万元

    D. 红十字协会 2015 年获得其他单位的捐赠收入 50 万元

二、多项选择题

  1. 下列收入属于企业所得税免税收入的有（　　　）。

    A. 国债利息收入

    B. 符合条件的居民企业之间的利息、红利收入

    C. 依法收取并纳入财政管理的行政事业性收费

    D. 财政拨款

  2. 下列各项收入中，应当征收企业所得税的有（　　　）。

    A. 取得的国库券利息收入   B. 国库券转让收入

    C. 股票转让净收益   D. 接受的非货币资产捐赠

三、判断题

  1. 在中国境内设立机构、场所的非居民企业从居民企业取得与该机构、场所有实际联系的股息、红利等权益性投资收益为企业所得税的免税收入。（　　　）

  2. 在核算企业所得税时，非营利性组织的收入属于免税收入。（　　　）

【考点 9】准予扣除的项目

    在经营活动中，企业实际发生的与取得收入有关的、合理的支出，包括成本、费用、损失、税金和其他支出等，在核算企业所得税的应税所得额时准予从收入总额中扣除。在核算企业所得税的应税所得额时，准予扣除的税金，不包括增值税、企业所得税；准予按

照不超过工资薪金总额一定比例扣除的有职工福利费、工会经费、职工教育经费；准予按照不超过当年销售（营业）收入一定比例扣除的有业务招待费、广告费和业务宣传费；对超限部分，准予在以后纳税年度结转扣除的有广告费、业务宣传费和职工教育经费。

一、单项选择题

1. 纳税人在计算企业所得税应纳税所得额时，下列项目中，不超过规定比例的准予在税前扣除，超过部分准予在以后纳税年度结转扣除的是（   ）。

    A. 职工福利费　　　　　　　　B. 职工工会经费

    C. 职工教育经费　　　　　　　　D. 社会保险费

2.《企业所得税法》规定，企业发生的职工福利费的列支标准是（   ）。

    A. 不超过工资薪金总额的2%　　　B. 不超过工资薪金总额的14%

    C. 不超过工资薪金总额的2.5%　　D. 不超过工资薪金总额的10%

3. 某企业2015年度销售收入（不含税收入）5 000万元，支出总额2 500万元，其中工资支付总额600万元，职工福利费支出100万元。根据《企业所得税法》及相关法律规定，在核算应税所得额时，实际准予扣除的职工福利费是（   ）万元。

    A. 700　　　　　　B. 100　　　　　　C. 84　　　　　　D. 350

4. 某企业2015年度销售收入（不含税收入）5 000万元，支出总额2 500万元，其中工资支付总额600万元，职工福利费支出80万元。根据《企业所得税法》及相关法律规定，在核算应税所得额时，实际准予扣除的职工福利费是（   ）万元。

    A. 700　　　　　　B. 80　　　　　　C. 84　　　　　　D. 350

5. 根据《企业所得税法》及相关法律规定，企业发生的职工教育经费支出的列支标准是（   ）。

    A. 不超过工资薪金总额的2%　　　B. 不超过工资薪金总额的14%

    C. 不超过工资薪金总额的2.5%　　D. 不超过工资薪金总额的10%

6. 某企业2015年度销售收入（不含税收入）5 000万元，支出总额2 500万元，其中工资支付总额600万元，职工教育经费支出80万元。根据《企业所得税法》及相关法律规定，在核算应税所得额时，实际准予扣除的职工教育经费是（   ）万元。

    A. 62.5　　　　　　B. 80　　　　　　C. 12　　　　　　D. 15

7. 根据《企业所得税法》及相关法律规定，企业发生的工会经费支出的列支标准是（   ）。

    A. 不超过工资薪金总额的2%　　　B. 不超过工资薪金总额的14%

    C. 不超过工资薪金总额的2.5%　　D. 不超过工资薪金总额的10%

8. 某企业2015年度销售收入（不含税收入）5 000万元，支出总额2 500万元，其中工资支付总额600万元，工会经费支出30万元。根据《企业所得税法》及相关法律规定，在核算应税所得额时，实际准予扣除的工会经费是（   ）万元。

A．30　　　　　B．6　　　　　C．12　　　　　D．50

9．根据《企业所得税法》及相关法律规定，企业发生的业务招待费支出的列支标准是（　　）。

　　A．按照实际发生额的 60%，且不超过销售（营业）收入 0.5%

　　B．不超过销售（营业）收入 0.5%

　　C．不超过销售（营业）收入 5%

　　D．按照实际发生额的 60%，且不超过年度利润总额 0.5%

10．某企业 2015 年度销售收入（不含税收入）5 000 万元，支出总额 2 500 万元，其中工资支付总额 600 万元，业务招待费支出 150 万元。根据《企业所得税法》及相关法律规定，在核算应税所得额时，实际准予扣除的业务招待费支出是（　　）万元。

　　A．90　　　　　B．150　　　　　C．25　　　　　D．50

11．某企业 2015 年度销售收入（不含税收入）5 000 万元，支出总额 2 500 万元，其中工资支付总额 600 万元，业务招待费支出 30 万元。根据《企业所得税法》及相关法律规定，在核算应税所得额时，实际准予扣除的业务招待费支出是（　　）万元。

　　A．30　　　　　B．18　　　　　C．25　　　　　D．50

12．根据《企业所得税法》及相关法律规定，企业发生的业务宣传费的列支标准是（　　）。

　　A．按照实际发生额的 60%，且不超过销售（营业）收入 15%

　　B．不超过销售（营业）收入 15%

　　C．不超过收入总额的 15%

　　D．按照实际发生额的 60%，且不超过工资总额 15%

13．某企业 2015 年度销售收入（不含税收入）5 000 万元，支出总额 2 500 万元，其中工资支付总额 600 万元，业务宣传费支出 200 万元。根据《企业所得税法》及相关法律规定，在核算应税所得额时，实际准予扣除的业务宣传费是（　　）万元。

　　A．750　　　　　B．200　　　　　C．90　　　　　D．375

14．根据《企业所得税法》的规定，全年销售收入（不含税收入）为 1 500 万元以下的，其广告费的列支限额是（　　）万元。

　　A．75　　　　　B．225　　　　　C．7.5　　　　　D．180

15．根据《企业所得税法》的规定，公益性捐赠支出，在（　　）总额 12% 以内的部分，准予扣除。

　　A．年度利润　　　　　　　　　B．年度销售（营业）收入

　　C．工资薪金　　　　　　　　　D．发生额

16．某企业（增值税一般纳税人，增值税税率为 17%），2015 年度销售（营业）收入 5 000 万元，营业外收入 500 万元，支出总额 2 500 万元（不包括增值税）。其中，工资支付总额 600 万元，税费及附加 30 万元，业务宣传费支出 200 万元，对外公益性捐赠支出 100 万元，

根据《企业所得税法》及相关法律规定，在核算应税所得额时，实际准予扣除的公益性捐赠支出是（ ）万元。

  A. 360   B. 100   C. 300   D. 72

17. 根据《企业所得税法》及相关法律规定，不得在企业所得税前列支的税金有（ ）。

  A. 增值税   B. 消费税   C. 营业税   D. 土地增值税

18. 根据《企业所得税法》及相关法律规定，企业的利息支出（ ）。

  A. 可以据实扣除

  B. 向银行金融机构支付的贷款利息，可以据实扣除

  C. 向非金融机构支付的贷款利息，可以据实扣除

  D. 向非金融机构支付的贷款利息，不超过同期金融机构贷款利息的部分可以据实扣除，超过部分准予在以后年度扣除

19. 某从事工业品生产的生产企业（增值税一般纳税人），2015 年度销售收入（不含税收入）4 000 万元，实现年度利润总额 2 300 万元，营业外支出 500 万元。其中，向金融机构贷款，支付贷款利息 50 万元。根据《企业所得税法》及相关法律规定，准予税前扣除的贷款利息是（ ）万元。

  A. 50   B. 60   C. 30   D. 20

20. 某从事工业品生产的生产企业（增值税一般纳税人），2015 年度销售收入（不含税收入）4 000 万元，实现年度利润总额 2 300 万元，营业外支出 500 万元。其中，向非金融机构贷款，支付贷款利息 100 万元，若按照同期金融机构贷款利率核算其贷款利息 80 万元。根据《企业所得税法》及相关法律规定，准予税前扣除的贷款利息是（ ）万元。

  A. 100   B. 80   C. 20   D. 50

二、多项选择题

1. 根据《企业所得税法》的规定，以下项目在计算应纳税所得额时，准予扣除的有（ ）。

  A. 土地增值税 B. 管理费用 C. 消费税 D. 企业所得税

2. 下列项目能够在企业所得税前扣除的有（ ）。

  A. 资源税   B. 增值税   C. 土地增值税   D. 印花税

3. 下列各项中，符合企业所得税税前扣除标准的有（ ）。

  A. 企业发生的职工福利费支出，不超过工资薪金总额 14% 的部分准予扣除

  B. 企业拨缴的工会经费，不超过工资薪金总额 2% 的部分准予扣除

  C. 企业拨缴的职工教育经费，不超过工资薪金总额 2.5% 的部分准予扣除，超过部分可以在以后年度扣除

  D. 企业发生的职工福利费、工会经费、职工教育经费都可以据实扣除

4. 下列可以在企业所得税前扣除的有（　　）。

    A. 企业按规定为职工缴纳的"五险一金"

    B. 企业按规定为职工缴纳的补充养老保险费、补充医疗保险费

    C. 企业参加财产保险，按照规定缴纳的保险费

    D. 企业为投资者或职工支付的商业保险费

5. 下列扣除标准符合《企业所得税法》规定的有（　　）。

    A. 发生的符合条件的广告费和业务宣传费支出，不超过当年销售（营业）收入 15% 的部分，准予扣除

    B. 发生的与其生产、经营业务有关的业务招待费支出，按照发生额的 60% 扣除，但最高不得超过当年销售（营业）收入的 5‰

    C. 发生的符合条件的广告费和业务宣传费支出可以据实扣除

    D. 工会经费不超过工资薪金总额的 2% 的部分，准予扣除

6. 在核算企业所得税的应税所得额时，准予按照不超过工资薪金总额一定比例准予扣除的有（　　）。

    A. 职工福利费支出　　　　　　　　B. 职工教育经费支出

    C. 公益性捐赠支出　　　　　　　　D. 工会经费支出

7. 在核算企业所得税的应税所得额时，准予按照不超过当年销售（营业）收入一定比例准予扣除的有（　　）。

    A. 广告费支出　　　　　　　　　　B. 业务宣传费支出

    C. 业务招待费支出　　　　　　　　D. 职工教育经费支出

8. 在核算企业所得税的应税所得额时，按照规定依法扣除后，还有超过部分的，准予在以后纳税年度结转扣除的有（　　）。

    A. 职工福利费支出　　　　　　　　B. 职工教育经费支出

    C. 广告费　　　　　　　　　　　　D. 业务宣传费

9. 在企业所得税核算时，税前扣除项目的原则有（　　）。

    A. 权责发生制原则　　　　　　　　B. 配比原则

    C. 相关性原则　　　　　　　　　　D. 确定性原则

三、材料分析题

1. 某企业 2014 年计入成本、费用中的合理的实发工资 1 000 万元，当年发生的职工工会经费 35 万元，职工福利费 130 万元，职工教育经费 21 万元。根据《企业所得税法》及相关法律规定：

（1）在核算该企业应纳税所得额时，工会经费 35 万元，实际可以扣除（　　）元。

（2）在核算该企业应纳税所得额时，职工福利费 130 万元，实际可以扣除（　　）元。

（3）在核算该企业应纳税所得额时，职工教育经费 21 万元，实际可以扣除（　　）元。

2. 某企业 2014 年销售收入（不含税收入）2 亿元，计入成本、费用中的合理的实发工资 1 200 万元，当年发生的职工工会经费 40 万元，职工福利费 170 万元，职工教育经费 50 万元。根据《企业所得税法》及相关法律规定：

（1）在核算该企业应纳税所得额时，工会经费 40 万元，实际可以扣除（　　）元。

（2）在核算该企业应纳税所得额时，职工福利费 170 万元，实际可以扣除（　　）元。

（3）在核算该企业应纳税所得额时，职工教育经费 50 万元，实际可以扣除（　　）元。

3. 某企业（增值税一般纳税人，适用 17% 的增值税税率，企业所得税适用税率为 25%），2013 年度销售商品收入（不含税收入）1 000 万元，国债利息收入 15 万元，接受捐赠收入 30 万元。合计各项支出 450 万元（不包括增值税），其中，业务招待费支出 15 万元，广告费和业务宣传费 140 万元，税费及附加 6 万元。假定没有其他调整事项。根据《企业所得税法》及相关法律规定：

（1）国债利息收入 15 万元，（　　）。

　　A. 应计入应税所得额

　　B. 属于不征税收入

　　C. 属于免税收入

（2）接受捐赠收入 30 万元，（　　）。

　　A. 应计入应税所得额

　　B. 属于不征税收入

　　C. 属于免税收入

（3）根据直接计算法，实际准予扣除的业务招待费是（　　）元。

（4）根据直接计算法，实际准予扣除的广告费和业务宣传费是（　　）元。

（5）该企业该年度，应税所得额是（　　）元。

（6）该企业该年度，应纳企业所得税税额是（　　）元。

4. 某企业（增值税一般纳税人，适用 17% 的增值税税率，企业所得税适用税率为 25%），2012 年度销售商品收入（不含税收入）500 万元，国债利息收入 5 万元，接受捐赠 20 万元，合计各项支出 150 万元（不包括增值税），其中含业务招待费 10 万元，广告费和业务宣传费 50 万元，税费及附加 3 万元。假定没有其他调整事项。根据《企业所得税法》及相关法律规定。

（1）该企业该年度的年度利润总额是（　　）元。

（2）根据间接计算法，应税所得额＝年度利润总额＋调增项目－调减项目，材料中调增项目总额是（　　）元。

（3）根据间接计算法，应税所得额＝年度利润总额＋调增项目－调减项目，材料中调减项目总额是（　　）元。

（4）该企业该年度的应税所得额是（　　）元。

【考点10】不得扣除的项目

不得在税前扣除的项目包括：向投资者支付的股息、红利等权益性投资收益款项；企业所得税税款和增值税税款；税收滞纳金；罚金（刑事责任）、罚款（行政处罚，是因违反行政法而不是因经济合同违约）和被没收财物（刑事责任）的损失；非公益性捐赠；非广告性赞助支出；当年超限支出部分等。

一、单项选择题

1. 在计算企业所得税应纳税所得额时，下列项目准予从收入总额中扣除的是（　　）。
   A. 合理的工资薪金支出　　　　　B. 各项税收滞纳金、罚款支出
   C. 非广告性赞助支出　　　　　　D. 与取得收入无关的支出

2. 在计算企业所得税应纳税所得额时，下列项目准予从收入总额中扣除的是（　　）。
   A. 违约金　　　　　　　　　　　B. 各项税收滞纳金、罚款支出
   C. 非广告性赞助支出　　　　　　D. 企业所得税税款

3. 根据《企业所得税法》的规定，以下项目在计算应纳税所得额时，准予扣除的是（　　）。
   A. 行政罚款　　　　　　　　　　B. 被没收的财物
   C. 赞助支出　　　　　　　　　　D. 经审批的流动资产盘亏损失

4. 根据《企业所得税法》的规定，在计算应纳税所得额时下列项目可以扣除的是（　　）。
   A. 税收滞纳金
   B. 赞助支出
   C. 非公益性捐赠
   D. 子公司支付给母公司符合公平交易原则的劳务费用

5. 根据《企业所得税法》的规定，下列税金在计算企业应纳税所得额时，不得从收入总额中扣除的是（　　）。
   A. 土地增值税　　　B. 增值税　　　C. 消费税　　　　D. 关税

6. 某居民企业2015年取得利润总额为5 000万元，其中营业外收支和投资收益项目已列收支：通过民政部门向灾区进行公益性捐款100万元，国债利息收入20万元。假设无其他调整事项。根据《企业所得税法》的规定，该居民企业2015年应纳税所得额为（　　）万元。
   A. 4 980　　　　B. 5 040　　　　C. 5 124　　　　D. 5 080

7. 以下各项支出中，可以在计算企业所得税应纳税所得额时扣除的是（　　）。
   A. 支付给母公司的管理费
   B. 按照规定缴纳的财产保险费
   C. 以现金方式支付给某中介公司的佣金

D. 赴灾区慰问时直接向灾区民众发放的慰问金

8. 下列税种在计算企业所得税应纳税所得额时，不准从收入额中扣除的是（   ）。

A. 增值税　　　　B. 消费税　　　　C. 营业税　　　　D. 土地增值税

二、多项选择题

1. 企业的下列支出准予从收入总额中扣除的有（   ）。

A. 向投资者支付的股息等权益性投资收益款项

B. 缴纳的增值税

C. 转让固定资产发生的费用

D. 以经营租赁租入的固定资产而发生的租赁费

2. 在计算企业所得税时不得从收入总额中扣除的有（   ）。

A. 土地增值税　　　　　　　　B. 企业所得税

C. 契税　　　　　　　　　　　D. 被没收财物的损失

3. 计算企业所得税时，下列税金不可以扣除的有（   ）。

A. 营业税　　　　　　　　　　B. 印花税

C. 企业所得税　　　　　　　　D. 允许扣除的增值税进项税额

4. 计算企业所得税时，下列不可以扣除的有（   ）。

A. 税收滞纳金

B. 增值税

C. 计入产品成本的车间水电费用支出

D. 向工资者支付的权益性投资收益款项

5. 在计算企业所得税时，下列支出不得扣除的有（   ）。

A. 向投资者支付的股息、红利等权益性投资收益款项

B. 非广告性赞助支出

C. 税收滞纳金

D. 未经核定的准备金支出

6. 在计算企业所得税时不得扣除的项目有（   ）。

A. 为企业职工子女入托支付给幼儿园的赞助支出

B. 利润分红支出

C. 企业违反销售协议被采购方索取的罚款

D. 违反《中华人民共和国食品安全法》被政府处以的罚款

7. 下列项目中，计征企业所得税时不允许扣除的项目有（   ）。

A. 以经营租赁方式租入的固定资产发生的租赁费

B. 纳税人按规定缴纳的残疾人就业保障金

C. 罚款

D. 为解决职工子女入学，直接捐赠给某小学的计算机

8. 在计算应税所得额时，下列项目中不能从收入总额中扣除的有（　　）。

A. 开空头支票由银行按规定加收的罚息

B. 意外事故损失中有关赔偿的部分

C. 各种广告性的赞助支出

D. 税收滞纳金

9. 下列项目中，在会计利润的基础上应调增应纳税所得额的项目有（　　）。

A. 工资费用支出超标准部分

B. 业务招待费超标准部分

C. 公益、救济性捐赠支出超标准部分

D. 国库券利息收入

三、计算题

1. 某企业 2013 年度实现利润 700 万元，适用税率 25%，营业外支出 180 万元，其中通过红十字会向贫困山区捐款 100 万元，支付税金滞纳金 8 万元。假定没有其他调整事项。

（1）通过红十字会向贫困山区捐款 100 万元，是否属于公益性捐赠？（　　）（选填"是"或"不是"）

（2）在依法核算企业所得税时，通过红十字会向贫困山区捐款 100 万元，实际可以扣除金额是（　　）元。

（3）在依法核算企业所得税时，支付的税金滞纳金 8 万元（　　）税前扣除（选填"能"或"不能"）。

（4）在依法核算企业所得税时，该企业该年度应纳企业所得税税额是（　　）元。

2. 乙公司（增值税一般纳税人，适用 17%的增值税税率，企业所得税税率为 25%）成立于 2013 年，2016 年度发生如下经济业务。

（1）销售商品收入（不含税收入）7 000 万元，转让股权收益 200 万元，接受捐赠收入 15 万元，从某上市公司取得权益性收益（2015 年 8 月份开始持有该公司的股份）120 万元，没收包装物押金收入 40 万元。

（2）各项营业支出 3 000 万元。

（3）支付增值税税金 350 万元，其他税费及附加 42 万元。

（4）营业外支出 500 万元，其中包括银行罚息 10 万元，工商部门罚款 5 万元，因合同违约支付违约金 26 万元，因开空头支票被银行按规定处以罚款 14 万元，税收滞纳金 25 万元，为解决单位员工子女读书向某重点中学捐款 50 万元，通过财政部门向贫困山区捐款 100 万元。

根据《企业所得税法》及相关法律，回答以下问题。

（1）核算 2016 年度会计年度利润。

（2）核算 2016 年度"调减额"。

（3）核算 2016 年度"调增额"。

（4）核算 2016 年度应纳企业所得税的税金。

3. 丙公司（增值税一般纳税人，增值税税率为 17%，企业所得税税率为 25%），2016 年度发生如下经济业务。

（1）销售商品收入（不含税收入）3 000 万元，让渡专利使用权收入 300 万元，包装物出租收入 100 万元，视同销售货物收入 500 万元，转让商标所有权收入 200 万元，接受捐赠收入 20 万元，债务重组收益 10 万元。

（2）各类成本、费用、营业外支出，合计 2 400 万元，其中，发生招待费用 50 万元，广告业务宣传费 200 万元，支付银行罚息 10 万元，支付税收滞纳金 8 万元。

（3）支付增值税 210 万元，税费及附加 24.6 万元，印花税 2 万元。

根据《企业所得税法》及相关法律，回答以下问题。

（1）核算 2016 年度的利润。

（2）核算 2016 年度营业收入额。

（3）核算 2016 年度"调增额"。

（4）核算 2016 年度应纳企业所得税的税额。

【考点 11】亏损弥补

在核算企业所得税的应税所得额时，发生年度亏损的，可以用下一纳税年度的所得弥补，可以逐年延续弥补，但最长不超过 5 年，实行"先亏先补，后亏后补"。

一、单项选择题

1. 甲公司 2012 年度实现利润总额为 320 万元，无其他纳税调整事项。2011 年度甲公司会计利润亏损额为 280 万元，经税务机关核实的亏损额为 300 万元。该公司 2012 年度应缴纳的企业所得税税额为（　　）万元。

    A. 80   B. 5   C. 10   D. 15

2. 某企业 2008 年发生亏损 25 万元，2009 年盈利 12 万元，2010 年亏损 1 万元，2011 年盈利 4 万元，2012 年亏损 5 万元，2013 年盈利 2 万元，2014 年盈利 30 万元。则该企业 2008～2014 年度总计应该缴纳企业所得税税额为（　　）元。

    A. 42 500   B. 50 000   C. 60 000   D. 70 000

二、判断题

1. 企业发生的亏损，可在今后 5 个连续纳税年度内用税前所得进行弥补。（　　）

2. 企业发生亏损，可在今后 5 年内弥补亏损，是指以 5 个盈利年度的利润弥补亏损。

           （　　）

三、计算题

1. 某高新技术企业（符合国家鼓励政策），以软件产品的开发、生产、销售为主要业务。2014 年，其有关的生产经营情况如下。

（1）将自行开发的软件产品销售，取得收入 4 000 万元（不含税价格）；买卖国债取得收益 5 万元；还取得国债利息收入 12 万元；接受捐赠收入 50 万元。

（2）通过财政部门对贫困山区进行公益性捐赠 200 万元。

（3）当年软件产品的销售成本为 1 800 万元；软件产品的销售费用为 350 万元，其中含业务宣传费 25 万元；当年企业发生的管理费用 250 万元，其中含业务招待费 50 万元。

（4）支付增值税 200 万元，税费及附加 24 万元。

（5）该企业上年度尚有亏损 10 万元（未过弥补期限）。

假定无其他调整事项，根据《企业所得税法》及相关法律，在核算企业所得税的过程中：

（1）计算当年境内的应税收入。

（2）核算该企业 2014 年度的会计利润。

（3）计算允许税前扣除的业务宣传费、业务招待费、公益性捐赠。

（4）计算当年境内的应纳税所得额和税额。

2. 甲公司（增值税一般纳税人，执行企业所得税税率 25%）成立于 2013 年，2013 年度应税所得额为 -55 万元，2014 年度利润 10 万元，2015 年度利润 15 万元，广告业务宣传费超出扣除上限 20 万元，2016 年度经济业务如下。

（1）销售商品收入（不含税收入）8 000 万元，会计年度利润 1 000 万元。

（2）向银行支付贷款利息 30 万元，向非银行机构支付利息 80 万元（按同期银行贷款利息为 50 万元），广告费 800 万元，业务招待费 500 万元。

假定无其他调整项目，根据《企业所得税法》及相关法律规定，回答以下问题。

（1）根据间接法核算企业所得税应税所得额，核算 2016 年度的调增额。

（2）核算企业所得税时，2016 年度利润能弥补以前年度亏损多少万元？

（3）核算企业所得税时，2016 年度能结转扣除 2015 年广告宣传费多少万元？

（4）核算 2016 年度企业应纳企业所得税税额。

【考点 12】企业所得税的税收优惠

我国企业所得税的税收优惠政策包括免税与减征优惠、民族自治地方的优惠、加计扣除优惠和其他税收优惠。

一、多项选择题

1. 我国企业所得税的税收优惠包括（　　）。

A．免征与减征优惠　　　　　　B．高新技术企业优惠和小型微利企业优惠

C．非居民企业优惠　　　　　　D．加计扣除优惠

2．下列属于企业所得税的税收优惠中的"加计扣除优惠"的有（　　　）。

A．研究开发费

B．企业安置残疾人员所支付的工资

C．从事国家需要重点扶持和鼓励的创业投资

D．企业购置用于环境保护、节能节水、安全生产等专用设备的投资额

3．企业所得税中的"加速折旧优惠"，是指企业的固定资产由于技术进步等原因，可采取缩短折旧年限方法，加速折旧。采取缩短折旧年限方法的，最低折旧年限不得低于规定折旧年限的60%；采取加速折旧方法的，可以采取双倍余额递减法或年数总和法。下列可采用以上折旧方法的固定资产是指（　　　）。

A．由于技术进步，产品更新换代较快的固定资产

B．常年处于强震动、高腐蚀状态的固定资产

C．由于使用频率高，超负荷运转的固定资产

D．通过融资租赁方式获得的固定资产

4．下列属于企业所得税优惠政策的税额抵免优惠的有（　　　）。

A．创投企业从事国家需要重点扶持和鼓励的创业投资

B．企业购置用于环境保护、节能节水、安全生产等专用设备的投资额

C．小型微利企业

D．高新技术企业

二、判断题

我国目前对国家需要重点扶持的高新技术企业，减按15%的税率征收企业所得税，是我国企业所得税税收优惠政策的重要体现。　　　　　　　　　　　　　　　（　　　）

【考点13】企业所得税的纳税地点

企业所得税的纳税地点包括企业登记注册地、实际管理机构所在地、机构场所所在地、扣缴义务人所在地。

一、单项选择题

1．在我国境内依法设立的居民企业，其企业所得税的纳税地点是（　　　）。

A．企业登记注册地　　　　　　B．实际管理机构所在地

C．机构、场所所在地　　　　　　D．扣缴义务人所在地

2．在我国境外设立的居民企业，其企业所得税的纳税地点是（　　　）。

A. 企业登记注册地   B. 实际管理机构所在地

C. 机构、场所所在地   D. 扣缴义务人所在地

3. 在中国境内未设立机构、场所的，或者虽设立机构、场所但取得的所得与其所设机构、场所没有实际联系的非居民企业，其企业所得税的纳税地点是（   ）。

A. 企业登记注册地   B. 实际管理机构所在地

C. 机构、场所所在地   D. 扣缴义务人所在地

二、多项选择题

企业所得税的纳税地点包括（   ）。

A. 企业登记注册地   B. 实际管理机构所在地

C. 机构、场所所在地   D. 扣缴义务人所在地

三、判断题

居民企业的企业所得税的纳税地点为企业登记注册地。   （   ）

【考点14】企业所得税的纳税期限和纳税申报

我国企业所得税实行按年计算（纳税年度），分月或分季预缴（15日内），年终汇算清缴（年终后5个月内进行）、多退少补的征税方法。

一、单项选择题

我国企业所得税实行按（   ）计算。

A. 年度   B. 季度   C. 半年度   D. 月

二、多项选择题

下列关于我国企业所得税的征收管理说法，正确的有（   ）。

A. 实行按年计征，自年度终了之日起5个月内，向税务机关报送年度企业所得税纳税申报表，并汇算清缴，结清应缴应退税款

B. 实行分月或者分季预缴，自月份或者季度终了之日起15日内，向税务机关报送预缴企业所得税纳税申报表，预缴税款

C. 企业所得税按年计征，分月或者分季预缴，年终汇算清缴，多缴不退，少缴需要补足差额

D. 企业应当在每年度前6个月内汇算清缴上一年度企业所得税

三、判断题

企业在一个纳税年度中间开业，或者终止经营活动，使该纳税年度的实际经营期不足

12 个月的，应当以其实际经营期为一个纳税年度。企业依法清算时，应当以清算期间作为一个纳税年度。　　　　　　　　　　　　　　　　　　　　　　　　　（　　　）

测 试 题

（一）

一、单项选择题

1. 按照《企业所得税法》及其实施条例的规定，下列各项中属于非居民企业的是（　　）。
   - A. 在黑龙江省工商局登记注册的企业
   - B. 在美国注册但实际管理机构在哈尔滨的外资独资企业
   - C. 在美国注册的企业设在苏州的办事处
   - D. 在黑龙江省注册但在中东开展工程承包的企业

2. 下列属于企业所得税纳税人的是（　　）。
   - A. 个人
   - B. 居民企业和非居民企业
   - C. 个人独资企业
   - D. 合伙企业

3. 按照《企业所得税法》及其实施条例的规定，下列有关企业所得税税率的说法不正确的是（　　）。
   - A. 居民企业适用税率为 25%
   - B. 国家重点扶持的高新技术企业减按 15% 的税率征税
   - C. 符合条件的小型微利企业适用税率为 20%
   - D. 未在中国境内设立机构、场所的非居民企业，取得中国境内的所得适用税率为 15%

4. 在核算企业所得税时，对（　　）实行低税率 20%，但实际征收时适用 10% 的税率。
   - A. 居民企业
   - B. 国家重点扶持的高新技术企业
   - C. 符合条件的小型微利企业
   - D. 未在中国境内设立机构、场所的非居民企业，取得中国境内的所得

5. 现行的企业所得税的税率不包括（　　）。
   - A. 15%　　　　B. 10%　　　　C. 25%　　　　D. 30%

6. 企业所得税的计税依据是（　　）。
   - A. 企业全部所得
   - B. 企业总收入扣除企业总支出后的余额
   - C. 应税所得额
   - D. 企业总销售收入

7. 下列情况属于外部移送资产，需缴纳企业所得税的是（　　）。
   - A. 用于职工奖励或福利

B. 将资产在总机构及其分支机构之间转移

C. 改变资产形状、结构或性能

D. 将资产用于生产、制造、加工另一种产品

8. 根据《企业所得税法》的规定，下列收入不属于企业其他收入的是（　　）。

A. 转让生物资产的收入

B. 已做坏账损失处理后有收回的应收款项

C. 经营过程中的违约金收入

D. 汇兑收益

9. 根据《企业所得税法》的规定，下列各项中，不征税收入是（　　）。

A. 国债利息收入

B. 因债权人缘故确实无法偿付的应付款项

C. 依法收取并纳入财政管理的行政事业性收入

D. 接受捐赠收入

二、多项选择题

1. 我国居民企业的判定标准有（　　）。

A. 登记注册地标准　　　　　　　B. 总机构所在地标准

C. 实际管理机构地标准　　　　　D. 生产经营所在地标准

2. 下列各项中，属于企业所得税征收范围的有（　　）。

A. 居民企业来源于境外的所得

B. 设立机构、场所的非居民企业，其机构、场所来源于中国境内的所得

C. 未设立机构、场所的非居民企业来源于中国境外的所得

D. 居民企业来源于中国境内的所得

3. 根据《企业所得税法》的规定，以下适用25%税率的是（　　）。

A. 在中国境内的居民企业

B. 在中国境内设有机构场所，且所得与其机构、场所有关联的非居民企业

C. 在中国境内设有机构场所，但所得与其机构、场所没有实际联系的非居民企业

D. 在中国境内未设立机构场所的非居民企业

4. 纳税人下列行为应视同销售确认所得税收入的有（　　）。

A. 将货物用于投资　　　　　　　B. 将商品用于捐赠

C. 将产品用于集体福利　　　　　D. 将产品用于在建工程

5. 下列属于企业所得税征税对象的有（　　）。

A. 销售所得　　　　　　　　　　B. 转让财产所得

C. 营业外收入　　　　　　　　　D. 清算所得

6. 企业取得的下列收入，属于企业所得税免税收入的有（　　）。

A. 国债利息收入

B. 企业综合利用资源，生产符合国家产业政策规定的产品所取得的收入

C. 居民企业直接投资于其他居民企业取得的投资收益

D. 在中国境内设立机构、场所的非居民企业连续持有居民企业公开发行并上市流通的股票 1 年以上取得的投资收益

三、判断题

1. 企业所得税和增值税、消费税都属于所得税。   （   ）

2. 依照企业所得税法规定，依照外国（地区）法律成立但实际管理机构在中国境内的企业为非居民企业。   （   ）

3. 一家美国企业在中国设机构卖土豆，然后向中国另一家企业转让大豆深加工技术，它与所设机构没有实际联系，但一样缴纳企业所得税。   （   ）

4. 企业的会计年度利润就是企业所得税的应税所得额。   （   ）

5. 在中国境内设立机构、场所的非居民企业从居民企业取得与该机构、场所有实际联系的股息、红利等权益性投资收益为企业所得税的免税收入。   （   ）

6. 企业应税所得额＝收入总额－各项扣除额－准予弥补的以前年度亏损。 （   ）

（二）

一、单项选择题

1. 按照《企业所得税法》及其实施条例的规定，下列各项中属于非居民企业的是（   ）。

   A. 在黑龙江省工商局登记注册的企业

   B. 在美国注册但实际管理机构在哈尔滨的外资独资企业

   C. 在美国注册的企业设在苏州的办事处

   D. 在黑龙江省注册但在中东开展工程承包的企业

2. 下列情况属于外部移送资产，需缴纳企业所得税的是（   ）。

   A. 用于职工奖励或福利

   B. 将资产在总机构及其分支机构之间转移

   C. 改变资产形状、结构或性能

   D. 将资产用于生产、制造、加工另一种产品

3. 根据《企业所得税法》的规定，下列收入不属于企业其他收入的是（   ）。

   A. 转让生物资产的收入

   B. 已做坏账损失处理后有收回的应收款项

   C. 经营过程中的违约金收入

   D. 汇兑收益

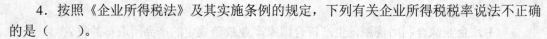

4. 按照《企业所得税法》及其实施条例的规定，下列有关企业所得税税率说法不正确的是（   ）。

　　A. 居民企业适用税率为 25%

　　B. 国家重点扶持的高新技术企业减按 15% 的税率征税

　　C. 符合条件的小型微利企业适用税率为 20%

　　D. 未在中国境内设立机构、场所的非居民企业，取得中国境内的所得适用税率为 15%

5. 某科技型企业（属于国家重点扶持的高新技术企业），2015 年度实现会计年度利润 200 万元，无其他调整项目金额。该企业 2015 年度应纳企业所得税税额为（   ）万元。

　　A. 30　　　　　　B. 20　　　　　　C. 40　　　　　　D. 50

6. 国务院不断加大对小微企业的税收优惠政策扶持力度，减半征收所得税优惠的范围由年应纳税所得额 6 万元提至 10 万元，后再提至 20 万元，而 2016 年提至 30 万元，自 2017 年 1 月 1 日至 2019 年 12 月 31 日，将小型微利企业年应纳税所得额上限由 30 万元提高到 50 万元。某小型微利企业，2016 年度实现会计年度利润 28 万元，无其他调整项目金额。该企业 2016 年度应纳企业所得税税额为（   ）万元。

　　A. 2.8　　　　　　B. 5.6　　　　　　C. 1.4　　　　　　D. 3.5

7. 某国有企业 2014 年 11 月接受捐赠一台生产设备，取得增值税专用发票上注明价款 200 万元，增值税税额为 34 万元。2015 年 6 月进行股份制改造时将其出售，售价为 260 万元（不含税），出售时的清理费用为 3 万元，按税法规定已计提折旧 4 万元；假如不考虑增值税及其他相关税费，该国有企业 2015 年就该转让收入应缴纳企业所得税税额为（   ）万元。

　　A. 75　　　　　　B. 12.5　　　　　　C. 87.5　　　　　　D. 15.25

8. 甲服装生产企业为增值税一般纳税人，2015 年 5 月与乙公司达成债务重组协议，甲以自产的服装抵偿所欠乙公司一年前发生的债务 150 万元（含税），该服装成本 100 万元，市场价值 120 万元（不含税）。就该项经济业务甲企业应纳的企业所得税税额是（   ）万元。

　　A. 6.02　　　　　　B. 6.15　　　　　　C. 3.62　　　　　　D. 7.4

9. 2014 年度某企业财务资料显示，2014 年开具增值税专用发票取得收入 2 000 万元，另外从事运输服务，收入 220 万元。收入对应的销售成本和运输成本合计为 1 550 万元，期间费用、税金及附加为 200 万元，营业外支出 120 万元（其中 90 万元为公益性捐赠支出），上年度企业经税务机关核定的亏损为 30 万元。企业在所得税前可以扣除的捐赠支出为（   ）万元。

　　A. 90　　　　　　B. 40.8　　　　　　C. 42　　　　　　D. 23.4

10. 某公司 2014 年度实现会计利润总额 30 万元。经某注册税务师审核，"财务费用"账户中列支有两笔利息费用：向银行借入生产用资金 100 万元，借用期限 6 个月，支付借款利息 3 万元；经过批准向本企业职工借入生产用资金 80 万元，借用期限 9 个月，支付借款利息 4 万元。该公司 2014 年度的应纳税所得额为（　　）万元。

    A．20   B．30   C．31   D．30.4

11．下列各项中，能作为广告业务宣传费税前扣除限额计提依据的是（　　）。

    A．销售货物收入   B．债务重组收入

    C．转让无形资产所有权的收入   D．确实无法偿付的应付款项

12．某软件开发公司（被认定为重点扶持的高新技术企业）2014 年经税务机关核定的亏损额为 30 万元，2015 年度取得生产经营收入 600 万元，业务招待费实际发生 6 万元，其他应扣除的成本、费用、税金等合计 300 万元。下列说法正确的是（　　）。

    A．该企业可以扣除的业务招待费是 3 万元

    B．该企业 2015 年适用 20% 的优惠税率

    C．2014 年的亏损不得用 2016 年的所得弥补

    D．应纳企业所得税税额是 41.34 万元

二、多项选择题

1．下列各项中，属于企业所得税征收范围的有（　　）。

    A．居民企业来源于境外的所得

    B．设立机构、场所的非居民企业，其机构、场所来源于中国境内的所得

    C．未设立机构、场所的非居民企业来源于中国境外的所得

    D．居民企业来源于中国境内的所得

2．根据《企业所得税法》的规定，以下适用 25% 税率的有（　　）。

    A．在中国境内的居民企业

    B．在中国境内设有机构场所，且所得与其机构、场所有关联的非居民企业

    C．在中国境内设有机构场所，但所得与其机构、场所没有实际联系的非居民企业

    D．在中国境内未设立机构场所的非居民企业

3．纳税人下列行为应视同销售确认所得税收入的有（　　）。

    A．将货物用于投资   B．将商品用于捐赠

    C．将产品用于集体福利   D．将产品用于在建工程

4．下列收入应计入企业收入总额计算征收所得税的有（　　）。

    A．对外投资入股分得的股息、红利 B．接受捐赠的货币性收入

    C．物资及现金的溢余收入   D．违约金收入

5．下列属于不征税收入的有（　　）。

    A．财政拨款

    B．居民企业从居民企业处取得的股权性投资收益

    C．企业取得的经国务院批准的国务院财政、税务主管部门规定专项用途的财政性资金

D．非居民企业从居民企业处取得的股权性投资收益

6．企业取得的下列收入，属于企业所得税免税收入的有（   ）。

A．国债利息收入

B．企业综合利用资源，生产符合国家产业政策规定的产品所取得的收入

C．居民企业直接投资于其他居民企业取得的投资收益

D．在中国境内设立机构、场所的非居民企业连续持有居民企业公开发行并上市流通的股票 1 年以上取得的投资收益

7．下列各项收入中，应当征收企业所得税的有（   ）。

A．取得的股票转让收入　　　　　　B．国库券利息收入

C．非营利性组织取得的经营性收入　D．接受的非货币性资产捐赠

8．企业缴纳的保险金可以在税前直接扣除的有（   ）。

A．为特殊工种的职工支付的人身安全保险费

B．为没有工作的董事长夫人缴纳的社会保险费用

C．为投资者或者职工支付的商业保险费

D．按照规定比例，企业为员工支付的补充养老保险

9．根据《企业所得税法》的规定，在计算企业所得税应纳税所得额时，下列项目不得在企业所得税税前扣除的有（   ）。

A．外购货物管理不善发生的损失　　B．违反法律被司法部门处以的罚金

C．非广告性赞助支出　　　　　　　　D．银行按规定加收的罚息

10．在核算企业所得税的应税所得额时，准予扣除的项目包括（   ）。

A．当年年度的费用、损失、成本等　B．前 5 个纳税年度内的年度亏损

C．上年度职工教育费用的超限部分　D．上年度广告业务宣传费的超限部分

三、判断题

1．企业应税所得额＝收入总额－各项扣除额－准予弥补的以前年度亏损－以前纳税年度准予结转扣除的职工教育经费的超限部分和广告业务宣传费的超限部分。　　（　　）

2．企业职工教育经费的列支标准限额为销售收入的 2.5%。　　　　　　　　（　　）

3．根据企业所得税的应税所得额的间接计算法，不征税收入和广告业务宣传费可能出现调增额。　　　　　　　　　　　　　　　　　　　　　　　　　　　　　　（　　）

4．在采取间接计算法核算企业应税所得额时，企业发生的业务招待费一定出现调增额。　　　　　　　　　　　　　　　　　　　　　　　　　　　　　　　　（　　）

5．在核算企业所得税时，企业支付的罚金、罚款、银行罚息，均不得在税前扣除。　　　　　　　　　　　　　　　　　　　　　　　　　　　　　　　　　（　　）

6．准予在企业所得税税前扣除的税金包括增值税、城市维护建设税与教育费及附加、消费税、印花税。　　　　　　　　　　　　　　　　　　　　　　　　　（　　）

四、计算题

某企业（增值税一般纳税人、居民企业，适用 25% 的企业所得税税率）2012 年度亏损 200 万元，2013 年度盈利 50 万元，2014 年发生如下经济业务。

（1）全年销售收入 15 000 万元，营业外收入 500 万元，其中包括取得国债利息收入 20 万元，违约金收入 10 万元，从居民企业中获得权益性投资收益 80 万元。

（2）应税产品销售成本 3 000 万元。

（3）应税产品销售税金及附加 200 万元。

（4）销售费用 3 100 万元，其中广告及宣传费 1 800 万元。

（5）财务费用 250 万元，其中包括向银行支付的利息 100 万元，向个人借款支付利息 80 万元（按银行同期同档利息核算为 50 万元）。

（6）管理费用 1 200 万元，其中业务招待费 100 万元。

（7）营业外支出 700 万元，其中公益性捐赠支出 100 万元、非公益性捐赠 50 万元、违约金支出 20 万元，支付工商部分罚款 30 万元。

（8）计提工资总额 1 000 万元，实际支付工资总额 900 万元，按照规定计提职工福利费 140 万元，工会经费 20 万元，职工教育经费 25 万元。

要求：根据上述资料和税法有关规定，回答下列问题。

（1）核算该公司 2014 年的会计利润。

（2）核算该公司 2014 年度应计入企业所得税应所得额的收入。

（3）核算该公司 2014 年纳税调整减少额。

（4）核算该公司 2014 年纳税调整增加额。

（5）核算该公司 2014 年实际应纳企业所得税税额。

第三章第四节答案

第五节　个人所得税

【考点1】个人所得税的概念

个人所得税是以个人（自然人）取得的各种应税所得为征税对象所征收的一种所得税。

一、单项选择题

1. 下列属于所得税的是（　　）。

　　A. 车船税　　　　B. 个人所得税　　C. 增值税　　　　D. 土地增值税

2. 我国现行个人所得税采用的是（　　）。

　　A. 分类所得税制　　　　　　　　B. 综合所得税制

C. 混合所得税制　　　　　　　　D. 个别所得税制

二、多项选择题

个人所得税属于（　　　）。

A. 所得税　　　B. 从价税　　　C. 关税　　　D. 地方税

【考点2】个人所得税的纳税人

个人所得税的纳税人不仅包括自然人个人，还包括个体工商户、个人独资企业和合伙企业。个人所得税的纳税人，根据来源地税收管辖权和居民管辖权（住所和居住时间）分为居民纳税人和非居民纳税人。

一、单项选择题

以下属于中国居民纳税人的是（　　　）。

A. 美国人甲 2005 年 9 月 1 日入境，2006 年 10 月 1 日离境

B. 日本人乙来华学习 180 天

C. 法国人丙 2005 年 1 月 1 日入境，2005 年 12 月 20 日离境

D. 英国人丁 2005 年 1 月 13 日入境，2006 年 12 月 10 日至 12 月 31 日离境

二、多项选择题

1. 我国个人所得税的纳税义务人依据（　　　）标准，分为居民纳税人和非居民纳税人。

A. 住所　　　B. 365 天　　　C. 现居民地　　　D. 居住时间

2. 下列人员属于个人所得税居民纳税义务人的有（　　　）。

A. 在中国境内有住所的个人

B. 在中国境内无住所也不在中国境内居住的外籍人员

C. 在中国境内无住所也不在中国境内居住的港澳台同胞

D. 因工作需要被派往中国境外的中国公民

三、判断题

1. 美国人甲 2011 年 9 月 1 日入境，2012 年 10 月 1 日离境，因其在境内居住时间满一年，所以甲属于居民纳税人。　　　　　　　　　　　　　　　　　　　　（　　　）

2. 由于个人独资企业不适用企业所得税法，因此一人有限公司也不适用企业所得税法。　　　　　　　　　　　　　　　　　　　　　　　　　　　　　　　　　（　　　）

3. 某外籍个人 2014 年度在华工作，多次出入境，先后共离境 5 次，每次离境时间分别为 22 天、27 天、18 天、16 天、10 天。该外籍个人 2014 年度是我国的居民纳税人。

（　　　）

4．我国公民王先生受公司委派前往公司驻美国办事处工作，任职时间为一年半。赴美国前，依据政府有关规定，他到户籍管理部门办理了户籍注销手续。王先生在驻美国工作期间，属于我国的居民纳税人。 （ ）

5．日本籍古田先生因在华投资，在中国境内领取了长期居留证并纳入我国的户籍管理范围，其家庭成员、财产及主要经营活动场所均在日本。从 2015 年 1 月 1 日至 2015 年 10 月 1 日，古田先生一直在中国工作，此后因工作需要返回日本。古田先生属于我国居民纳税人。 （ ）

【考点 3】个人所得税的应税项目和税率

个人所得税的应税项目包括工资薪金所得，个体工商户的生产、经营所得，企事业单位的承包经营、承租经营所得，劳务报酬所得，稿酬所得，特许权使用费所得，利息、股息、红利所得，财产租赁所得，财产转让所得，偶然所得和国务院财政部门确定征税的其他所得。个人所得税的适用税率包括比例税率和超额累进税率。

一、单项选择题

根据《中华人民共和国个人所得税法》的规定，我国公民张某于 2013 年 4 月份取得的下列所得中，应缴纳个人所得税的是（ ）。

A．在股市上转让上市公司股票所得 10 万元
B．领取原提存的住房公积金 5 万元
C．转让自用 6 年并且是家庭唯一生活用房取得的收入 100 万元
D．购买体育彩票取得一次中奖收入 2 万元

二、多项选择题

1．下列属于个人所得税征税项目的有（ ）。
A．工资、薪金所得
B．劳务报酬所得
C．个体工商户生产经营所得
D．个人转让上市公司限售股取得的所得

2．下列属于个人所得税征税项目的有（ ）。
A．稿酬所得
B．特许权使用费所得
C．个人投资所获得的利息、股息、红利所得
D．财产租赁所得和偶然所得

【考点4】"工资薪金所得"个人所得税的计算

"工资薪金所得"个人所得税的计算公式为

工资薪金所得应纳个人所得税税额＝（月工资收入－免征额）×适用税率－速算扣除数

一、单项选择题

1．工资薪金所得，应当按（　　）征收个人所得税。

A．次 　　　　B．月 　　　　C．季度 　　　　D．年

2．下列项目中，不构成工资薪金所得应税项目的是（　　）。

A．加班费 　　　　　　　　B．特殊工种补助

C．外聘讲学所得 　　　　　D．奖金

3．下列关于"工资、薪金所得"应纳个人所得税税额的计算公式不正确的是（　　）。

A．（工资薪金所得－免征额）×适用税率－速算扣除数

B．（应得工资－"五险一金"－免征额）×适用税率－速算扣除数

C．应纳税所得额×适用税率－速算扣除数

D．应纳税所得额×适用税率

4．目前，计算工资薪金所得，根据个人所得税应纳个人所得税税额适用的费用扣除金额为（　　）元。

A．2 000 　　　B．3 500 　　　C．4 000 　　　D．5 000

5．2016年10月中国公民王某月薪6 500元，其当月应纳税所得额为（　　）元。

A．195 　　　　B．500 　　　　C．6 500 　　　　D．3 000

6．2016年10月中国公民王某月薪6 500元，其当月应纳个人所得税税额为（　　）元。

A．195 　　　　B．500 　　　　C．6 500 　　　　D．3 000

7．张先生2015年3月份工资薪金所得为3 400元，4月份工资薪金收入7 000元，5月份工资薪金收入12 000元。张先生3～5月合计应缴纳个人所得税税额为（　　）元。

A．245 　　　　B．1 145 　　　　C．1 700 　　　　D．1 390

二、多项选择题

1．下列所得应按"工资、薪金所得"项目征收个人所得税的有（　　）。

A．退休人员再任职取得的收入

B．出版社的专业作者撰写、编写或翻译的作品，由本社以图书形式出版而取得的所得

C．个人在其任职单位担任董事取得的董事费收入

D．编剧从其任职的电视剧制作单位取得的剧本使用费

2. 目前工资薪金应纳个人所得税税额＝（工资薪金收入－3 500 元或 4 800 元）×适用税率－速算扣除数。扣除"4 800 元"的有（　　）。

A. 外商投资企业或外国企业中任职的外籍人员

B. 应聘在中国境内的企、事业单位、社会团体、国家机关中工作的外籍专家

C. 在中国境内有住所而在中国境外任职或者受雇取得工资、薪金所得的个人

D. 华侨、港澳台同胞在境内取得的工资薪金收入

三、计算题

某技术工人 2017 年 2 月的工资结构如下：基本工资 2 640 元，加班工资 2 445 元，生活补贴 500 元，奖金 350 元，当月由个人缴纳"五险一金"合计金额 1 200 元。

（1）核算 2 月工资薪金应税所得额。

（2）核算 2 月应纳个人所得税税额。

（3）核算该技术工人 2 月实得工资。

【考点 5】年终奖、年薪制设计与个人所得税

纳税人取得全年一次性奖金，应单独作为一个月工资薪金所得计算纳税，并根据全年一次性奖金除以 12 的商值确定适用税率和速算扣除数。

一、单项选择题

1. 赵老师 2014 年 12 月的工资为 6 200 元，同时领到 2014 年的年终奖 20 000 元，当月所需缴纳的个人所得税税额为（　　）元。

    A. 2 060　　　　　B. 165　　　　　C. 4 670　　　　　D. 2 165

2. 龙老师 2015 年 12 月的工资为 3 400 元，同时领到 2015 年的年终奖 20 000 元，当月所需缴纳的个人所得税税额为（　　）元。

    A. 0　　　　　B. 2 235　　　　　C. 1 795　　　　　D. 1 885

二、多项选择题

1. "年薪制"工资的发放方式包括（　　）。

A. 全年集中一次发放

B. 年薪全部平均分摊到 12 个月平均发放

C. 将年薪中的一部分按月度工资形式发放，另一部分按年终一次性奖金形式发放

D. 以上 3 种方式都不对

2. 某企业高层管理人员年薪为 100 万元，若采用全年集中一次发放，则关于核算个人所得税的说法正确的是（　　）。

A. 根据一次性奖金除以 12 的方法，确定当月适用个人所得税税率

B. 在对其个人所得税核算时适用税率为 45%，速算扣除数为 13 505 元

C. 应纳个人所得税税额＝雇员当月取得全年一次性奖金×适用税率－速算扣除数

D. 应纳个人所得税税额为 436 495 元

3. 某企业高层管理人员年薪为 100 万元，若采用年薪全部平均分摊到 12 个月平均发放，则关于核算个人所得税的说法正确的是（   ）。

A. 根据一次性奖金除以 12 的方法，确定每个月工薪收入

B. 每月工薪收入适用个人所得税税率为 45%，速算扣除数为 13 505 元

C. 全年应纳个人所得税税额＝每月应纳个人所得税税额×12

D. 应纳个人所得税税额为 269 240 元

4. 某企业高层管理人员年薪为 100 万元，若采用将年薪中的一部分按月度工资形式发放，另一部分按年终一次性奖金形式发放，采用运用平均发放适用税率的上一档税率，并用足该档次税率对应的应纳税所得额级距的上限额。下列核算正确的是（   ）。

A. 第一步：按照平均每月发放，每月平均应税所得额是 79 833.33 元，对应的税率为 35%，速算扣除数为 5 505 元

B. 第二步：采用运用平均发放适用税率的上一档税率，则超过 35 000 元至 55 000 元部分，税率为 30%，速算扣除数为 2 755 元

C. 第三步：按照第二步精神，月平均收入最大额是 58 500 元，全年月度应缴税额为 164 940 元

D. 年终一次发放额是 298 000 元，全年合计缴纳个人所得税税额为 238 435 元

5. 某企业高层管理人员年薪为 100 万元，若采用将年薪中的一部分按月度工资形式发放，另一部分按年终一次性奖金形式发放，如果先用足年终奖适用税率对应级距的上一级级数的上限额，余下的按 12 个月平均发放。下列核算正确的是（   ）。

A. 第一步：根据年终一次性发放，1 000 000÷12≈83 333（元），税率为"超过 80 000 元的部分"，对应的税率为 45%，速算扣除数为 13 505 元。上一级税率为"超过 55 000 元至 80 000 元的部分"，对应的税率为 35%，速算扣除数为 5 505 元

B. 第二步：将年终奖发放安排 80 000×12＝960 000（元），应纳税金 960 000×35%＝336 000（元）

C. 第三步：月度发放合计为 40 000 元，则每月 3 333.33 元。月应税所得额 3 333.33 元＜3 500 元，故不纳税

D. 全年合计缴纳个人所得税税额为 336 000 元

6. 某企业高层管理人员年薪为 100 万元，若采用将年薪中的一部分按月度工资形式发放，另一部分按年终一次性奖金形式发放，如果先用足年终奖适用税率对应级距的上两级级数税率的上限额，余下的按 12 个月平均发放。下列核算正确的是（   ）。

A. 第一步：根据年终一次性发放，1 000 000÷12≈83 333（元），根据商数查税率

表为"超过 80 000 元的部分",对应的税率为 45%,速算扣除数为 13 505 元。上两级税率为"超过 35 000 元至 55 000 元的部分",对应的税率为 30%,速算扣除数为 2 755 元

- B. 第二步:将年终奖发放安排 55 000×12＝660 000(元),应纳税金 660 000×30%＝198 000(元)
- C. 第三步:月度发放合计为 340 000 元,则每月 28 333.33 元。月应税所得额＝28 333.33－3 500＝24 833.33(元),月应纳个人所得税税额＝(340 000÷12－3 500)×25%－1 005＝5 203.33(元)
- D. 全年合计缴纳个人所得税税额＝198 000＋5 203.33×12＝260 440(元)

三、计算题

税法规定,纳税人取得全年一次性奖金,应单独作为一个月工资薪金所得计算纳税,并根据全年一次性奖金除以 12 的商值确定适用税率和速算扣除数。年终一次性奖金越多,是否税后收入就一定越多呢?通过核算以下几种情况得出结论。

(1)张教授在 2015 年 12 月取得单位发放的年终一次性奖励 18 000 元,计算该年终一次性奖金所需缴纳的个人所得税税额。

(2)张教授在 2015 年 12 月取得单位发放的年终一次性奖励 18 001 元,计算该年终一次性奖金所需缴纳的个人所得税税额。

(3)张教授在 2015 年 12 月取得单位发放的年终一次性奖励 54 000 元,计算该年终一次性奖金所需缴纳的个人所得税税额。

(4)张教授在 2015 年 12 月取得单位发放的年终一次性奖励 54 001 元,计算该年终一次性奖金所需缴纳的个人所得税税额。

(5)张教授在 2015 年 12 月取得单位发放的年终一次性奖励 108 000 元,计算该年终一次性奖金所需缴纳的个人所得税税额。

(6)张教授在 2015 年 12 月取得单位发放的年终一次性奖励 108 001 元,计算该年终一次性奖金所需缴纳的个人所得税税额。

(7)张教授在 2015 年 12 月取得单位发放的年终一次性奖励 420 000 元,计算该年终一次性奖金所需缴纳的个人所得税税额。

(8)张教授在 2015 年 12 月取得单位发放的年终一次性奖励 420 001 元,计算该年终一次性奖金所需缴纳的个人所得税税额。

(9)张教授在 2015 年 12 月取得单位发放的年终一次性奖励 660 000 元,计算该年终一次性奖金所需缴纳的个人所得税税额。

(10)张教授在 2015 年 12 月取得单位发放的年终一次性奖励 660 001 元,计算该年终一次性奖金所需缴纳的个人所得税税额。

(11)张教授在 2015 年 12 月取得单位发放的年终一次性奖励 960 000 元,计算该年终

一次性奖金所需缴纳的个人所得税税额。

（12）张教授在 2015 年 12 月取得单位发放的年终一次性奖励 960 001 元，计算该年终一次性奖金所需缴纳的个人所得税税额。

【考点6】"个体工商户的生产经营所得"个人所得税的计算

个体工商户生产经营所得＝（年收入总额－成本、费用、税金、损失、其他支出及允许弥补的以前年度亏损）×适用税率－速算扣除数。

个人独资企业、合伙企业投资者的生产经营所得，按照个体工商户的生产经营所得应税项目计算征收个人所得税。

一、单项选择题

1. 个体工商户的生产经营所得，应当按（　　）征收个人所得税。

　A. 次　　　　　　B. 月　　　　　　C. 季度　　　　　　D. 年

2. 在核算个人所得税税额时，采取按年征税的是（　　）。

　A. 工资薪金所得

　B. 个体工商户的生产经营所得和对企事业单位的承包经营、承租经营所得

　C. 财产租赁所得

　D. 稿酬所得

3. 个体工商户的生产经营所得的应纳个人所得税税额的计算公式，正确的是（　　）。

　A. 应纳税额＝（纳税年度收入总额－成本、费用、相关税金及损失等）×适用税率－速算扣除数

　B. 应纳税额＝（纳税年度收入总额－3 500）×适用税率－速算扣除数

　C. 应纳税额＝（纳税年度收入总额－4 200）×适用税率－速算扣除数

　D. 应纳税额＝（纳税年度收入总额－成本、费用、相关税金及损失等）×适用税率

4. 小小副食店（个体工商户）2013 年全年收入 15 万元，购货成本 8 万元，其他费用 3 万元，当年应纳个人所得税税额为（　　）元。

　A. 4 250　　　　　B. 8 000　　　　　C. 37 750　　　　　D. 0

5. 彩云五金店（个体工商户）2014 年全年收入 22 万元，购货成本 10 万元，其他费用 5 万元，当年应纳个人所得税税额为（　　）元。

　A. 9 750　　　　　B. 21 000　　　　　C. 2 050　　　　　D. 14 750

6. 喜洋洋杂货店（个体工商户）2015 年全年收入 40 万元，购货成本 20 万元，其他费用 10 万元，当年应纳个人所得税税额为（　　）元。

　A. 13 505　　　　B. 31 495　　　　C. 14 750　　　　D. 7 850

二、多项选择题

下列费用中，在计算个体工商户个人所得税应纳税所得额时准予扣除的有（　　）。

A．摊位费　　　　　　　　B．工商管理费

C．个体劳动者协会会费　　D．用于家庭的费用支出

【考点7】"个人对企事业单位的承包经营、承租经营所得"的个人所得税计算

个人对企事业单位的承包经营、承租经营所得的应纳个人所得税计算公式为

应纳个人所得税税额＝（纳税年度收入总额－必要费用）×适用税率－速算扣除数

其中，"必要费用"是指按月减除3 500元，全年12个月，全年合计扣除费用42 000元。

一、单项选择题

1．个人对企事业单位的承包经营、承租经营所得，应当按（　　）征收个人所得税。

A．次　　　　B．月　　　　C．季度　　　　D．年

2．杨先生为中国公民，2015年承包经营一个招待所，全年承包收入80 000元（已扣除上交的承包费），则他2015年应缴纳的个人所得税税额为（　　）元。

A．7 600　　　B．3 750　　　C．3 850　　　D．14 250

二、多项选择题

1．个人对企事业单位的承包经营、承租经营的所得，是指以每一个纳税年度的收入总额，减除必要费用后的余额。下列理解正确的有（　　）。

A．全年承包、承租经营收入总额＝分得的经营利润＋承包者的工资、薪金

B．应税所得＝纳税年度的承包经营、承租经营所得－必要费用

C．必要费用，是指"生计费用"，每月3 500元，全年42 000元

D．承包人个人要上交承包费，这个承包费，是可以在计算个人所得税时扣除的

2．赵先生为中国公民，2015年承包经营一个具有法人资格的招待所（企业），全年会计年度利润80万元，承包费用25万元，下列关于核算赵先生因承包缴纳个人所得税正确的有（　　）。

A．根据《企业所得税法》，招待所依法缴纳企业所得税税额为20万元

B．赵先生承包经营的应税所得额是35万元

C．赵先生承包经营的应税所得额是30.8万元

D．赵先生因承包经营应纳个人所得税93 050元

三、计算题

1．2013年2月1日，李某与事业单位签订承包合同经营招待所，承包期为3年。2015

年招待所实现承包经营利润 200 000 元（未扣除承包人工资报酬），按照合同规定，承包人每年应从承包经营利润中上交承包费 50 000 元。核算 2015 年李某应纳个人所得税税额。

2. 王先生为中国公民，2013～2016 年承包经营一个具有法人资格的企业，每年承包费用 450 万元。2015 年该企业实现会计年度利润 800 万元。核算王先生 2015 年承包经营应纳个人所得税税额。

3. 2015 年 1 月 1 日，杨先生与地处某市区的酒店（居民企业，企业所得税税率为25%）签订承包合同，承包期限 3 年，每年承包费 30 万元。承包合同规定，承包期内不得更改名称，仍然以该酒店的名义对外从事经营业务，有关酒店应缴纳的税费在承包期内由承包人负责，上缴的承包费在每年的经营成果中支付。2015 年杨先生的经营情况如下。

（1）取得住宿费收入 400 万元。

（2）取得餐饮收入 300 万元。

（3）应该扣除的经营成本（不含工资和其他相关税费）250 万元。

（4）年均雇用职工 50 人，支付年工资总额 120 万元，杨先生每月领取工资 5 000 元。

（5）其他与经营相关的费用（含印花税）45 万元。

已知：①餐饮住宿服务业，营业税的税率为 5%；②城市维护建设税：以实际缴纳的"三税"（即增值税、消费税和营业税）之和为计税依据，市区 7%（县城 5%），应纳税额＝实际缴纳的"三税"税额之和×适用税率；③教育费附加：应纳税额＝实际缴纳的"三税"税额之和×适用税率，适用税率为 3%；④地方教育附加：应纳税额＝（增值税＋消费税＋营业税）×2%

要求：

（1）计算 2015 年该酒店应缴纳的与经营有关的各种税款。

（2）计算杨先生 2015 年应缴纳的个人所得税税额。

【考点 8】稿酬所得应纳个人所得税的计算

稿酬所得，实行按次征收个人所得税。连载（加印）合成一次核算，实行比例税率 20%，并减征 30%，实际征收 14%。扣费标准为不足 4 000 元，扣 800 元；超过 4 000 元，扣 20%。

一、单项选择题

1. 稿酬所得，应当按（　　）征收个人所得税。

　　A. 次　　　　　　　　B. 月　　　　　　　　C. 季度　　　　　　　　D. 年

2. 对于稿酬所得在核算个人所得税时，同一作品既在杂志上发表，又在报纸上连载 10 天，应（　　）。

　　A. 合并为一次，征收个人所得税

　　B. 按照 11 次征收个人所得税

　　C. 视为两次征收个人所得税，在杂志上发表为一次，连载 10 天为一次

D. 如果连载与在杂志上发表发生在同一个月,应按一次征税,如果发生在不同月份,以月份为依据,按多次征收

3. 2015 年,我国某作家出版一部长篇小说,2 月份收到预付稿酬 20 000 元,4 月份小说正式出版又取得稿酬 20 000 元;10 月份将小说手稿在境外某国公开拍卖,取得收入 100 000 元,并按该国的有关规定缴纳了个人所得税 10 000 元。该作家以上收入在中国境内应缴纳个人所得税( )元。

    A. 4 480　　　　 B. 10 480　　　　 C. 14 480　　　　 D. 18 800

4. 李某出版一部小说取得稿酬 80 000 元,从中拿出 20 000 元通过国家机关捐赠给受灾地区。李某该笔稿酬应缴纳个人所得税( )元。

    A. 6 160　　　　 B. 6 272　　　　 C. 8 400　　　　 D. 8 960

二、多项选择题

1. 2015 年 7 月,作家郭某取得一次未扣除个人所得税的稿酬收入 50 000 元。在核算个人所得税过程中,下列说法正确的有( )。

    A. 在核算稿酬所得时,应当扣除费用 800 元

    B. 在核算稿酬所得时,应当扣除费用 20%

    C. 应纳个人所得税税额＝50 000×（1－20%）×20%×（1－30%）

    D. 应纳个人所得税税额＝（50 000－800）×20%×（1－30%）

2. 作家梁某,写的某篇文章连载在某刊物上,第一次稿酬 1 000 元,第二次稿酬 1 000 元,连载 5 期,每期稿酬 1 000 元。关于计算李某应纳个人所得税税额说法正确的是( )。

    A. 每次稿酬所得不足 4 000 元,故每次应当扣除费用 800 元

    B. 因为是连载,五次应当合成一次,在核算稿酬所得时,应当扣除费用 20%

    C. 应纳个人所得税税额＝1 000×5×（1－20%）×20%×（1－30%）

    D. 应纳个人所得税税额＝5×（1 000－800）×20%×（1－30%）

三、计算题

1. 2016 年 3 月,某教师取得工资 6 300 元,写网络小说取得稿酬 5 000 元。核算该教师 3 月份应纳个人所得税税额。

2. 作家黄某 2015 年 5 月初在杂志上发表一篇小说,取得稿酬 3 800 元,自 5 月 17 日开始又将该小说在晚报上连载 10 天,每天稿酬 500 元。核算黄某当月应纳个人所得税税额。

【考点 9】劳务报酬所得个人所得税的计算

劳务报酬是指通过劳动应得的收入。区分劳务报酬所得与工资、薪金所得的基本标准

是是否存在雇佣与被雇佣关系。劳务报酬实行按次征收，凡属同一项目连续性收入的，以一个月内取得的收入为一次。扣费标准为不足 4 000 元，扣 800 元；超过 4 000 元，扣 20%。对劳务报酬所得一次收入畸高的，可以实行加成征收个人所得税。

一、单项选择题

1. 以下各项所得中适用"加成征税"的是（　　　）。
   - A. 劳务报酬所得
   - B. 稿酬所得
   - C. 特许权使用费所得
   - D. 财产租赁所得

2. 根据《中华人民共和国个人所得税法》的规定，劳务报酬按次所得纳税，对一次劳务报酬收入畸高的，可以实行加成征收。所谓"收入畸高"是指（　　　）。
   - A. 一次取得的劳务报酬收入的应税所得额超过 10 000 元
   - B. 一次取得的劳务报酬收入的应税所得额超过 20 000 元
   - C. 一次取得的劳务报酬收入超过 10 000 元
   - D. 一次取得的劳务报酬收入超过 20 000 元

3. 下列所得属于劳动报酬所得的是（　　　）。
   - A. 在校学生因参与勤工俭学活动而取得的所得
   - B. 个人提供专有技术获得的报酬
   - C. 个人发表书画作品取得的收入
   - D. 个人出租财产取得的收入

4. 下列关于劳务报酬应税所得额的计算表述正确的是（　　　）。
   - A. 应纳税所得额＝每次收入额－800
   - B. 每次收入不足（不超过）4 000 元：应纳税所得额＝每次收入额－3 500
   - C. 每次收入超过 4 000 元的，扣除 20% 的费用，即应纳税所得额＝每次收入额×（1－20%）
   - D. 应纳税所得额＝每次劳务报酬收入

5. 某大学教授 2016 年 8 月外出进行专题讲座，取得收入 50 000 元。该收入应征个人所得税（　　　）元。
   - A. 13 000
   - B. 12 760
   - C. 10 000
   - D. 8 000

6. 某演员取得税后劳务报酬所得 3 000 元，支付单位应代付的个人所得税为（　　　）元。
   - A. 500
   - B. 520
   - C. 550
   - D. 560

二、计算题

1. 根据《中华人民共和国个人所得税法》的规定，依法对汪某下列收入核算所得税。
（1）2015 年 3 月 6 日，一次取得表演收入 70 000 元。

（2）2015 年 3 月 15 日，某歌星汪某，一次表演收入 7 000 元。

（3）2015 年 3 月 21 日，汪某一次表演收入仅为 2 500 元。

2. 根据《中华人民共和国个人所得税法》的规定，依法对张教授下列收入核算所得税。

（1）2016 年 2 月，外出讲课，一次获得收入 25 000 元。

（2）2016 年 3 月，对某企业提供技术指导，一次获得收入 60 000 元。

（3）2016 年 4 月，对某企业提供项目方案一个，一次获得收入 70 000 元。

3. 李老师假期在外培训机构兼职，2015 年 8 月份取得税后劳务报酬收入 18 000.36 元，核算李老师当月税前劳务报酬收入。

【考点 10】特许权使用费所得应纳个人所得税的计算

特许权使用费所得是指个人提供专利权、商标权、著作权、非专利技术及其他特许权的使用权取得的所得。提供著作权的使用权取得的所得，不包括稿酬所得。个人的特许权使用费所得实行按次征收，适用个人所得税税率为 20%。扣费标准为不足 4 000 元，扣 800 元；超过 4 000 元，扣 20%。

一、单项选择题

1. 个人的特许权使用费所得，应当按（　　）征收个人所得税。

    A. 次　　　　　　　B. 月　　　　　　　C. 季度　　　　　　　D. 年

2. 张某 2015 年特许权使用费一次所得 100 000 元，在核算应税所得额时，准予扣除费用（　　）。

    A. 800 元　　　　　B. 3 500 元　　　　　C. 20%　　　　　D. 4 800 元

3. 某知名作家同意某制片公司将其作品《校花的×××》改编为同名电视剧，如果获得特许权使用费收入 200 万元，该作家应纳个人所得税税额为（　　）元。

    A. 399 840　　　　　B. 400 000　　　　　C. 350 000　　　　　D. 320 000

二、计算题

作家赵先生 2015 年 5 月的收入如下：①在某网站发表连载作品，获得稿酬 10 万元；②准予某电影制片公司，将自己创造的文学作品改编为同名电视剧，并获得收入 50 万元。

核算赵先生当月应纳个人所得税税额。

【考点 11】个人财产转让所得个人所得税的计算

个人财产转让所得以转让财产的收入额扣除财产原值和合理费用后的余额为应纳税所得额，并按 20% 的税率计算应当缴纳的个人所得税。但对个人转让自用 5 年以上并且是家庭唯一生活用房取得的所得，免收个人所得税。

一、单项选择题

李某于 2014 年 3 月将造价 200 万元的别墅，以 400 万元的价格卖给杨某居住。李某建房支付其他费用 50 万元，售房过程中按规定支付交易费等相关税费 13.44 万元。下列说法不正确的是（　　）。

A. 李某转让别墅，属于个人财产转让，适用个人所得税税率 20%

B. 李某转让别墅的应税所得额为 400 万元

C. 李某转让别墅的应税所得额为 136.58 万元

D. 李某转让房产应纳个人所得税 27.312 万元

二、多项选择题

在核算个人财产转让所得时，可以从转让财产的收入总额中扣除的有（　　）。

A. 财产原值

B. 购入财产时购买方承担的税金和费用

C. 转让财产产生的修缮费用（有正规票据）

D. 转让时转让方承担的税费（个人所得税除外）

三、判断题

1. 个人转让自用 5 年以上并且是家庭唯一生活用房取得的所得，免征个人所得税。
（　√　）

2. 个人转让上市公司的股票免征个人所得税。
（　　　）

【考点 12】个人财产租赁所得个人所得税的计算

个人财产租赁所得，实行按月征税。个人财产租赁，定额或定率扣除规定费用后的余额为应纳税所得额。每次收入不超过 4 000 元的，计算公式为

应纳税额＝[每月收入额－准予扣除的税费－修缮费用（800 元为限）－800]×20%

每次收入超过 4 000 元的，计算公式为

应纳税额＝[每月收入额－准予扣除的税费－修缮费用（800 元为限）]
　　　　　　　×（1－20%）×20%

目前对个人出租房屋取得的所得暂减按 10% 的税率缴纳个人所得税。

一、单项选择题

1. 关于个人财产租赁所得的核算，下列说法正确的是（　　）。

A. 每月个人财产租赁收入，先扣财产租赁过程中缴纳的税费，再按票据规定修缮费用（最高以 800 元为限/月），最后按税法规定的费用扣除标准（800 元或 20%）

    B. 每月个人财产租赁收入，先按票据规定修缮费用（最高以 800 元为限/月），再扣财产租赁过程中缴纳的税费，最后按税法规定的费用扣除标准（800 元或 20%）

    C. 每月个人财产租赁收入，先按税法规定的费用扣除标准（800 元或 20%），再扣财产租赁过程中缴纳的税费，最后按票据规定修缮费用（最高以 800 元为限/月）

    D. 每月个人财产租赁收入，先按税法规定的费用扣除标准（800 元或 20%），再按票据规定修缮费用（最高以 800 元为限/月），最后扣财产租赁过程中缴纳的税费

    2. 李阳将自有房屋出租给某公司办公使用，每月取得租赁收入 2 000 元，则其每月应纳个人所得税税额为（　　）元。（不考虑个人出租住房应缴纳的其他税费）

    A. 120   B. 240   C. 320   D. 400

    3. 张先生 2015 年 1 月 1 日开始出租住房一套，每年租金 24 000 元。2015 年 6 月份，因下水道问题，张先生支付修缮费用 500 元，并取得修缮发票。张先生 2015 年 6 月份因房屋出租应纳个人所得税（　　）元。（不考虑个人出租住房应缴纳的其他税费）

    A. 70   B. 240   C. 120   D. 110

    4. 李先生 2014 年 1 月 1 日开始将住房花园洋房（住房）一套出租，每年租金 96 000 元。2015 年 5 月份，因刮大风损坏窗户，李先生支付修缮费用 1 500 元，并取得修缮发票。张先生 2015 年 6 月份因房屋出租应纳个人所得税（　　）元。（不考虑个人出租住房应缴纳的其他税费）

    A. 584   B. 1 168   C. 520   D. 640

    5. 杨某 2016 年 2 月开始将解放牌一套住房出租，10 月份收到第四季度租金 13 500 元，10 月份杨某对该出租住房进行修缮，并支付修缮费用 600 元（取得发票）。杨某因住房出租 10 月份应纳个人所得税税金核算过程的说法正确的有（　　）。（不考虑个人出租住房应缴纳的其他税费）

    A. 10 月份住房租赁收入 13 500 元

    B. 先扣修缮费用 200 元

    C. 再按税法规定的费用扣费标准扣除费用 20%

    D. 10 月份住房出租所得应纳个人所得税＝（13 500÷3－600）(1－20%)×10%＝312（元）

二、多项选择题

    某人有 A、B、C 3 套住房，其中 A、B 2 套用于出租，3 月共收取租金 8 000 元，其中住宅 A 租金 3 999 元，住宅 B 租金 4 001 元，同时 2 套住宅分别发生修缮费用，其中 A 住宅发生 900 元，B 住宅发生 900 元，则下列说法中正确的有（　　）。（不考虑个人出租住房应缴纳的其他税费）

    A. 出租 A 住房应缴纳个人所得税 239.9 元

    B. 出租 A 住房应缴纳个人所得税 229.9 元

    C. 出租 B 住房应缴纳个人所得税 240.1 元

    D. 出租 B 住房应缴纳个人所得税 256.08 元

三、判断题

1. 个人住房出租所得，按年征收个人所得税，适用减按 10% 税率。   (   )

2. 在核算个人财产租赁所得时，准予按照实际发生额扣除修缮费用。   (   )

【考点 13】利息、股息、红利所得，偶然所得，其他所得的个人所得税计算

    利息、股息、红利所得，偶然所得，其他所得个人所得税的按次征收，以每次收入为一次，不扣除任何费用，并执行 20% 的比例税率，有特殊规定的除外。

一、单项选择题

1. 个人利息、股息、红利所得，偶然所得，按（   ）征税。

    A. 年　　　　　　B. 月　　　　　　C. 次　　　　　　D. 季度

2. 李某在一次有奖购物抽奖中，购买了 1 000 元商品，中奖一台价值 3 000 元的电视机。李某应缴纳个人所得税税额为（   ）元。

    A. 200　　　　　B. 300　　　　　C. 400　　　　　D. 600

二、多项选择题

1. 下列（   ）的个人所得税计算适用公式：应纳个人所得税＝每次收入额×20%。

    A. 个人利息、股息、红利所得　　B. 稿酬所得和特许权使用费所得

    C. 偶然所得　　　　　　　　　　D. 其他所得

2. 目前，下列可以免收个人所得税的有（   ）。

    A. 目前个人储蓄存款利息收入所得

    B. 目前个人购买国债利息收入所得

    C. 个人转让上市公司的股票所得

    D. 个人转让自用 5 年以上并且是家庭唯一生活用房取得的收入所得

3. 以下各项个人所得适用累进税率形式的有（   ）。

    A. 工资薪金所得　　　　　　　　B. 个体工商户生产经营所得

    C. 劳务所得　　　　　　　　　　D. 特许权使用费所得

4. 以下各项个人所得适用比例税率形式的有（   ）。

    A. 购买彩票中奖 500 万元　　　　B. 稿酬所得

    C. 财产租赁所得　　　　　　　　D. 承包承租经营所得

5. 在核算个人所得税时，采用"按次征税"的项目有（   ）。

A. 稿酬所得和特许权使用费所得　　B. 劳务报酬所得

C. 财产租赁所得　　D. 股息、红利所得

三、计算题

1. 李先生2015年12月收入构成如下。

（1）个人存款利息收入4 000元。

（2）买卖股票收益15万元。

（3）个人投资获得分红20万元。

（4）获得工资7 500元。

（5）个人住房出租2 500元。

（6）因工作出色，获得单位一次性年终奖108 000元。

根据《中华人民共和国个人所得税法》，依法核算李先生当月应纳个人所得税税额。

2. 中国公民尹某在国内一家企业工作，2015年上半年取得收入的情况如下。

（1）每月工资5 800元，含按照规定缴付的"五险一金"1 200元。（个人所得税适用税率为3%）

（2）1月份取得2014年度年终奖52 000元。

（3）5月份个人住房出租，取得租金收入4 000元，5月份发生房屋修缮费用600元，取得装修公司开具的正式发票。（不考虑租赁期间的其他税费）

（4）6月份取得国债利息收入1 000元，定期储蓄存款利息收入270元，某上市公司发行的企业债券利息收入2 000元。

【考点14】个人所得税的征收管理

我国个人所得税的征收方式包括自行申报和代扣代缴。

一、单项选择题

1. 个人取得的所得，难以界定应纳税所得项目的，由（　　　）。

A. 扣缴义务人确定　　B. 纳税人自行确定

C. 主管税务机关确定　　D. 纳税人与主管税务机关协商确定

2. 我国个人所得税的征收方式是（　　　）。

A. 个人自行申报　　B. 由税务机关上门征收

C. 代扣代缴　　D. 代扣代缴和个人自行申报

二、多项选择题

下列人员应当自行申报个人所得税的有（　　　）。

    A. 年所得 10 万元以上的个人

    B. 从中国境内两处或两处以上取得工资、薪金所得的个人

    C. 从中国境外取得所得的个人

    D. 取得应纳税所得，没有扣缴义务人的个人

三、判断题

  1. 个人所得税的扣缴义务人为向个人支付应纳税所得的企业、事业单位、社会团体、军队、驻华机构、个体户等单位。   （   ）

  2. 单位向本单位个人支付应税所得时，应代扣代缴个人所得税；向外单位个人支付应税所得时不用扣缴个人所得税。   （   ）

  3. 工资、薪金所得应缴纳的个人所得税按月计征，由扣缴义务人或纳税人在次月 7 日内缴入国库。   （   ）

  4. 纳税人从两处或两处以上取得的工资薪金收入，应由纳税人分别在各处收入来源地申报纳税。   （   ）

  5. 扣缴义务人应当按照国家规定办理全员全额扣缴申报。   （   ）

❧── 测 试 题 ──❧

一、单项选择题

  1. 下列关于个人所得税的说法不正确的是（   ）。

    A. 个人所得税和企业所得税属于所得税、工商税、从价税、中央与地方共享税

    B. 我国个人所得税采用分类征收制

    C. 我国将个人所得税纳税人的不同来源、性质的所得项目，分别规定不同的税率征税

    D. 个人所得税属于复合税

  2. 以下属于中国居民纳税人的是（   ）。

    A. 美国人甲 2012 年 3 月 1 日入境，2012 年 11 月 1 日离境

    B. 日本人乙来华学习 180 天

    C. 法国人丙 2013 年 1 月 1 日入境，2013 年 12 月 15 日离境

    D. 英国人丁 2014 年 1 月 2 日入境，2014 年 11 月 20 日离境至 12 月 31 日

  3. 根据《中华人民共和国个人所得税法》的规定，我国公民殷某于 2015 年 3 月份取得的下列所得中，应缴纳个人所得税的是（   ）。

    A. 在股市上转让上市公司股票所得 25 万元

    B. 领取原提存的住房公积金 3 万元

    C. 转让自用 6 年并且是家庭唯一生活用房取得的收入 80 万元

D．购买福利彩票取得一次中奖收入 500 万元

4．下列个人所得在计算应纳税所得额时，采用定额与定率相结合扣除费用的是（　　）。

A．个体工商户的生产、经营所得　　　B．工资薪金所得

C．劳务报酬所得　　　　　　　　　　D．投资分红

5．下列项目中，属于劳务报酬所得的是（　　）。

A．发表论文取得的报酬

B．提供著作的版权而取得的报酬

C．将国外的作品翻译出版取得的报酬

D．高校教师受出版社委托进行审稿取得的报酬

6．个人提供专利权、商标权、著作权、非专利技术的使用权而取得的所得为（　　）。

A．财产转让所得　　　　　　　　　　B．财产租赁所得

C．偶然所得　　　　　　　　　　　　D．特许权使用费所得

7．稿酬所得，一律按应纳税额减征（　　）。

A．20%　　　　B．30%　　　　C．40%　　　　D．50%

8．某演员参加演出的出场费为税后 10 000 元，则其应纳个人所得税为（　　）元。

A．1 600　　　B．1 800　　　C．1 904.76　　　D．2 000

9．国内某作家的一篇小说在一家日报上连载 2 个月，第 1 个月月末报社支付稿酬 2 000 元；第 2 个月月末报社支付稿酬 5 000 元。该作家 2 个月所获稿酬应缴纳的个人所得税为（　　）元。

A．728　　　　B．784　　　　C．812　　　　D．868

10．某高级工程师 2004 年 11 月从 A 国取得特许权使用费收入 20 000 元，该收入在 A 国已缴纳个人所得税 3 000 元；同时从 A 国取得利息收入 1 400 元，该收入在 A 国已缴纳个人所得税 300 元。该工程师当月应在我国补缴个人所得税（　　）元。

A．0　　　　　B．180　　　　C．200　　　　D．280

11．某作家指控某杂志社侵犯其著作权，法院裁定作家胜诉，该作家取得杂志社的经济赔偿款 30 000 元，该赔偿收入应缴纳个人所得税税额为（　　）元。

A．0　　　　　B．3 360　　　C．4 800　　　D．5 200

12．下列项目中计征个人所得税时，允许从总收入中减除费用 800 元的是（　　）。

A．对企事业单位的承租、承包经营所得

B．外企中方雇员的工资、薪金所得

C．提供咨询服务一次取得收入 5 000 元

D．出租房屋收入 3 000 元

13．下列表述不正确的是（　　）。

A．个人发表一篇作品，出版单位分 3 次支付稿酬，则这 3 次稿酬应合并为 1 次征税

B．个人在两处出版同一作品而分别取得稿酬，则应分别单独纳税

C．个人的同一作品连载之后又出书取得稿酬的收入视同再版稿酬分别征税

D．因作品加印而获得稿酬，应就此次稿酬单独纳税

14．下列应税项目中，不能按次计算征收个人所得税的是（　　）。

A．稿酬所得　　　　　　　　　　B．工资、薪金所得

C．特许权使用费所得　　　　　　D．股息、红利所得

二、多项选择题

1．下列人员应当自行申报个人所得税的有（　　）。

A．年所得 12 万元以上的个人

B．从中国境内两处或两处以上取得工资、薪金所得的个人

C．从中国境外取得所得的个人

D．取得应纳税所得，没有扣缴义务人的个人

2．我国个人所得税的纳税义务人依据住所标准和居住时间 2 个标准，分为（　　）。

A．居民纳税人　　　　　　　　　B．非居民纳税人

C．一般纳税人　　　　　　　　　D．小规模纳税人

3．个人所得税的纳税人是指在中国境内有住所，或者虽无住所但在境内居住满 1 年，以及无住所又不居住或居住不满 1 年但有从中国境内取得所得的个人，包括（　　）

A．中国公民　　　　　　　　　　B．个体工商户

C．外籍个人　　　　　　　　　　D．中国香港、澳门、台湾同胞

4．下列各项中应按照，"工资、薪金"所得纳税的有（　　）。

A．个人兼职取得的收入

B．退休人员再任职取得的收入

C．年薪制的年终奖部分

D．为其他单位解决技术难题取得的收入

5．下列所得可以采用五级超额累进税率计缴个人所得税的有（　　）。

A．个体工商户的生产经营所得

B．个人独资企业和合伙企业的经营所得

C．承包经营者取得的承租承包所得

D．财产租赁所得

6．下列个人所得中，适用 20%比例税率的有（　　）。

A．工资、薪金所得　　　　　　　B．偶然所得

C．特许权使用费所得　　　　　　D．企业职工的奖金所得

7．王先生出租房屋取得财产租赁收入在计算个人所得税时，可扣除的费用包括（　　）。

A．租赁过程中王先生缴纳的营业税（"营改增"后为增值税）和房产税

B．根据收入高低使用 800 元或收入 20%的费用扣除标准

C. 王先生付出的该出租财产的修缮费用

D. 租赁过程中王先生缴纳的教育费附加和印花税

8. 下列应计算征收个人所得税的收入有（　　）。

A. 有奖发票中奖 680 元

B. 学生勤工俭学收入 3 000 元

C. 投资分红 50 000 元

D. 保险赔款 2 000 元

9. 下列按工资薪金征税的项目有（　　）。

A. 办理内退手续后至法定退休年龄之间从原单位取得的收入

B. 挂靠出租车管理单位的拥有出租车所有权的个人从事客货运营取得的收入

C. 劳动分红

D. 依法从公积金账户中提取的公积金

10. 下列不属于稿酬所得的项目有（　　）。

A. 摄影作品发表取得的所得

B. 拍卖文学手稿取得的所得

C. 帮企业写发展史取得的所得

D. 帮出版社审稿取得的所得

11. 下列各项个人所得中，应当征收个人所得税的有（　　）。

A. 从企业取得的企业集资利息

B. 从股份公司取得股息

C. 企业债券利息

D. 国家发行的金融债券利息

三、判断题

1. 法国公民史密特先生因公于 2013 年 1 月 1 日来华工作，2013 年 12 月 31 日回国。在此期间，他因出差和旅游先后两次离开中国，每次时间分别为 25 天和 15 天。在计算史密特先生在华居住时间时，为我国个人所得税的居民纳税人。（　　）

2. 居民纳税人应就中国境内、境外取得所得缴纳个人所得税。（　　）

3.《中华人民共和国个人所得税法》规定的应税项目有 10 个。（　　）

4. "工资、薪金所得"适用 5%～45% 的八级超额累进税率。（　　）

5. 个人将其应税所得全部用于公益救济性捐赠的，可不承担缴纳个人所得税义务。（　　）

6. 我国某作家叶某所著一本小说于 2015 年 8 月通过美国的一家出版社出版，并获得该出版社汇来的稿酬 3 000 美元。因叶某为中国居民，则这笔所得应作为来源于中国境内的所得。（　　）

7. 年所得 12 万元以上的纳税人应按规定办理纳税申报。（　　）

8. 从两处或两处以上取得工资、薪金所得的个人，需选择并固定在其中一处向税务机关自行申报纳税。（　　）

9. 我国个人所得税的征收方式是代扣代缴和个人自行申报 2 种。（　　）

四、计算题

1. 某工程师 2015 年 12 月份取得收入如下。

（1）工资 8 000 元，年终一次性奖金 60 000 元。

（2）为其他单位解决技术难题，一次收入 24 000 元。

（3）在外承包工程一年，取得承包收入 150 000 元。

（4）以前发表的专著再版，获得一次收入 120 000 元。

（5）个人住房出租租金 4 600 元，当月支付房屋修缮费用 1 000 元。

根据《中华人民共和国个人所得税法》，依法核算李先生 12 月份应纳个人所得税税额。

2. 中国公民孙某是自由职业者，2014 年收入情况如下。

（1）出版中篇小说一部，取得稿酬 50 000 元，后因小说加印和报刊连载，分别取得出版社稿酬 10 000 元和报社稿酬 3 800 元。

（2）受托对一部电影剧本进行审核，取得审稿收入 15 000 元。

（3）临时担任会议翻译，取得收入 3 000 元。

计算孙某 2014 年应缴纳的个人所得税税额。

第三章第五节答案

第六节　税收征收管理

【考点1】税务登记

税务登记是整个税收征收管理的起点，税务登记种类包括开业登记（设立登记），变更登记，停业、复业登记，注销登记，外出经营报验登记，纳税人税种登记，扣缴义务人扣缴税款登记。

一、单项选择题

1.（　　）是税务机关对纳税人实施税收管理的首要环节和基础工作，是征纳双方法律关系成立的依据和证明，也是纳税人必须履行的义务。

　　A. 税务登记　　　B. 税务申报　　　C. 税款征收　　　　D. 税收保全

2. 从事生产、经营的纳税人领取工商营业执照的，应当自领取工商营业执照之日起30 日内向生产、经营所在地税务机关办理（　　）。

　　A. 开业登记　　　　　　　　　　　B. 外出经营报验登记

　　C. 注销登记　　　　　　　　　　　D. 变更登记

3. 纳税人税务登记内容发生变更，且不符合办理注销登记条件的，应自发生变化之日起 30 日内，持相关证件向原税务机关申报办理（　　）。

A．停业登记　　　　　　　　　　B．外出经营报验登记

C．注销登记　　　　　　　　　　D．变更登记

4．纳税人停业期满未按期复业又不申请延长停业的，税务机关应当视为（　　）。

A．自动注销税务登记

B．自动延长停业登记

C．已恢复营业，实施正常的税收管理

D．纳税人已自动接受罚款处理

5．税务登记的停业、复业登记适用于（　　）。

A．扣缴义务人

B．外商投资企业

C．所有纳税人

D．实行定期定额征收方式的个体工商户

6．实行定期定额征收方式的个体工商户需要停业的，应当向税务机关办理停业登记，其停业期限最长不得超过（　　）。

A．1个月　　　　B．一个半月　　　　C．半年　　　　D．1年

7．纳税人停业期满未按期复业又不申请延长停业的，税务机关应当视为（　　）。

A．自动注销税务登记　　　　　　B．已恢复营业

C．自动延长停业登记　　　　　　D．自动接受罚款处理

8．纳税人住所、经营地址迁移而改变原主管税务机关的，要向原登记机关办理（　　）。

A．外出经营报验登记　　　　　　B．停业登记

C．注销登记　　　　　　　　　　D．变更登记

9．纳税人发生解散、破产、撤销及其他情形，依法终止纳税义务的，应（　　）。

A．先在向税务登记管理机关办理注销税务登记前，向工商管理机关办理注销手续

B．先在向工商管理机关办理注销登记前，向税务登记管理机关办理注销税务登记

C．直接向工商管理机关或有关机关办理注销手续

D．直接向税务登记管理机关办理注销税务登记

10．按照规定不需要在工商管理机关或者其他机关办理注销登记的，应当自有关机关批准或者宣告终止之日起（　　）日内，持有关证件和资料向原税务登记机关办理注销税务登记。

A．10　　　　　B．15　　　　　C．30　　　　　D．60

11．纳税人到外县（市）临时从事生产经营活动时，应当在外出生产经营以前，持有税务登记证向主管税务机关申请办理（　　），并申请开具（　　）。

A．变更登记，外管证　　　　　　B．外出经营报验登记，外管证

C．注销登记，外管证　　　　　　D．开业登记，外管证

12．纳税人到外县（市）临时从事生产经营活动时，税务机关为其核发的《外出经营

活动税收管理证明》，其有效期一般为 30 日，最长不得超过（　　）日。

    A．180   B．120   C．90   D．60

13．已经办理税务登记的纳税人，未按照规定的期限申报纳税的，在税务机关责令其限期改正后，逾期不改正的，税务机关应当派员实地检查，查无下落且无法强制其履行义务的，由检查人员制作非正常户认定书。纳税人被列为非正常户超过（　　）个月的，税务机关可以宣布其税务登记证件失效。

    A．3   B．12   C．1   D．6

14．纳税人遗失税务登记证件的，应当在（　　）日内书面报告主管税务机关，并登报声明作废，同时凭报刊上登记的遗失声明向主管税务机关申请补办税务登记证件。

    A．30   B．20   C．15   D．7

15．扣缴义务人应当自扣缴义务发生之日起（　　）日内，向所在地的主管税务机关申报办理扣缴税款登记，领取扣缴税款登记证件。

    A．7   B．10   C．15   D．30

二、多项选择题

1．税务登记是税务机关对纳税人实施税收管理的首要环节和基础工作，是征纳双方法律关系成立的依据和证明，也是纳税人必须履行的义务。税务登记包括（　　）。

    A．设立登记   B．复业登记

    C．注销登记   D．扣缴义务人扣缴税务登记

2．下列应当办理开业税务登记的有（　　）。

    A．工商局   B．个体工商户

    C．某公司在上海的分公司   D．企业在外地设立的分支机构

3．根据《中华人民共和国税收征收管理法》的规定，纳税人发生的下列情形中，应办理税务注销登记的有（　　）。

    A．纳税人破产   B．纳税人变更法定代表人

    C．纳税人被吊销营业执照   D．纳税人暂停经营活动

4．除按照规定不需要发给税务登记证件的以外，纳税人办理下列（　　）事项时，必须持有税务登记证件。

    A．设立银行账户

    B．申请办理减税、退税、延期申报、延期缴纳税款

    C．办理开业、停业、歇业登记

    D．零购发票、申请开外出经营活动税收管理证明

5．从事生产、经营的纳税人因住所、经营地点变动而涉及改变税务登记机关的，应当在（　　），向原税务登记机关办理注销税务登记，再向迁达地税务机关申报办理税务登记，原税务登记机关在对其注销税务登记的同时，应当向迁达地税务机关提交纳税人迁移通知

书，由迁达地税务机关重新办理税务登记。

    A．向工商行政管理机关申请办理变更或注销登记前

    B．住所、经营地点变动前

    C．向工商行政管理机关申请办理变更或注销登记后

    D．住所、经营地点变动后

三、判断题

1．税款征收是税务机关对纳税人实施税收管理的首要环节和基础工作，是征纳双方法律关系成立的依据和证明，也是纳税人必须履行的义务。（   ）

2．纳税人纳税登记内容发生变化的，应自工商行政管理机关或者其他机关办理变更登记之日起 30 天内，持有关证件向原税务机关申报办理变更税务登记。（   ）

3．纳税人申报办理变更税务登记的，税务机关应当自受理之日起 30 日内，审核办理变更税务登记，并一律重新核发税务登记证件。（   ）

四、材料分析题

某税务局在 2015 年 7 月 13 日的税务检查中，发现甲商店（个体）在当年 6 月 20 日领取工商营业执照后，未申请办理税务登记。据此，该税务局于 2015 年 7 月 15 日做出责令甲商店必须在 7 月 20 日前办理税务登记，预期不办理将根据相关规定处以罚款的决定。根据材料回答 1、2 题。

1．税务登记是税收征收管理的起点，从事生产经营的纳税人应自领取工商营业执照之日起（   ）内申报办理设立税务登记。

    A．10 日   B．20 日   C．30 日   D．1 个月

2．税务机关对甲商店的处理决定，（   ）。

    A．是合法的，从事生产经营的纳税人，在领取工商营业执照后应立即办理税务开业登记

    B．是合法的，从事生产经营的纳税人，在领取工商营业执照后 20 日内办理税务开业登记

    C．不合法的，从事生产经营的纳税人，在领取工商营业执照后 30 日内办理税务开业登记

    D．不合法的，从事生产经营的纳税人，领取工商营业执照后，可以不再办理税务开业登记

【考点 2】发票的种类与分类

发票是一种收付款凭证，是会计核算的原始凭证。我国发票分为增值税专用发票、普通发票和专业发票。普通发票又可以分为行业发票和专用发票。专业发票的使用单位基本

都是国有单位。

一、单项选择题

1. 《中华人民共和国发票管理办法》属于（　　）。
   A. 法律　　　　　B. 行政法规　　　　C. 规章　　　　D. 其他规范性文件

2. 发票是指在购销商品、提供或者接受服务及从事其他经营活动中，开具、收取的（　　）。
   A. 收款凭证　　B. 付款凭证　　　C. 收付款凭证　　　D. 有关凭证

3. 下列由国家税务总局指定的企业统一印制的是（　　）。
   A. 服务业发票　　B. 运输业发票　　C. 契税完税证　　D. 增值税专用发票

4. 下列发票中，属于专业发票的是（　　）。
   A. 增值税发票　　　　　　　B. 广告业发票
   C. 商品房销售发票　　　　　D. 国有铁路客运发票

5. 铁路、公路、水上运输等单位使用的发票为（　　）。
   A. 增值税专用发票　　　　　B. 行业发票
   C. 专用发票　　　　　　　　D. 专业发票

6. 普通发票中能用作商业零售业的统一发票的是（　　）。
   A. 行业发票　　　B. 专用发票　　C. 专业发票　　D. 一般发票

二、多项选择题

1. 发票的种类分为（　　）。
   A. 增值税专用发票　　　　　B. 专业发票
   C. 行业发票　　　　　　　　D. 专用发票

2. 普通发票又分为行业发票和专用发票。发票的种类包括（　　）。
   A. 增值税专用发票　　　　　B. 专业发票
   C. 普通发票　　　　　　　　D. 商业零售发票

3. 我国的专业发票主要包括（　　）。
   A. 事业单位的收费凭证
   B. 国有金融、保险企业的存货、汇兑、转账凭证，保险凭证
   C. 国有邮政、电信企业的邮票、邮单、话务、电报收据
   D. 国有铁路、国有航空企业和交通部门、国有公路、水上运输企业的客票、货票

4. 发票的基本联次包括（　　）。
   A. 存根联　　　B. 发票联　　　C. 记账联　　　D. 备查联

5. 下列关于发票联次的说法，正确的有（　　）。
   A. 发票至少有两联

B. 发票的基本联次有存根联、发票联、记账联

C. 增值税专用发票基本联次包括发票联、记账联、抵扣联；增值税普通发票的基本联次包括发票联和记账联

D. 发票的记账联，用于开具单位财务记账；发票的发票联，用于购货方记账所需；发票的存根联，用于开具单位留存备查；增值税专用发票的抵扣联，用于购货方抵扣进项税额

三、判断题

1. 发票是收付款的凭证，所以收付款的凭证就是发票。　　　　　　（　　）

2. 发票是已收付款的凭证。　　　　　　　　　　　　　　　　　（　　）

【考点3】发票的开具要求

单位和个人应当在发生经营业务、确认营业收入时，才能开具发票；开具发票时，应当符合规定，并在发票联和抵扣联加盖发票专用章。

一、单项选择题

1. 需要临时使用发票的单位和个人，申请代开发票。依照税收法律、行政法规规定应当缴纳税款的，税务机关应当（　　）。

　　A. 先征收税款，再开具发票　　　　B. 先申报税款，再开具发票

　　C. 开具发票同时征收税款　　　　　D. 先开具发票，再征收税款

2. 开具发票应当按照规定的时限、顺序、栏目，全部联次一次性如实开具，并加盖（　　）。

　　A. 发票专用章　　　　　　　　　　B. 财务专用章

　　C. 发票专用章或财务专用章　　　　D. 单位公章

3. 不符合发票开具要求的是（　　）。

　　A. 开具发票时应按号顺序填开，填写项目齐全、内容真实、字迹清楚

　　B. 填写发票应当使用中文

　　C. 可自行拆本使用发票

　　D. 开具发票时限、地点应符合规定

二、多项选择题

1. 《中华人民共和国发票管理办法》规定，禁止（　　）。

　　A. 私自印制、伪造、变造发票

　　B. 非法制造发票防伪专用品、伪造发票监制章

　　C. 在境外印制发票和非法代开发票

  D．携带、邮寄或运输空白发票出入境

 2．下列属于虚开发票行为的有（ ）。

  A．为他人开具与实际经营业务情况不符的发票

  B．为自己开具与实际经营业务情况不符的发票

  C．让他人为自己开具与实际经营业务情况不符的发票

  D．介绍他人开具与实际经营业务情况不符的发票

 3．使用非税控电子器具开具发票的，应当（ ）。

  A．将非税控电子器具使用的软件程序说明资料报主管税务机关备案

  B．按照规定保存开具发票的数据

  C．按照规定报送开具发票的数据

  D．须经主管税务机关审批

 4．（ ）属于未按照发票管理规定使用发票。

  A．转借、转让、介绍他人转让发票、发票监制章和发票防伪专用品

  B．知道或者应当知道是私自印制、伪造、变造、非法取得或者废止的发票而受让、
开具、存放、携带、邮寄、运输

  C．拆本使用发票和扩大发票使用范围

  D．以其他凭证代替发票使用

 5．开具发票的单位和个人应当（ ）。

  A．建立发票使用登记制度

  B．设置发票登记簿

  C．定期向主管税务机关报告发票使用情况

  D．已经开具的发票存根联和发票登记簿，应当保存 5 年。保存期满，自行销毁

【考点 4】发票的管理

  发票的领取和管理应当符合法律的规定，增值税专用发票不得由代理机构代理领取，
已经开具的发票存根联和发票登记簿，应当保存 5 年，保存期满报经主管税务机关查验后
销毁。

一、单项选择题

 1．印制发票应当使用（ ）确定的全国统一的发票防伪专用品。

  A．国务院

  B．国务院税务主管部门

  C．报国家税务总局备案的省级税务机关

  D．省级税务机关

 2．已经开具的发票存根联和发票登记簿，应当保存（ ）。保存期满，报经税务机

关查验后销毁。

　　A．1年　　　　　B．5年　　　　　C．10年　　　　　D．永久

　　3．除国务院税务主管部门规定的特殊情形外，发票限于领购单位和个人在本省、自治区、直辖市内开具。（　　）可以规定跨市、县开具发票的办法。

　　A．国务院税务主管部门　　　　　B．省、自治区、直辖市以上税务机关

　　C．省、自治区、直辖市税务机关　　D．市级以上税务机关

　　4．发票的种类、联次、内容及使用范围由（　　）规定。

　　A．国务院　　　　　　　　　　　B．国务院税务主管部门

　　C．省级以上税务机关　　　　　　D．县级以上税务机关

　　5．主管税务机关根据领购单位和个人的经营范围和规模，确认领购发票的种类、数量及领购方式，在（　　）个工作日内发给发票领购簿。

　　A．1　　　　　　　B．5　　　　　　C．15　　　　　　D．20

　　6．开具发票的单位和个人应当在办理变更或者注销税务登记（　　），办理发票和发票领购簿的变更、缴销手续。

　　A．之前　　　　　B．同时　　　　　C．之后　　　　　D．视具体情况而定

二、多项选择题

　　1．除国务院税务主管部门规定的特殊情形外，任何单位和个人不得跨规定的使用区域（　　）。

　　A．携带空白发票　　　　　　　　B．邮寄空白发票

　　C．运输空白发票　　　　　　　　D．携带、邮寄已开具的发票

　　2．税务机关是发票的主管机关，负责发票（　　）的管理和监督。

　　A．印制和领购　　　B．缴销　　　C．开具、取得　　　D．保管

　　3．需要领购发票的单位和个人，应当持（　　），向主管税务机关办理发票领购手续。

　　A．税务登记证件　　　　　　　　B．税务登记证件或者其他有关证明

　　C．经办人身份证明　　　　　　　D．发票专用章的印模

三、判断题

　　1．填开发票的单位和个人必须在发生经营业务确认营业收入时开具发票。未发生经营业务一律不准开具发票。　　　　　　　　　　　　　　　　　　　　　　（　　）

　　2．发生发票丢失情形时，应当于发现丢失5日书面报告税务机关，并登报声明作废。
　　　　　　　　　　　　　　　　　　　　　　　　　　　　　　　　　　　　（　　）

　　3．不符合规定的发票，不得作为财务报销凭证，单位和个人先接收，并立即向税务机关报告。　　　　　　　　　　　　　　　　　　　　　　　　　　　　　（　　）

【考点5】增值税专用发票

增值税专用发票只限于增值税一般纳税人领购使用，其抵扣联用于增值税进项税额抵扣（需主管税务机关验票），小规模纳税人不得领购增值税专用发票，需要向一般纳税人开具增值税专用发票时，可向主管税务机关申请代开。"营改增"后，部分增值税小规模纳税人可以自开增值税专用发票。

一、多项选择题

下列对增值税专用发票的说法正确的有（　　）。

　A．增值税专用发票属于专用发票，增值税一般纳税人之间可以互开增值税专用发票

　B．增值税专用发票的基本联次为抵扣联、发票联、记账联

　C．增值税小规模纳税人需要开具增值税专用发票的，可向主管税务机关申请代开

　D．应在开具之日起180日内到税务机关办理认证，从2017年7月1日起，应在开具之日起360日内到税务机关办理认证，经认证才能用于抵扣增值税进项税额

二、判断题

1．纳税人销售货物或应税劳务，应当向购买方，包括消费者开具增值税专用发票。

（　　）

2．小规模纳税义务人实行简易征税办法，不会用到增值税专用发票。　　（　　）

3．增值税一般纳税人申请抵扣的防伪税控系统开具的增值税专用发票必须自该专用发票开具次日起90天内到税务机关认证。　　　　　　　　　　　　　　（　　）

【考点6】纳税申报

纳税人在缴纳税款前，需要依法办理纳税申报；无论纳税人是否有应纳税款，是否享有税款减免，是否在税款减免期间，均需依法办理纳税申报。纳税申报的方式包括直接申报、邮寄申报、数据电文申报、简易申报及其他方式。其他方式是指除直接申报、邮寄申报和数据电文申报以外的纳税申报方式。

一、单项选择题

1．纳税人、扣缴义务人本人自行到税务机关办理纳税申报或者报送代扣代缴，代收代缴报告表的纳税申报方式为（　　）。

　A．直接电话申报　　　　　　　　B．直接申报

　C．数据电文申报　　　　　　　　D．简易申报

2．经税务机关批准的纳税人和扣缴义务人，使用统一规定的纳税申报特快专递专用信

封，通过邮政部门办理交寄手续，并向邮政部门索取收据作为申报凭据的方式。这种纳税申报方式是（　　）。

　　A．直接电话申报　　　　　　B．邮寄申报

　　C．数据电文申报　　　　　　D．其他申报

　　3．经税务机关批准的纳税人和扣缴义务人，经由电子手段、光学手段或类似手段生存、储存或传递的信息，进行纳税申报的方式属于（　　）。

　　A．直接电话申报　　　　　　B．简易申报

　　C．数据电文申报　　　　　　D．其他申报

　　4．实行定期定额的纳税人以缴纳税款凭证代替申报或简并征期，这种纳税申报方式属于（　　）。

　　A．直接申报　　　　　　　　B．简易申报

　　C．数据电文申报　　　　　　D．其他申报

二、多项选择题

　　1．纳税申报的方式有（　　）。

　　A．直接电话申报　　　　　　B．邮寄申报

　　C．数据电文申报　　　　　　D．简易申报

　　2．下列属于其他纳税申报方式的有（　　）。

　　A．直接申报和邮寄申报　　　B．数据电文申报

　　C．简易申报　　　　　　　　D．委托他人代理报税

　　3．下列属于纳税申报的直接申报方式的有（　　）。

　　A．到办税服务厅申报　　　　B．到巡回征收点申报

　　C．到代征点申报　　　　　　D．直接打电话到办税服务厅申报

　　4．纳税人采取邮寄方式申报纳税的，应当（　　）。

　　A．使用特快专递邮寄

　　B．以邮政部门收据为申报凭据

　　C．以寄出地的邮政局邮戳日期为实际申报日期

　　D．通过邮政部门办理交寄手续

　　5．纳税人和扣缴义务人的纳税申报和代扣代缴、代收代缴税款报告的主要内容包括（　　）。

　　A．税种、税目，应纳税项目或代扣代缴、代收代缴税款项目

　　B．适用税率或单位税额、计税依据、扣除项目及标准

　　C．应纳税额或代扣代缴、代收代缴税额

　　D．税款所属期限、延期缴纳税款、欠税、滞纳金、应减免税项目及税额

　　6．纳税人因有特殊情况，不能按期进行纳税申报的，经县级以上税务机关核准，可以

延期申报。延期缴纳税款申请中所讲的特殊困难是指（   ）。

  A．企业因不可抗力，导致其发生较大损失，生产经营活动受到较大影响或导致生产经营长期中断

  B．企业因雪灾，导致其发生损失，但经过企业的努力已正常生产

  C．企业因投资过量，当期货币资金在扣除应付职工工资、社会保险费后，不足以缴纳税款

  D．企业因"三角债务"的长期存在，当期货币资金在扣除应付职工工资、社会保险费及应付账款后，不足以缴纳税款

三、判断题

1．纳税人、扣缴义务人可以直接到税务机关办理纳税申报或者报送代扣代缴、代收代缴税款报告表，也可以按照规定采取邮寄、数据电文或者其他方式办理上述申报、报送事项。（   ）

2．实行定期定额缴纳税款的纳税人，经税务机关批准，可以采用简易申报等申报纳税方式。（   ）

【考点7】税款征收的方式

  税款征收是税收征收管理的中心环节，是全部税收征收工作的目的和归宿。税款征收方式包括："三查"（查账征收、查定征收、查验征收）、"双定"（定期定额征收）、"一核"（核定征收）、"三代"（代扣代缴、代收代缴、委托代征税款）及其他方式。

一、单项选择题

1．税务机关针对财务健全的纳税人，依据纳税申报表、财务会计报表和其他有关税务资料，计算税款、填写缴款书或完税证明，由纳税人到银行划解税款的征收方式是（   ）。

  A．查账征收 B．查定征收 C．查验征收 D．定期定额征收

2．根据《中华人民共和国税收征收管理法》的规定，对于生产经营规模较小、产品零星、税源分散、会计账册不健全，但能控制原材料或进销货的纳税人（工矿企业），适用的税款征收方式是（   ）。

  A．查账征收 B．查定征收 C．查验征收 D．定期定额征收

3．对经营品种单一，经营地点、时间、商品来源不固定，会计核算不健全的纳税单位（商业企业），实行的税款征收方式是（   ）。

  A．查账征收 B．查定征收 C．查验征收 D．定期定额征收

4．对没有记账能力、无法查实其销售收入或经营收入或所得额的个体工商户，实行（   ）税款征收方式。

  A．查账征收 B．查定征收 C．查验征收 D．定期定额征收

5. 对于没账、有账但账不全、逾期不办理纳税申报、申报的计算依据明显偏低且无正当理由的纳税人，实行（　　）税款征收方式。

    A. 查账征收　　　B. 查定征收　　　C. 查验征收　　　D. 核定征收

6. 对负有扣缴税款的法定义务人，实行的税款征收方式是（　　）。

    A. 代扣代缴　　　B. 代收代缴　　　C. 查定征收　　　D. 核定征收

7. 对负有收缴税款义务的单位或个人，实行（　　）税款征收方式。

    A. 代扣代缴　　　B. 代收代缴　　　C. 查定征收　　　D. 核定征收

8. 税务机关委托代征人以税务机关的名义征收税款的方式是（　　）。

    A. 代扣代缴　　　B. 代收代缴　　　C. 委托代征　　　D. 核定征收

9. 税务机关对纳税申报人的应税产品进行查验后征税，并贴上完税证、查验证或盖查验戳。该种税款征收方式属于（　　）。

    A. 查账征收　　　B. 查定征收　　　C. 查验征收　　　D. 定期定额征收

二、多项选择题

1. 税款的征收方式有（　　）。

    A. 定期定额征收　　　　　　　　B. 委托征收

    C. 代扣代缴、代收代缴　　　　　D. 查账征收、查定征收、查验征收

2. 其他税款征收方式包括（　　）。

    A. 邮寄申报纳税　　　　　　　　B. IC 卡纳税

    C. 自计自填自缴　　　　　　　　D. 自报核缴方式

3. 根据《中华人民共和国税收征收管理法》的规定，下列情形中税务机关有权核定其应纳税额的有（　　）。

    A. 依照规定可以不设置账簿的

    B. 依照规定应当设置但是没有设置账簿的

    C. 虽设置账簿，但账目混乱或者成本资料、收入凭证、费用凭证残缺不全，难以查账的

    D. 规模较小，按查账征收征税成本较大的企业

三、判断题

1. 查验征收适用于纳税人财务制度不健全，生产经营不固定，零星分散、流动性大的纳税人。（　　）

2. 税款征收是税务机关对纳税人实施税收管理的首要环节和基础工作。（　　）

3. 对于设置了账簿的企业，税务机关只能采用查账征收的方式征收税款。（　　）

【考点8】税收保全与税收强制执行

税务机关在税收征收过程中，为确保国家税收收入，可依法采取税收保全和税收强制执行措施。税收保全和税收强制执行两者，具有"两同、两异"。"两同"指批准级次、不适用的财产范围；"两异"指被执行人范围和执行手段。

一、单项选择题

1. 纳税人违法事实成立，税务机关欲对纳税人采取税收保全措施或税收强制执行措施的，应当经（　　）批准。
　　A. 县级以上税务局（分局）局长　　B. 市级及以上税务局局长
　　C. 区级税务机关负责人　　　　　　D. 县级以上税务局局长

2. 从事生产、经营的纳税人、扣缴义务人未按规定的期限缴纳或者解缴税款，纳税担保人未按照规定的期限缴纳所担保的税款，由税务机关责令限期缴纳。逾期仍未缴纳的。经县级以上税务局（分局）局长批准，税务机关可以采取的措施是（　　）。
　　A. 税收保全　　B. 没收财产　　C. 强制执行　　D. 刑事拘留

3. 私营企业法人李先生欠税 1 000 000 元，经税务机关多次催缴，李先生拒不缴纳所欠税款，现税务机关决定对其采取强制执行措施。下列各项中，不在强制执行范围之内的是（　　）。
　　A. 银行存款　　B. 小轿车　　C. 仓库里的商品　　D. 家用电视机

二、多项选择题

1. 下列关于税务机关实施税收保全措施理解正确的有（　　）。
　　A. 只适用于从事生产、经营的纳税人
　　B. 必须有根据认为纳税人有明显的转移，隐匿其应纳税财产等行为或迹象
　　C. 必须在规定的纳税期之前和责令限期缴纳之内
　　D. 必须在纳税人不肯或不能提供担保

2. 税收保全措施包括（　　）。
　　A. 书面通知开户银行，冻结纳税人的金额相当于应纳税款的存款
　　B. 扣押纳税人的价值相当于应纳税款的商品、货物或者其他财产
　　C. 查封纳税人的价值相当于应纳税款的商品、货物或者其他财产
　　D. 扣押、查封纳税人的所有财产

3. 下列项目中属于适用税收强制执行措施的条件有（　　）。
　　A. 仅适用从事生产经营的纳税人
　　B. 税收强制执行措施必须发生在责令期满之后
　　C. 采取税收强制措施前，应当报经县以上税务局（分局）局长批准

D. 对逾期不履行法定义务的纳税人等管理相对人必须告诫在先，执行在后

三、判断题

税务机关采取强制执行措施时，纳税人、扣缴义务人、纳税担保人未缴纳的滞纳金同时强制执行，个人及所抚养家属维护生活所必需的住房和用品，不在强制执行措施的范围内。　　　　　　　　　　　　　　　　　　　　　　　　　　　　（　　）

【考点9】税款的退还与追征

税务机关对纳税人多征收的税款，具有立即退还的义务；税务机关对纳税人少缴的税款具有追征的权利。

一、单项选择题

1. 关于税款追征与退还的说法，正确的是（　　　）。
   A. 纳税人多缴的税款，税务机关发现后应当立即退还
   B. 纳税人多缴的税款，自结算税款之日起5年内发现的，可以向税务机关要求退还
   C. 纳税人多缴的税款退回时，应加算银行同期贷款利息
   D. 由于税务机关适用法规错误导致纳税人少缴税款，税务机关可以在3年内补征税款和加收滞纳金

2. 如果在5月31日之前发现李某有转移财产的迹象，税务机关可以采取的措施有（　　　）。
   A. 强制征收　　　　　　　　　　B. 扣押货物
   C. 责令李某提供纳税担保　　　　D. 定期定额征收

二、多项选择题

下列有关追征税款的说法，正确的有（　　　）。
   A. 因税务机关的责任，致使纳税人、扣缴义务人未缴或少缴税款的，税务机关可以在3年内追征税款和滞纳金
   B. 因纳税人计算错误等失误，未缴或者少缴税款的，税务机关可以在10年内追征税款
   C. 对骗税的，税务机关可以无限期追征其未缴或少缴的税款、滞纳金
   D. 因纳税人、扣缴义务人计算错误等失误，未缴或者少缴税款的，税务机关在3年内可以追征税款、滞纳金

【考点10】税务检查

税务检查是税务机关依法行使税收征收管理的权利之一，是对纳税人、扣缴义务人履

行纳税义务、扣缴义务和其他有关涉税业务事项进行审查、核算和监督活动的总称。

一、单项选择题

税务机关对纳税人以前纳税期的纳税情况依法进行税务检查时，发现纳税人有逃避纳税义务的行为，并有明显的转移、隐匿其应纳税的商品、货物、其他财产或者应纳税收入的迹象的，可以按照批准权限采取税收保全措施或强制措施。税务机关采取税收保全的期限一般不超过（　　）个月，重大案件需要延长的，应当报国家税务总局批准。

    A. 3   B. 6   C. 12   D. 1

二、多项选择题

1. 下列关于税务检查的陈述，正确的有（　　）。

    A. 经县以上税务局（分局）局长批准，凭全国统一格式的检查存款账户许可证明，查核从事生产、经营的纳税人、扣缴义务人在银行或者其他金融机构的存款账户

    B. 税务机关派出人员进行税务检查时，应当出示税务检查证

    C. 税务机关可以检查扣缴义务人的有关私人情况

    D. 税务机关可以检查纳税人的存款账户，但是不可以查看嫌疑人的储蓄存款

2. 下列关于税务机关行使税务检查权的表述，符合税法规定的有（　　）。

    A. 到纳税人的住所检查应纳税的商品、货物和其他财产

    B. 责成纳税人提供与纳税有关的文件、证明材料和有关资料

    C. 到车站检查纳税人托运货物或者其他财产的有关单据、凭证和资料

    D. 经县税务局长批准，凭统一格式的检查存款账户许可证，查询案件涉嫌人员的储蓄存款

3. 税务机关的税务检查权利包括（　　）。

    A. 查账权   B. 场地检查权

    C. 责成提供资料权   D. 询问权

【考点11】税务代理

纳税人可以委托税务代理机构在法定的代理范围内依法代理相关税务相关事宜。税务代理具有公开性、自愿性、有偿性、独立性、确定性五大特征。

一、单项选择题

1. 税务代理人必须在法律范围内为被代理人办理税收事宜，独立、公正地执行业务，既维护国家利益，又保护委托人的合法权益。反映了税务代理（　　）特征。

    A. 公正性   B. 自愿性   C. 有偿性   D. 独立性

2. 税务代理机构与国家行政机关、纳税人和扣缴义务人等没有行政隶属关系，既不受

税务行政部门的干预，又不受纳税人、扣缴义务人所左右，独立代办税务事宜。反映了税务代理（   ）特征。

    A．公正性　　　　B．自愿性　　　　C．确定性　　　　D．独立性

  3．税务代理机构是社会中介机构，它不是国家行政机关的附属机构，因此，同其他企事业单位一样要自负盈亏，提供有偿服务，通过代理取得收入并抵补费用，获得利润。反映了税务代理（   ）特征。

    A．公正性　　　　B．自愿性　　　　C．有偿性　　　　D．独立性

  4．税务代理人的税务代理范围，是以法律、行政法规和行政规章的形式确定的（法定代理范围）。因此，税务代理人不得超越规定的内容从事代理活动。税务机关按照法律、行政法规规定委托其他代理外，代理人不得代理应由税务机关行使的行政权力。反映了税务代理（   ）特征。

    A．公正性　　　　B．确定性　　　　C．有偿性　　　　D．独立性

二、多项选择题

  1．税务代理是指代理人接受纳税主体的委托，在法定的代理范围内依法代其办理相关税务事宜的行为。其税务代理具有（   ）特点。

    A．公正性　　　　B．自愿性　　　　C．有偿性　　　　D．独立性

  2．属于税务代理业务范围的有（   ）。

    A．办理纳税、退税和减免税申报

    B．办理企业所得税财产损失的鉴证

    C．办理增值税专用发票的发票领购手续

    D．办理增值税一般纳税人资格认定申请

【考点 12】税收法律责任

  税收法律责任是指税收法律关系的主体，无论是纳税人，还是税务机关，因违反税收法律制度所应承担的法律后果。税收法律责任依其性质和形式不同，可以分为行政责任和刑事责任；根据承担法律责任主体的不同，可以分为纳税人的责任、扣缴义务人的责任、税务机关及其工作人员的责任。

一、多项选择题

  1．税收法律责任分为（   ）。

    A．纳税人违反税法的行为及其法律责任

    B．扣缴义务人的违法行为及其法律责任

    C．税务人员的违法行为及其法律责任

    D．国家机关的违法行为及其法律责任

2．违反税法的法律责任，主要包括行政责任和刑事责任。其税务违法的行政处罚责任包括（　　）。

    A．责令限期改正　　　　　　　　B．罚款和没收财产

    C．收缴未用发票和暂停供应发票　　D．停止出口退税权

3．税务违法的刑事处罚包括（　　）。

    A．拘役　　　　　B．判处徒刑　　　　C．罚金　　　　　D．剥夺政治权利

4．根据《中华人民共和国税收征收管理法》的规定，对扣缴义务人应扣未扣的税款，下列选项中，不正确的有（　　）。

    A．由税务机关向扣缴义务人追缴税款

    B．由税务机关向纳税人追缴税款

    C．对扣缴义务人处以应扣未扣税款 50% 以上 3 倍以下的罚款

    D．对纳税人处以未缴税款 50% 以上 3 倍以下的罚款

5．下列各项中，属于税务代理的法定业务的有（　　）。

    A．办理税务登记

    B．办理除增值税专用发票外的发票领购手续

    C．制作涉税文书

    D．提供审计报告

6．《中华人民共和国税收征收管理法》规定了税收优先权，主要内容包括（　　）。

    A．税务机关征收税款，税收优先于无担保债权，法律另有规定的除外

    B．纳税人欠缴的税款发生在纳税人以其财产设定抵押、质押或者纳税人的财产被留置之前的，税收应当先于抵押权、质押权和留置权执行

    C．罚款、没收违法所得优先于税收，即纳税人欠缴税款，同时又被行政机关决定处以罚款、没收违法所得的，罚款、没收违法所得优先于税收

    D．以上答案都正确

二、判断题

税收法律责任主要包括民事责任和行政责任。　　　　　　　　　　　　　　　（　　）

【考点 13】税务行政复议

当事人（纳税人、扣缴义务人、纳税担保人及其他税务当事人）对税务机关及其工作人员做出的税务具体行政行为不服的，享有依法向上一级税务机关（复议机关）申请复议的权利，但该权利的行使有时效限制。

一、单项选择题

根据税收征收管理制度的规定，对国家税务总局做出的具体行政行为不服的，向（　　）

申请行政复议。

  A. 国家税务总局   B. 财政部

  C. 国务院   D. 人民法院

二、判断题

  1. 纳税人、扣缴义务人、纳税担保人对行政复议决定不服的，可以依法向人民法院起诉。   （ ）

  2. 纳税人、扣缴义务人、纳税担保人同税务机关发生争议，可以不缴纳税款及滞纳金或者提供相应担保，直接申请行政复议。   （ ）

  3. 申请人对征税行为不服的，应当先向行政复议机关申请行政复议；对行政复议不服的，不得向人民法院提起行政诉讼。   （ ）

三、材料分析题

  某县税务局在 2014 年 6 月进行了以下的税务活动。

  （1）6 月 1 日实施检查中，发现某商店（个体）2014 年 5 月 20 日领取营业执照后，未申请办理税务登记。据此，该税务所于 2014 年 6 月 3 日做出责令该商店必须在 2014 年 6 月 20 日前办理税务登记，逾期不办理的，将按《中华人民共和国税收征收管理法》有关规定处以罚款的决定。

  （2）6 月 12 日接到群众举报，辖区内为民服装厂（个体）开业近 2 个月尚未办理税务登记。经查，该服装厂 2014 年 4 月 24 日办理工商营业执照，4 月 26 日正式投产，没有办理税务登记。根据检查情况，税务局于 6 月 16 日做出责令为民服装厂于 6 月 23 日前办理税务登记并处以 500 元罚款的决定。

  （3）某企业财务人员 2010 年 7 月采取虚假的纳税申报手段少缴营业税 5 万元。2014 年 6 月，税务人员在检查中发现了这一问题，要求追征这笔税款。该企业财务人员认为时间已过 3 年，超过了税务机关的追征期，不应再缴纳这笔税款。

  （4）某服装厂逾期未缴纳税款，该局征管科送达了催缴税款通知书进行催缴，服装厂依然未按期缴纳税款，于是经该征管科科长批准，扣押了服装厂价值相当于应纳税款的服装。

  根据材料，回答 1～5 题。

  1. 根据事项（1），从事生产、经营的纳税人，应当自领取营业执照之日起（ ）日内，向生产、经营地或者纳税义务发生地的主管税务机关申报办理税务登记。

  A. 15   B. 30   C. 60   D. 90

  2. 根据事项（2），针对税务局的处理决定，下列表述正确的有（ ）。

  A. 处理决定有效

  B. 处理决定无效

  C. 未按照规定期限申报办理税务登记，由税务机关责令限期改正，并依法处以罚款

3. 根据事项（3），下列表述正确的有（　　　）。

　　A. 税务机关可以追征这笔税款

　　B. 税务机关不可以追征这笔税款

　　C. 对偷税、抗税、骗税的，税务机关可以无限期追征其未缴或者少缴的税款、滞纳金或者所骗取的税款

　　D. 对偷税、抗税、骗税的，税务机关应在 3 年内追征其未缴或者少缴的税款、滞纳金或者所骗取的税款

4. 如果是因税务机关的责任，致使纳税人、扣缴义务人未缴或者少缴税款的，税务机关在（　　　）内可以要求纳税人、扣缴义务人补缴税款，但是不得加收滞纳金。

　　A. 1 年　　　　　　　　B. 3 年　　　　　　　　C. 5 年　　　　　　　　D. 无限期

5. 根据事项（4），税务机关采取强制执行措施时必须经（　　　）批准。

　　A. 县级以上税务局（分局）局长　　　　B. 市级以上税务局局长

　　C. 省级以上税务局局长　　　　　　　　D. 县级人民政府

❦—— 测 试 题 ——❦

一、单项选择题

1. 根据《中华人民共和国税收征收管理法》及其实施细则的规定，企业向税务机关申报办理税务登记的时间是（　　　）。

　　A. 自领取营业执照之日起 15 日内　　B. 自领取营业执照之日起 30 日内

　　C. 自申请营业执照之日起 45 日内　　D. 自申请营业执照之日起 60 日内

2. （　　　）是纳税人履行纳税义务、承担法律责任的主要依据，是税务机关税收管理信息的主要来源和展开税务管理的一项重要制度。

　　A. 税务登记　　　B. 税务申报　　　C. 税款征收　　　D. 税收保全

3. 纳税人税务登记内容发生变化的，应当向（　　　）申报办理变更税务登记。

　　A. 地（市）级税务机关　　　　　　B. 县（市）级税务机关

　　C. 原税务登记机关　　　　　　　　D. 原工商登记机关

4. 纳税人到外县（市）临时从事生产经营活动时，应当在外出生产经营以前，持有税务登记证向主管税务机关申请办理（　　　），并申请开具外管证。

　　A. 变更登记　　　　　　　　　　　B. 外出经营报验登记

　　C. 注销登记　　　　　　　　　　　D. 开业登记

5. 发票是指在购销商品、提供或者接受服务及从事其他经营活动中，开具、收取的（　　　）。

　　A. 收款凭证　　　B. 付款凭证　　　C. 收付款凭证　　　D. 已收付款凭证

6. 普通发票中能用作商业批发统一发票的是（　　　）。

A. 行业发票　　　B. 专用发票　　　C. 专业发票　　　D. 一般发票

7. 已经开具的发票存根联和发票登记簿，应当保存（　　）。保存期满，报经税务机关查验后销毁。

A. 1 年　　　　　B. 5 年　　　　　C. 20 年　　　　D. 永久

8. 对经营品种单一，经营地点、时间、商品来源不固定，会计核算不健全的纳税单位（商业企业），实行的税款征收方式是（　　）。

A. 查定征收　　　B. 查验征收　　　C. 定期定额征收　　D. 核定征收

9. 如果在 5 月 31 日之前发现李某有转移财产的迹象，税务机关可以采取的措施有（　　）。

A. 税收强制征收措施　　　　　B. 税收保全措施

C. 责令李某提供纳税担保　　　D. 定期定额征收

10. 税务代理人实施税务代理行为，应当以纳税人，扣缴义务人自愿委托和自愿选择为前提。反映了税务代理（　　）特征。

A. 公正性　　　B. 自愿性　　　C. 有偿性　　　D. 确定性

二、多项选择题

1. 下列组织或个人中应该办理税务登记的是（　　）。

A. 个体工商户

B. 从事生产经营的事业单位

C. 无固定生产经营场所的流动性农村小商贩

D. 享有免税优惠的商品经销部

2. 下列关于发票的联次说法正确的有（　　）。

A. 发票至少有三联

B. 发票的基本联次有存根联、发票联、记账联

C. 增值税专用发票基本联次包括发票联、记账联、抵扣联；增值税普通发票的基本联次包括发票联和记账联

D. 发票的记账联，用于开具单位财务记账；发票的发票联，用于购货方记账所需；发票的存根联，用于开具单位留存备查；增值税专用发票的抵扣联，用于购货方抵扣进项税额

3. 下列关于发票开具要求的表述错误的有（　　）。

A. 未发生经营业务不得开具发票

B. 开具发票时应按号顺序填开

C. 所有发票使用者填写发票都只能使用中文

D. 发票开具时限可以进行任意调整

4. 除国务院税务主管部门规定的特殊情形外，任何单位和个人不得跨规定的使用区

域（　　）。

    A．携带空白发票　　　　　　　B．邮寄空白发票

    C．购买空白发票　　　　　　　D．携带、邮寄已开具的发票

5．纳税人采取邮寄方式申报纳税的，应当（　　）。

    A．使用普通邮寄

    B．以邮政部门收据为申报凭据

    C．以寄出地的邮政局邮戳日期为实际申报日期

    D．通过邮政部门办理交寄手续

6．纳税人因有特殊情况，不能按期进行纳税申报的，经县级以上税务机关核准，可以延期申报。延期缴纳税款申请中所讲的特殊困难是指（　　）。

    A．企业因不可抗力，导致其发生较大损失，生产经营活动受到较大影响或导致生产经营长期中断

    B．企业因雪灾，导致其发生损失，虽然经过企业的努力但仍未能恢复正常生产

    C．企业因投资过量，当期货币资金在扣除应付职工工资、社会保险费后，不足以缴纳税款

    D．企业因"三角债务"的长期存在，当期货币资金在扣除应付职工工资、社会保险费及应付账款后，不足以缴纳税款

7．税务机关可以对（　　）实施税收保全措施或税收强制执行措施。

    A．机动车辆

    B．单价 10 000 元以上的生活用品

    C．金银饰品

    D．被执行人扶养家属维持生活的必需用品

8．税务违法的刑事处罚包括（　　）。

    A．管制　　　　B．判处徒刑　　　　C．罚金　　　　D．剥夺政治权利

三、判断题

1．纳税人申报办理变更税务登记的，税务机关应当自受理之日起 30 日内，审核办理变更税务登记，纳税人税务登记表和税务登记证中的内容都发生变更的，税务机关变更后的内容重新核发税务登记证件；纳税人税务登记表的内容发生变更而税务登记证中的内容未发生变更的，税务机关不重新核发税务登记证件。（　　）

2．符合规定的发票，不得作为财务报销凭证，任何单位和个人有权拒收。（　　）

3．增值税发票分为增值税专用发票和增值税普通发票，其中增值税专用发票的基本联次分为存根联、发票联、抵扣联和记账联。（　　）

4．企业将自产的货物用于非应税项目、集体福利或个人消费，应视同销售计算销项税额，不得开具增值税专用发票。（　　）

5. 实行定期定额缴纳税款的纳税人，经税务机关批准，可以采用直接申报的申报纳税方式。 （　　　）

6. 申请人对征税行为以外的其他具体行政行为不服的，应当先向行政复议机关申请行政复议；对行政复议不服的，可以向人民法院提起行政诉讼。 （　　　）

四、材料分析题

个体工商户刘某因为其他原因改变了企业名称，按照规定需要到税务机关办理变更税务登记。

根据材料内容回答1～5题。

1. 刘某应自工商行政管理机关或者其他机关变更登记之日起向税务机关申报办理变更税务登记的时间是（　　　）日。

　　A. 15　　　　　　B. 30　　　　　　C. 60　　　　　　D. 180

2. 应当申报变更税务登记的情况有（　　　）。

　　A. 改变法定代表人　　　　　　B. 企业解散

　　C. 改变住所或经营地点　　　　D. 增减注册资金

3. 关于停业复业登记，下列表述正确的是（　　　）。

　　A. 纳税人遇到需停业情况，可自行停业

　　B. 纳税人应当于恢复生产次日向税务机关提出复业登记申请

　　C. 纳税人停业期满不能及时恢复生产，应在停业期满时提出延长停业登记

　　D. 纳税人停业期满未按期复业又不申请延长停业的，视为恢复营业

4. 关于注销税务登记，下列表述不正确的是（　　　）。

　　A. 因生产经营场所变化需要注销税务登记的可以办理注销税务登记

　　B. 应当在向工商管理机关办理注销登记前，向税务登记管理机关申报办理注销

　　C. 应当在向工商管理机关办理注销登记后，向税务登记管理机关申报办理注销

　　D. 因生产经营场所变化需要注销税务登记的可以办理注销税务登记，先向迁达地办理税务登记，再去原税务登记机关注销

5. 税收征管包括（　　　）。

　　A. 税务登记　　　B. 发票管理　　　C. 税务检查　　　D. 法律责任

五、计算题

1. 红枫公司（增值税一般纳税人，化妆品生产企业，消费税税率为30%，增值税适用税率为17%），2015年2月15日，购进原材料，取得增值税专用发票，发票上注明价款200万元，原材料非正常损失价值10万元。2月18日，销售化妆品取得销售收入585万元。

（1）依法核算当月应纳增值税税额。

（2）依法核算当月应纳消费税税额。

2. 东陵公司（适用企业所得税 25%），2014 年度亏损 50 万元；2015 年度发生经济业务如下。

（1）销售收入 800 万元，接受捐赠收入 20 万元。

（2）缴纳增值税税额 40 万元，其他税费及附加 30 万元。

（3）各项营业成本及费用支出 300 万元，其中业务招待费 15 万元，广告业务宣传费 50 万元。

（4）营业外支出 150 万元，其中银行贷款利息 5 万元，税收滞纳金 3 万元，公益性捐赠 10 万元。

（5）工资总额列支 100 万元，实际支出工资总额 100 万元，工会经费支出 10 万元、职工福利费 20 万元、职工教育经费 18 万元。

假定无其他调整事项，请依法核算如下项目。

（1）2015 年度会计年度利润。

（2）在采取间接计算法核算企业所得税的应税所得额时，其调增额和调减额分别是多少？

（3）核算该公司 2015 年度应纳企业所得税税额。

第三章第六节答案

第四章 财政法律制度

第一节 预算法律制度

【考点1】预算法律制度的构成

预算法律制度在财政法律体系中居于核心地位，我国的预算法律制度由《中华人民共和国预算法》（以下简称《预算法》）和《中华人民共和国预算法实施条例》（以下简称《预算法实施条例》）构成。《预算法》是我国第一部财政基本法律，是我国国家预算管理工作的根本性法律及制定其他预算法规的基本依据。

一、单项选择题

1. 在财政法体系中处于核心地位的是（   ）。
    A. 金融法律制度   B. 预算法律制度
    C. 税收法律制度   D. 政府采购法律制度

2. 下列各项中，属于我国第一部财政基本法律，是我国国家预算管理工作的根本性法律，是制定其他预算法规的基本依据的是（   ）。
    A.《预算法》
    B.《预算法实施条例》
    C.《国务院关于加强预算外资金管理的决定》
    D.《中华人民共和国政府采购法》

3. 下列各项中，属于调整国家进行预算资金的筹措、分配、使用和管理过程中发生的经济关系的法律规范的总称是（   ）。
    A. 财政法律制度   B. 预算法律制度
    C. 税收法律制度   D. 金融法律制度

二、多项选择题

1. 预算的法定程序包括（   ）。
    A. 预算编制   B. 预算审批
    C. 预算执行和监督   D. 预算决算

2. 关于我国的预算法律制度，下列说法正确的有（　　）。

A. 预算指国家预算，它是国家对会计年度内的收入和支出的预先结算

B. 预算法律制度是调整国家进行预算资金的筹措、分配、使用和管理过程中发生的经济关系的法律规范的总称

C. 预算包括中央预算和地方预算

D. 现行的《预算法》为 1994 年 3 月 22 日第八届全国人民代表大会第二次会议通过的，自 1995 年 1 月 1 日起施行

3. 关于我国的预算法律制度，下列说法正确的有（　　）。

A.《预算法》是我国第一部财政基本法律

B. 现行的《预算法》为 1994 年 3 月 22 日第八届全国人民代表大会第二次会议通过

C.《预算法实施条例》是国务院制定并由全国人民代表大会审议通过的

D.《预算法实施条例》于 1995 年 11 月 22 日起施行

4. 我国的预算法律制度由（　　）构成。

A.《预算法》　　　　　　　　　　B.《预算法实施条例》

C.《预算暂行条例》　　　　　　　D.《国家预算管理条例》

三、判断题

预算指区域结算，它是某个地区对会计年度内的收入和支出的结算。　　　　（　　）

【考点 2】国家预算的概念和作用

国家预算也称政府预算，是政府的基本财政收支计划，即经法定程序批准的国家年度财政收支计划，是实现财政职能的基本手段，它反映国家的施政方针和社会经济政策，规定政府活动的范围和方向。具有财力保证、调节制约和反映监督三大作用。

一、单项选择题

1. 通过预算收入形成国家财政资金，是保障国家机器运转的物质条件，是政府实施各项社会经济政策的有效保证。体现了国家预算的（　　）作用。

　　A. 财力保证　　　B. 调节制约　　　C. 反映监督　　　　D. 制约

2. 国家预算的收支规模可以调节社会总供给和总需求的平衡，预算支出的结构可以调节国民经济结构，因而国家预算的编制和执行对国民经济和社会发展都有直接的制约作用。反映了预算的（　　）作用。

　　A. 制约　　　　　B. 反映监督　　　C. 财力保证　　　　D. 调节

3. 我国的财政分配和宏观调控的主要手段，具有分配、调控和监督职能的是（　　）。

　　A. 地方预算　　　B. 国家预算　　　C. 税收征纳　　　　D. 财政收入

4. 下列关于我国国家预算的说法，错误的是（　　）。

　　A．我国的国家预算是社会主义国家为了实现其职能需要

　　B．我国的国家预算是国家的基本财政计划

　　C．我国的国家预算并非政府预算

　　D．我国的国家预算是国家年度财政收支计划

5．经过法定程序批准的国家年度财政收支计划称为（　　　）。

　　A．国家预算　　　B．地方预算　　　C．地区预算　　　D．国家决算

二、多项选择题

1．国家预算的作用包括（　　　）。

　　A．财力保证作用　B．经济监督作用　C．调节制约作用　　D．反映监督作用

2．下列关于国家预算财力保证作用的说法，正确的有（　　　）。

　　A．是保障国家机器运转的物质条件

　　B．是政府实施各项社会经济政策的有效保证

　　C．是国家财政实行宏观控制的重要依据和主要手段

　　D．是国民经济的综合反映

3．下列关于国家预算的说法，正确的有（　　　）。

　　A．国家预算作为财政分配和宏观调控的主要手段，具有分配、调控和监督职能

　　B．我国的国家预算，是社会主义国家为实现其职能需要，而有计划地筹集和分配由国家集中掌握的财政资金的工具，是国家的基本财政计划

　　C．国家预算是指经过法定程序批准的国家年度财政收支计划

　　D．国家预算也称政府预算，是指经过法定程序批准的国家年度财政收支计划

三、判断题

　　国家预算作为国家的基本财政计划，是国家财政实行宏观控制的主要依据和主要手段。

（　　　）

【考点3】国家预算级次的划分和国家预算的构成

　　我国按照"一级政府一级预算"原则，国家预算共分为"五级预算"。国家预算按照政府级次可以分为中央预算和地方预算，按照收支管理范围可以分为总预算、部门单位预算。按照预算收支内容可以分为一般公共预算、政府性基金预算、国有资本经营预算和社会保险基金预算。

一、单项选择题

1．国家实行一级政府一级预算，根据政府层级的不同，我国共有（　　　）级预算。

　　A．一　　　　　　B．三　　　　　　C．五　　　　　　D．七

2．与财政部直接发生预算缴款、拨款关系的国家机关、军队、政党组织和社会团体属于（　　）体系。

    A．中央预算   B．地方预算   C．总预算   D．部门单位预算

3．中央预算的组成是（　　）。

    A．省总预算   B．中央各部门（含直属单位）的预算

    C．自治区总预算   D．直辖市总预算

二、多项选择题

1．下列各项中，（　　）属于按照国家行政区域和政权结构对总预算进行划分。

    A．中央总预算   B．省（自治区、直辖市）总预算

    C．市总预算   D．县总预算

2．下列关于中央预算的表述，正确的有（　　）。

    A．由中央各部门（含直属单位）的预算组成

    B．中央预算包括地方向中央上解的收入数额

    C．中央预算不包括中央对地方返还或者给予补助的数额

    D．中央预算不包括企业和事业单位的预算

3．我国国家预算体系中，县市级预算包括（　　）。

    A．县预算   B．自治县预算

    C．设区的市预算   D．市辖区预算

三、判断题

1．中央预算不包括地方向中央上解的收入数额和中央对地方返还或给予补助的数额。（　　）

2．我国国家预算体系中不包括县市级以下的预算。（　　）

【考点4】预算管理的职权

根据统一领导、各级管理、权责结合的原则，《预算法》明确规定了各级人民代表大会及其常务委员会、各级政府、各级财政部门、各部门、各单位的预算职权。

一、单项选择题

1．下列属于国务院财政部门预算管理职权的是（　　）。

    A．提出本级预算预备费用动用方案

    B．定期向国务院报告中央和地方预算的执行情况

    C．定期向本级政府和上一级政府财政部门报告本级总预算的执行情况

    D．具体编制本级预算的调整方案

2. 下列不属于县级以上地方各级人民代表大会的预算管理职权的是（   ）。

A. 改变或者撤销全国人民代表大会常务委员会关于预算、决算的不适当的决议

B. 撤销本级政府关于预算、决算的不适当的决定和命令

C. 审查本级总预算草案及本级总预算执行情况的报告

D. 批准本级预算和本级预算执行情况的报告

3. 下列有关各部门预算管理职权的表述，不正确的是（   ）。

A. 各部门编制本部门预算、决算草案

B. 组织和监督本部门预算的执行

C. 定期向本级政府财政部门报告预算的执行情况

D. 定期向本级政府和上一级政府财政部门报告本级总预算的执行情况

4. 下列各权力机关中，有权撤销国务院制定的同宪法相抵触的关于预算行政法规的是（   ）。

A. 乡、民族乡、镇的人民代表大会

B. 各级人民代表大会及其常务委员会

C. 全国人民代表大会及其常务委员会

D. 县级以上地方各级人民代表大会及其常务委员会

二、多项选择题

1. 下列有关各部门预算管理职权的表述，正确的有（   ）。

A. 编制本部门预算、决算草案

B. 组织和监督本部门预算的执行

C. 定期向上一级政府财政部门报告本级预算的执行情况

D. 定期向本级政府财政部门报告预算的执行情况

2. 根据《预算法》的规定，属于国务院财政部门预算职权的有（   ）。

A. 具体编制中央预算、决算草案

B. 监督中央和地方预算的执行

C. 审查和批准中央预算的调整方案

D. 具体编制中央预算的调整方案

3. 下列各项中属于地方各级政府财政部门职权的有（   ）。

A. 具体编制本级预算、决算草案

B. 提出本级预算预备费动用方案

C. 具体编制本级预算的调整方案

D. 定期向本级政府财政部门报告预算的执行情况

4. 下列关于全国人民代表大会预算职权的表述，正确的是（   ）。

A. 审查中央和地方预算草案及中央和地方预算执行情况的报告

  B. 审查和批准中央预算的调整方案

  C. 撤销国务院制定的同宪法、法律相抵触的关于预算、决算的行政法规、决定和命令

  D. 改变或者撤销全国人民代表大会常务委员会关于预算、决算的不适当的决议

5. 下列各项中,属于国务院财政部门职权的有(   )。

  A. 具体编制中央预算、决算草案

  B. 具体编制中央预算的调整方案

  C. 具体组织中央和地方预算的执行

  D. 定期向国务院报告中央和地方预算的执行情况

三、判断题

1. 全国人民代表大会及其常务委员会无权撤销省、自治区、直辖市人民代表大会及其常务委员会制定的同宪法、法律和行政法规相抵触的关于预算、决算的地方性法规和决议。

                     ( )

2. 明确划分职权,是保证依法管理预算的前提条件,也是将各级预算编制、预算审批、预算执行、预算调整和预算决算的各环节纳入法制化、规范化轨道的必要措施。 ( )

3. 中央预算和地方各级预算均由全国人民代表大会审查和批准。   ( )

【考点5】预算收入与预算支出

  预算由预算收入和预算支出组成。政府的全部收入和支出都应纳入预算。预算收入的基本形式包括税收、上缴利润、规费及公债等,按照归属划分,可以分为中央预算收入、地方预算收入、中央地方预算共享收入。预算支出按照主体可以分为中央预算支出和地方预算支出。

一、单项选择题

1. 按照归属划分,我国的预算收入(   )。

  A. 仅包括中央预算收入

  B. 仅包括中央预算收入和地方预算收入

  C. 仅包括中央和地方共享收入

  D. 包括中央预算收入、地方预算收入及中央和地方预算共享收入

2. 下列不属于预算收入划分各类的是(   )。

  A. 中央预算收入   B. 地方预算收入

  C. 特区预算收入   D. 中央和地方预算共享收入

3. (   )是指按照分税制财政管理体制,中央预算和地方预算对同一税种的收入,按照一定划分标准或者比例分享的收入。

A. 中央预算收入　　　　　　　　B. 地方预算收入

C. 中央和地方共享收入　　　　　D. 中央按照规定返还或补助地方的收入

二、多项选择题

1. 根据《预算法》的规定，预算支出的形式包括（　　）。

A. 经济建设支出　　　　　　　　B. 科教文卫等事业发展支出

C. 国家管理费用支出　　　　　　D. 各项补贴支出

2. 预算支出按照主体可以分为（　　）。

A. 中央预算支出　　　　　　　　B. 部门预算支出

C. 单位预算支出　　　　　　　　D. 地方预算支出

3. 中央预算支出包括（　　）。

A. 中央本级支出　　　　　　　　B. 中央返还支出

C. 中央补助地方的支出　　　　　D. 中央上缴支出

4. 地方预算支出包括（　　）。

A. 地方本级支出　　　　　　　　B. 地方政府上缴中央支出

C. 下级政府向上级政府上缴的收入　D. 地方政府向下级政府的返还支出

5. 预算收入按照来源可以分为（　　）。

A. 税收收入　　　　　　　　　　B. 依法上缴的国有资产收益

C. 专项收入　　　　　　　　　　D. 其他收入

三、判断题

1. 我国援助海地地震的赈灾支出由于涉及境外的项目，因此不属于我国预算支出的范围。　　　　　　　　　　　　　　　　　　　　　　　　　　　　　　（　　）

2. 中央预算支出是指按照分税制财政管理体制，由中央财政承担并列入中央预算的支出，包括中央本级支出和地方按规定上缴中央的支出。　　　　　　　　（　　）

3. 罚没收入属于预算收入。　　　　　　　　　　　　　　　　　　　（　　）

【考点6】预算组织程序

预算的组织程序包括预算的编制、审批、执行和调整；预算的法定程序为编制、审批、执行、监督和决算。

一、单项选择题

1. 下列不属于国家预算的编制机构的是（　　）。

A. 各级政府

B. 各部门

C. 列入预算的国家机关、社会团体和其他单位

D. 人民代表大会及其常务委员会

2. 国家预算的审批机关（　　）。

A. 各级人民代表大会　　　　　　B. 各级人民代表大会常务委员会

C. 各级政府　　　　　　　　　　D. 各级政府财政部门

3. 下列关于政府预算的执行表述，错误的是（　　）。

A. 各级政府、各部门、各单位的支出必须按照预算执行

B. 各级预算由本级政府组织执行，具体工作由本级政府财政部门负责

C. 各部门组织和监督本部门预算的执行

D. 各级人民代表大会常务委员会、各级政府组织本级预算的执行

4. 《预算法》规定，各级预算由本级政府组织执行，具体工作由（　　）负责。

A. 上级政府财政部门　　　　　　B. 本级政府财政部门

C. 上级政府审计部门　　　　　　D. 本级政府审计部门

5. 在预算的执行过程中，因特殊情况需要增加支出或者减少收入，使原批准的收支平衡的预算的总支出超过总收入，叫作预算的调整。下列关于预算调整的说法，错误的是（　　）。

A. 预算调整由各部门、各单位提出

B. 预算调整由本级政府财政部门提出

C. 预算调整方案由本级政府财政部门具体编制

D. 中央预算的调整方案由全国人民代表大会常务委员会审批，县级以上地方各级政府预算的调整方案由本级人民代表大会常务委员会审批，乡镇级政府预算的调整方案由本级人民代表大会审查和批准

二、多项选择题

1. 预算的组织程序包括（　　）。

A. 预算编制　　　　　　　　　　B. 预算审批

C. 预算的执行和预算的调整　　　D. 决算

2. 各部门、各单位编制年度预算草案的依据包括（　　）。

A. 法律、法规

B. 本部门、本单位的职责、任务和事业发展计划

C. 本部门、本单位上一年度预算执行情况和本年度预算收支变化因素

D. 本级政府的指示和要求及本级政府财政部门的监督

3. 下列关于预算审批的表述，正确的有（　　）。

A. 中央预算由全国人民代表大会审查和批准

B. 各级政府预算经本级人民代表大会批准即可，无须向有关部门备案

    C．地方各级政府预算由本级人民代表大会审查和批准

    D．中央预算和地方各级政府预算均由全国人民代表大会审查和批准

4．下列关于预算执行的说法，正确的有（　　　）。

    A．各级政府财政支出部门必须依照法律、行政法规和国务院财政部门的规定，及时、足额地拨付预算支出资金，加强对预算支出的管理和监督

    B．各级政府、各部门、各单位的支出必须按照预算执行

    C．预算的收入和支出必须通过国库进行

    D．县级以上各级预算根据自身需要设立国库

三、判断题

1．预算执行是指各级财政部门和其他预算主体组织预算收入和划拨预算支出的活动。

                                          （　　　）

2．预算草案是指各级政府、各部门、各单位编制的未经法定程序审查和批准的预算收支计划。

                                          （　　　）

3．世界各国采用的预算年度一般为一年，但起止时间不尽相同，我国采取的是农历年制。

                                          （　　　）

【考点7】决算

    决算是预算执行的总结，它反映年度国家预算收支的最终结果，是国家经济活动在财政上的集中反映。决算包括决算草案的编制（各级政府、各部门、各单位）、审批（县级及以上人民代表大会常务委员会审批或乡镇人民代表大会审批）和批复。

一、单项选择题

1．下列关于政府决算的说法，正确的是（　　　）。

    A．决算在形式上是对年度预算执行结果的总结

    B．决算在实质上是对年度预算收支执行结果的会计报告

    C．决算是国家管理预算活动的第一道程序

    D．决算草案由各级政府、各部门、各单位，在每一预算年度终了后按照国务院规定的时间编制

2．编制政府决算草案原则中不包括（　　　）。

    A．报送及时原则   B．合法原则

    C．预测原则   D．准确完整原则

3．政府决算草案由（　　　）编制。

    A．各级政府、各部门、各单位   B．各级人民代表大会

    C．各级人民代表大会常务委员会   D．全国人民代表大会

4. 下列关于政府决算草案的审批，表述错误的是（   ）。

  A. 中央决算草案的审批机关是全国人民代表大会常务委员会

  B. 县级以上地方各级决算草案的审批机关是本级人民代表大会常务委员会

  C. 乡镇级决算草案的审批机关是本级人民代表大会

  D. 乡镇级决算草案的审批机关是本级人民代表大会常务委员会

5. 下列关于政府决算批复的表述，正确的是（   ）。

  A. 决算草案经相关机构审批后，无须批复

  B. 各级政府决算经审批后，由审批机关向本级各部门批复决算

  C. 各级政府决算经审批后，由财政部门向本级各部门批复决算，各部门不再向所属各单位批复

  D. 各级政府决算经审批后，由财政部门向本级各部门批复决算，各部门再向所属各单位批复

二、多项选择题

1. 决算制度主要包括（   ）。

  A. 决算草案的编制   B. 决算草案的审批

  C. 决算草案的备案   D. 决算的批复

2. 下列表述正确的有（   ）。

  A. 由国务院财政部门编制的中央决算草案，经国务院审定后，由国务院提请全国人民代表大会批准

  B. 由国务院财政部门编制的中央决算草案，经国务院审定后，由国务院提请全国人民代表大会常务委员会审批

  C. 由县级以上地方各级政府财政部门编制的本级决算草案，经本级政府审定后，由本级人民代表大会常务委员会审批

  D. 由乡级政府编制的决算草案，由本级人民代表大会审批

三、判断题

1. 县级以上地方各级政府财政部门编制本级决算草案，报本级政府审定后，由本级政府提请本级人民代表大会常务委员会审查和批准。   （   ）

2. 决算在实质上是对年度预算执行结果的总结，它是国家管理预算活动的最后一道程序。   （   ）

3. 编制决算可以总结预算年度中预算管理方面的经验和教训，集中反映当年国民经济和社会发展的情况，供国家决策时参考。   （   ）

【考点8】预决算的监督

预决算的监督主要包括五大监督：国家权力机关的监督、各级政府的监督、各级政府财政部门的监督、各级政府审计部门的监督、社会监督。

一、单项选择题

1. 下列关于预决算监督的说法，错误的是（　　）。
   A. 各级政府审计部门对本级各部门、各单位和下级政府的预算执行进行审计监督，但对决算实施不进行审计
   B. 全国人民代表大会及其常务委员会对中央和地方预算、决算进行监督
   C. 在政府的专门机构的监督方面，主要是财政部门的监督和审计部门的监督
   D. 县级以上地方各级人民代表大会及其常务委员会对本级和下级政府预算、决算进行监督

2. 下列对中央和地方预算、决算进行监督的机关是（　　）。
   A. 地方各级人民代表大会及其常务委员会
   B. 财政部
   C. 全国人民代表大会及其常务委员会
   D. 国有资产监督管理机构

二、多项选择题

1. 根据规定，预决算的监督按照监督的内容分为（　　）。
   A. 对预算编制的监督　　　　　　B. 对预算执行的监督
   C. 对预算调整的监督　　　　　　D. 对决算的监督

2. 按照时间先后，预决算监督可以分为（　　）。
   A. 事前监督　　　B. 事中监督　　　C. 事外监督　　　　D. 事后监督

3. 下列关于预决算监督的表述，正确的有（　　）。
   A. 全国人民代表大会及其常务委员会对中央和地方预算、决算进行监督
   B. 县级以上地方各级人民代表大会及其常务委员会对本级和下级政府预算、决算进行监督
   C. 乡、民族乡、镇人民代表大会对本级预算、决算进行监督
   D. 各级政府审计部门对本级各部门、各单位和下级政府的预算执行、决算实行审计监督

三、判断题

1. 各级政府审计部门对本级各部门、各单位和下级政府的预算执行、决算实施审计

监督。   （   ）

2. 各级政府有权监督下级政府的财政预算执行。对下级政府在预算执行中违反法律、行政法规和国家方针政策的行为，依法予以制止和纠正。   （   ）

3. 各单位负责编制本单位预算、决算草案；按照国家规定上缴预算收入，安排预算支出，并接受国家有关部门的监督。   （   ）

⊶—— 测 试 题 ——⊷

一、单项选择题

1. 《中华人民共和国预算法》的法律属性是（   ）。

    A. 预算行政法规　　　　　　　　　B. 地方性法规

    C. 预算规范性文件　　　　　　　　D. 预算法律

2. 下列各项中，属于我国第一部财政基本法律，是我国国家预算管理工作的根本性法律，是制定其他预算法规的基本依据，在财政法体系中处于核心地位的是（   ）。

    A. 《预算法》　　　　　　　　　　B. 《预算法实施条例》

    C. 《会计法》　　　　　　　　　　D. 《中华人民共和国政府采购法》

3. 国家预算既是保障国家机器运转的物质条件，又是政府实施各项社会经济政策的有效保证，体现的是国家预算的（   ）作用。

    A. 制约　　　　　　　　　　　　　B. 反映监督

    C. 财力保证　　　　　　　　　　　D. 调节

4. 我国各级预算都要实行的原则是（   ）。

    A. 收支差异　　　B. 收支平衡　　　C. 收支顺差　　　D. 收支逆差

5. 我国的国家预算实行一级政府一级预算，分为（   ）。

    A. 中央、省（自治区、直辖市）、市（自治州）、县（不设区的市、市辖区）四级预算

    B. 中央、省（自治区、直辖市）、市（自治州）、县（不设区的市、市辖区）、乡（镇）五级预算

    C. 中央、省（自治区、直辖市）、市（自治州）三级预算

    D. 中央、省（自治区、直辖市）、市（自治州）、县（不设区的市、市辖区）、村六级预算

6. 下列关于国务院财政部门预算管理职权的说法，不正确的是（   ）。

    A. 提出中央预算预备费用动用方案

    B. 定期向全国人民代表大会常务委员会报告中央和地方预算的执行情况

    C. 定期向国务院报告中央和地方预算的执行情况

    D. 具体编制中央预算的调整方案

7．与财政部直接发生预算缴款、拨款关系的国家机关、军队、政党组织和社会团体属于（　　）体系。

　　A．国家预算　　　　　　　　　B．地方预算

　　C．中央预算　　　　　　　　　D．中央单位预算

8．某市建设委员会当年预算总支出为 5 000 万元，后因特殊情况相应领导层决定增加支出 400 万元，此项增加会使得总支出超出年初制定的预算总收入，关于该决定，下列说法正确的是（　　）。

　　A．必须要经过市人民代表大会常务委员会的审查和批准才能进行调整

　　B．只要在年底前的收入超出预算收入，该增加支出的决定可以直接执行

　　C．该决定要经过上一级建委审查和批准

　　D．增加的支出并没有超过原预算总支出的 10%，因此可以自行调整

9．通过国家预算的编制和执行，便于掌握国民经济的运行情况、发展趋势及出现的问题，从而采取对策措施，促进国民经济稳定、协调发展。反映了预算的（　　）。

　　A．财力保证　　　B．调节制约　　　C．反映监督　　　D．制约作用

10．我国的预算制度实行（　　）原则。

　　A．一级政府一级预算　　　　　B．统一管理

　　C．分级领导　　　　　　　　　D．各级自行决定

11．我国国家预算年度是指（　　）。

　　A．自公历 12 月 31 日起，至次年 12 月 31 日止

　　B．自公历 1 月 1 日起，至次年 1 月 1 日止

　　C．自公历 1 月 1 日起，至 12 月 31 日止

　　D．自公历 12 月 31 日起，至 12 月 31 日止

12．下列内容中，不属于中央预算编制的是（　　）。

　　A．本级预算收入和支出

　　B．上一年度结余用于本年度安排的支出

　　C．返还或者补助地方的支出

　　D．上缴上级的支出

13．财政部自全国人民代表大会批准中央预算之日起（　　）日内，批复中央各部门预算。中央各部门自财政部批复本部门预算之日起（　　）日内，批复所属各单位预算。

　　A．30，15　　　　B．15，30　　　　C．15，20　　　D．20，15

14．各级财政部门自本级人民代表大会常务委员会批准本级政府决算之日起（　　）日内，向本级各部门批复决算，各部门应当在接到本级政府财政部门批复的本部门决算后 15 日内向所属各单位批复决算。

　　A．20　　　　　　B．15　　　　　　C．30　　　　　　D．25

15．乡级政府编制的决算草案，由（　　）审批。

A. 国务院　　　　　　　　　　　B. 县级以上人民政府

C. 本级人民代表大会　　　　　　D. 县级人民代表大会

16. 我国国家预算收入的最主要部分是（　　　）。

A. 税收收入

B. 依照规定应当上缴的国有资产收益

C. 专项收入

D. 其他收入

17. 下列关于各单位预算管理职权的表述中，不正确的是（　　　）。

A. 编制本单位预算、决算草案

B. 按照国家规定上缴预算收入

C. 安排预算支出

D. 不定期向本级政府财政部门报告单位预算的执行情况

18. 对本级各部门、各单位和下级政府的预算执行、决算实施审计监督的部门是（　　　）。

A. 各级政府财政部门　　　　　　B. 各级政府

C. 各级政府审计部门　　　　　　D. 上一级政府财政部门

19. 根据《预算法》的规定，下列各项中，（　　　）负责对本级各部门决算草案进行审核。

A. 本级人民代表大会　　　　　　B. 本级人民代表大会常务委员会

C. 本级政府财政部门　　　　　　D. 本级政府审计部门

二、多项选择题

1. 预算的法定程序包括（　　　）。

A. 预算编制和审批　　　　　　　B. 预算执行

C. 预算决算　　　　　　　　　　D. 预算监督

2. 目前，我国预算法律制度由（　　　）构成。

A.《预算法》　　　　　　　　　　B.《预算法实施条例》

C.《预算决算暂行条例》　　　　　D.《国家预算管理条例》

3. 我国国家预算体系包括（　　　）。

A. 中央预算

B. 省级（省、自治区、直辖市）预算

C. 县级（县、自治县、不设区的市、市辖区、旗）预算

D. 县级以上地方政府的派出机关预算

4. 中央预算支出包括（　　　）。

A. 中央本级支出　　　　　　　　B. 地方政府向中央的上缴支出

C. 中央补助地方的支出　　　　　D. 中央上缴支出

5. 下列关于国家预算的表述，正确的是（　　　）。

　　A. 国家各级预算由各级政府财政部门具体编制

　　B. 除乡镇级政府预算由乡镇人民代表大会审批外，其他各级政府预算由本级人民代表大会常务委员会审核和批准

　　C. 各级预算由本级政府组织执行，具体工作由本级政府财政部门负责

　　D. 乡镇级政府预算的调整方案由本级人民代表大会审查和批准，其他各级政府预算的调整方案由本级人民代表大会常务委员会审批

6. 各级总预算是指各级政府的财政汇总预算，其汇总的预算有（　　　）。

　　A. 本级政府预算　　　　　　　　B. 本级单位预算

　　C. 上级政府预算　　　　　　　　D. 所属下级政府总预算

7. 下列关于决算说法正确的是（　　　）。

　　A. 决算在形式上是对年度预算收支执行结果的会计报告，在实质上则是对年度预算执行结果的总结

　　B. 政府决算草案由各级政府、各部门、各单位编制

　　C. 县级及以上各级政府决算草案由本级人民代表大会常务委员会审批

　　D. 各级政府决算经审批后，由财政部门向本级各部门批复决算，各部门再向所属各单位批复

8. 我国的预算法律制度由（　　　）构成。

　　A.《预算法》　　　　　　　　　　B.《预算法实施条例》

　　C.《预算法实施暂行条例》　　　　D.《国家预算管理条例》

9. 国家预算的编制遵循的原则包括（　　　）。

　　A. 公开性　　　　B. 可靠性　　　　C. 完整性　　　　D. 统一性

10. 国家预算的作用是国家预算职能在经济生活中的具体体现，主要包括（　　　）。

　　A. 财力保证作用　　　　　　　　B. 调节制约作用

　　C. 计划执行作用　　　　　　　　D. 反映监督作用

11. 从主体上讲，预算支出划分为（　　　）。

　　A. 经济建设支出　　　　　　　　B. 中央预算支出

　　C. 国家管理费用支出　　　　　　D. 地方预算支出

三、判断题

1. 国家预算也称政府预算，是指经过法定程序批准的国家年度财政收支计划。（　　　）

2. 地方各级政府预算由本级各部门（含直属单位）的预算组成。（　　　）

3. 国家管理预算活动包括国家预算和决算两个方面，预算是决算的前提，决算又是对预算的检验和评价，二者相辅相成。（　　　）

4. 国务院财政部门编制中央决算草案，报国务院审定后，由国务院提请全国政协常委

会审查和批准。 （　　）

5. 预算支出，是指国家对集中的预算收入有计划地分配和使用而安排的支出。 （　　）

6. 预算草案经审批生效就成为正式的国家预算，并具有法律约束力，非经法定程序不得改变。 （　　）

7. 各级政府预算经本级人民代表大会批准后，本级政府财政部门应当于45日内向本级各部门批复预算。 （　　）

8. 地方各级政府预算由本级各部门（含直属单位）的预算组成。 （　　）

9. 无论乡、民族乡还是镇是否具备设立预算的条件，都一定要设立预算。 （　　）

10. 对于已经产生法律效力的预算，各级政府或财政部门在任何情况下都不得变动预算。 （　　）

11. 我国国家预算由中央预算、总预算和地方预算组成。 （　　）

12. 总预算由上级政府预算和汇总的下一级总预算组成。没有下一级预算的，总预算即指本级预算。地方各级总预算由本级政府预算和汇总的下一级总预算组成。下一级只有本级预算的，下一级总预算即指下一级的本级预算。 （　　）

13. 中央预算由财政部审查和批准，地方各级政府预算由本级财政部门审查和批准。 （　　）

四、材料分析题

在一次关于国家预算研讨会上，参会代表分别做出如下发言。

甲：国家预算是指经法定程序批准的、国家在一定期间内预定的财政收支计划，是国家进行财政分配的依据和宏观调控的重要手段。国家预算在经济生活中主要起到财力保证、调节制约、统计和反映监督的作用。

乙：我国的国家预算实行一级政权一级预算的多级次预算。

丙：我国社会主义国家预算是具有法律效力的基本财政计划，是国家为了实现政治经济任务，有计划地集中和分配财政收入的重要工具，是国家经济政策的反映。

丁：我国的预算收入主要采取无偿划拨的形式，是社会主义经济的内部积累；我国的预算支出，主要用于经济建设和文化、教育、科学、卫生及社会福利事业等。

戊：部门单位预算是由本部门所属各单位预算组成，各单位预算草案由其主管部门负责编制。

己：部门单位预算应具体由各预算部门和单位编制，是总预算的基础。

庚：我国国家预算级次结构是依据国家政权结构、经济发展区域规划、行政区域划分和财政管理体制设计的。

根据以上材料，回答1～5题。

1. 下列甲代表关于国家预算在经济生活中的作用的发言，正确的为（　　）。

    A．统计作用   B．财力保证作用

     C. 反映监督作用   D. 调节制约作用

2. 结合乙代表发言，下列有关我国现行国家预算实行级次的表述，正确的为（   ）。

     A. 三级预算   B. 五级预算   C. 四级预算   D. 六级预算

3. 下列代表的发言，不正确的为（   ）。

     A. 丁：我国的预算支出，主要用于经济建设和文化、教育、科学、卫生及社会福利事业等

     B. 丁：我国的预算收入主要采取无偿划拨的形式，是社会主义经济的内部积累

     C. 甲：国家预算是指经法定程序批准的、国家在一定期间内预定的财政收支计划

     D. 丙：我国社会主义国家预算是具有法律效力的基本财政计划

4. 下列代表关于部门单位预算的发言，不正确的为（   ）。

     A. 戊：部门单位预算由本部门所属各单位预算组成

     B. 戊：各单位预算草案由其主管部门负责编制

     C. 己：部门单位预算由各预算部门和单位编制

     D. 己：部门单位预算是总预算的基础

5. 结合庚代表的发言，下列各项中，属于我国国家预算级次结构设计依据的为（   ）。

     A. 经济发展区域规划   B. 国家政权结构

     C. 行政区域划分   D. 财政管理体制

第四章第一节答案

第二节 政府采购法律制度

【考点1】政府采购法律制度的构成

    政府采购法律制度由政府采购法、政府采购行政法规［《中华人民共和国政府采购法实施条例》（以下简称《政府采购法实施条例》）］、部门规章、地方性法规和政府规章构成。其中，《中华人民共和国政府采购法》（以下简称《政府采购法》）是我国政府采购法律制度中效力最高的法律文件，是制定其他规范性文件的依据。

一、单项选择题

1.《中央单位政府采购管理实施办法》属于政府采购法律制度中的（   ）。

     A. 政府采购法   B. 政府采购部门规章

     C. 政府采购地方性法规   D. 政府规章

2.《政府采购信息公告管理办法》属于政府采购法律制度中的（   ）。

     A. 政府采购法   B. 部门规章

     C. 政府采购地方性法规   D. 政府规章

3．《政府采购法》属于政府采购法律制度中的（　　）。

    A．政府采购法　　　　　　　　　B．部门规章

    C．政府采购地方性法规　　　　　D．政府规章

二、多项选择题

1．下列关于政府采购法律制度构成的说法，正确的是（　　）。

    A．政府采购法律制度是调整各级国家机关、事业单位、公司制企业、团体组织，使用各类资金依法采购货物、工程和服务的活动的法律规范的总称

    B．《政府采购法》是我国政府采购的主要法律依据

    C．《政府采购法》的立法宗旨是为了规范政府采购行为，提高政府采购资金的使用效益，维护国家利益和社会公共利益，保护政府采购当事人的合法权益，促进廉政建设

    D．《辽宁省政府采购管理规定》属于政府采购的部门规章

2．下列属于政府采购法律制度的构成的有（　　）。

    A．政府采购法　　　　　　　　　B．政府采购部门规章

    C．政府采购地方性法规　　　　　D．政府规章

三、判断题

1．地方性法规是指省、自治区、直辖市以及省、自治区人民政府所在地的市和经国务院批准的较大的市的人民代表大会及其常务委员会，在其法定权限内制定的法律规范性文件。　　　　　　　　　　　　　　　　　　　　　　　　　　　　　（　　）

2．2002年6月29日第九届全国人民代表大会常务委员会第二十八次会议通过的《政府采购法》是我国政府采购的主要法律依据。　　　　　　　　　　　　　　　（　　）

【考点2】政府采购的概念与原则

政府采购，主体是各级国家机关、事业单位或团体组织，采购对象必须属于采购目录或达到限额标准以上的货物、工程和服务；政府采购实行集中采购和分散采购相结合的执行模式。政府采购必须坚持"三公"（公开透明、公平竞争、公正）"一诚"（诚实信用）原则。

一、单项选择题

1．下列体现政府采购中诚实信用原则的是（　　）。

    A．招标信息及中标或成交结果要公开，开标活动要公开

    B．竞争必须公平，不能设置妨碍充分竞争的不正当条件

    C．政府采购当事人不得散布虚假信息，不得有欺诈、串通、隐瞒等行为

    D．严格按照统一的评标标准评定中标或成交供应商，不得存在任何主观倾向

2．下列体现政府采购中公正原则的是（　　）。

A．政府采购当事人不得伪造、变造、隐匿、销毁需要依法保存的文件

B．政府采购的法规和规章制度要公开

C．将竞争机制引入采购活动中，实行优胜劣汰

D．评标委员会及有关的小组人员必须要有一定数量的要求，要有各方面代表，而且人数必须为单数，相关人员要回避

3．下列不属于政府采购应该公开的内容的是（　　）。

A．政府采购限额标准

B．供应商的商业机密

C．供应商不良行为记录名单

D．财政部门受理政府采购投诉的联系方式及投诉处理决定

二、多项选择题

1．政府采购公开的信息应当符合的标准包括（　　）。

A．内容真实 　　　　　　　　B．准确可靠

C．发布及时 　　　　　　　　D．便于获得查找

2．下列选项中，属于应当公开的采购信息有（　　）。

A．政府采购法规政策

B．县级以上人民政府公布的集中采购目录

C．省级以上人民政府公布的集中采购目录

D．采购代理机构、供应商不良行为记录名单

3．下列关于公开透明原则的表述正确的有（　　）。

A．只有坚持公开透明，才能为供应商参加政府采购提供公平竞争的环境

B．只有坚持公开透明，才能为公众对政府采购资金的使用情况进行有效的监督创造条件

C．公开透明要求政府采购的信息和行为不仅要全面公开，而且要完全透明

D．仅公开信息但仍搞暗箱操作属于违法行为

三、判断题

1．根据政府采购的定义，政府采购资金为财政性资金。按照财政部的现行规定，财政性资金是指预算内资金、预算外资金，以及与财政资金相配套的单位自筹资金的总和。（　　）

2．香港、澳门两个特别行政区的政府采购同样适用《政府采购法》。（　　）

3．政府采购中的采购，是指以合同方式有偿取得货物、工程和服务的行为，包括购买、租赁、委托、雇用等。（　　）

【考点3】政府采购的功能与执行模式

政府采购具有五大功能：①节约财政支出，提高采购资金的使用效益；②强化宏观调控；③活跃市场经济；④推进反腐倡廉；⑤保护民族工业。

政府采购有集中采购和分散采购2种采购模式。

一、单项选择题

1. 下列不属于我国政府采购的功能的是（   ）。
   A．强化宏观调控　　　　　　　B．保护民族工业
   C．吸引外商投资　　　　　　　D．活跃市场经济

2. 下列关于实行分散采购缺点的表述，错误的是（   ）。
   A．失去了规模效益
   B．加大了采购成本
   C．不便于实施统一的管理和监督
   D．难以满足采购及时性和多样性的需求

3. 政府采购的执行模式中集中采购模式的优点是（   ）。
   A．取得规模效益、降低采购成本、便于统一的管理和监督
   B．能较好地满足用户多样性需求
   C．能适应紧急情况采购
   D．采购程序简便，采购周期短

二、多项选择题

1. 根据规定，政府采购执行模式表述正确的有（   ）。
   A．采购纳入集中采购目录的政府采购项目，应当实行集中采购
   B．集中采购必须委托集中采购机构代理采购
   C．采购未纳入集中采购目录的政府采购项目，只能实行自行采购
   D．采购未纳入集中采购目录的政府采购项目，可以自行采购，也可以委托集中采购机构在委托的范围内代理采购

2. 下列关于实行分散采购的优点，说法正确的有（   ）。
   A．手续简单　　　　　　　　　B．降低采购成本
   C．取得规模效益　　　　　　　D．满足采购及时性

3. 《政府采购法》明确规定，政府采购应当有助于实现国家的经济和社会发展政策目标，包括（   ）。
   A．保护环境　　　　　　　　　B．扶持不发达地区
   C．扶持少数民族地区　　　　　D．促进中小企业发展

三、判断题

1. 属于中央预算的政府采购项目，其集中采购目录由财政部确定并公布。　　（　　）

2. 由政府设立的特定职能机构统一为本级其他政府机构提供采购服务的模式是集中采购模式。　　（　　）

3. 政府集中采购目录和采购限额标准由县级以上人民政府确定并公布。　　（　　）

【考点4】政府采购当事人

政府采购的当事人是指在政府采购活动中享有权利和承担义务的各类主体，包括采购人、供应商、采购代理机构等。采购人包括国家机关、事业单位和社会组织，但不包括个人和企业、公司；供应商必须符合法定条件；采购代理机构可以分为集中采购机构和一般采购代理机构。

一、单项选择题

1. 下列选项中，不属于政府采购当事人的是（　　）。
   A. 采购人　　　　B. 保证人　　　　C. 供应商　　　　D. 采购代理机构

2. 政府采购的采购人不包括（　　）。
   A. 国家机关　　　　　　　　　B. 事业单位
   C. 企业　　　　　　　　　　　D. 使用国家财政资金的团体组织

3. 下列关于政府采购中的供应商的说法，正确的是（　　）。
   A. 供应商在参加政府采购活动前1年内，在经营活动中应没有重大违法记录
   B. 供应商只能为一个主体，不能组成联合体
   C. 供应商应具有独立承担民事责任的能力
   D. 供应商是货物或工程的提供者，不包括服务

二、多项选择题

1. 供应商参加政府采购合同应当具备的条件包括（　　）。
   A. 具有独立承担民事责任的能力
   B. 具有良好商业信誉和健全的财务会计制度
   C. 有依法缴纳税收和社会保障资金的良好记录
   D. 参加政府采购活动前5年内，在经营活动中没有重大违法记录

2. 下列各项中，属于政府采购当事人范围的有（　　）。
   A. 采购人　　　　　　　　　　B. 供应商
   C. 政府预算部门　　　　　　　D. 采购代理机构

3. 采购人的义务主要包括（　　）。

  A．遵守政府采购的各项法律、法规和规章制度

  B．接受和配合政府采购监督管理部门的监督检查，同时还要接受和配合审计机关的审计监督以及监察机关的监察

  C．依法答复供应商的询问和质疑

  D．妥善保存反映每项采购活动的采购文件

4．下列关于采购代理机构的说法，正确的有（ ）。

  A．《政府采购法》中所称的集中采购机构就是采购代理机构

  B．政府采购执行模式之集中采购，必须通过采购代理机构进行

  C．采购代理机构可分为一般采购代理机构和集中采购机构

  D．取得甲级资格的政府采购代理机构，只能代理单项政府采购预算金额 1 000 万元以下的政府采购项目

三、判断题

  1．供应商不得向采购人、采购代理机构、评标委员会的组成人员、竞争性谈判小组的组成人员、询价小组的组成人员行贿或者采取其他不正当手段谋取中标或者成交。

（ ）

  2．政府采购的采购人是指具体执行政府采购行为的经办人员。   （ ）

  3．一般采购代理机构是根据本级政府采购项目组织集中采购的需要而设立的。（ ）

【考点 5】政府采购方式

  政府采购方式包括公开招标方式、邀请招标方式、竞争性谈判方式、单一来源采购方式和询价采购方式，以及国务院政府采购监督管理部门认定的其他采购方式。

一、单项选择题

  1．招标采购单位依法以招标公告的方式邀请不特定的供应商参加投标的方式，属于（ ）。

  A．询价方式   B．邀请招标方式

  C．公开招标方式   D．竞争性谈判方式

  2．根据《政府采购法》的有关规定，招标后没有供应商投标或者没有合格标的或者重新招标未能成立的，其适用的政府采购方式是（ ）。

  A．询价方式   B．邀请招标方式

  C．公开招标方式   D．竞争性谈判方式

  3．根据《政府采购法》的有关规定，招标采购单位依法从符合相应资格条件的供应商中随机邀请 3 家以上的供应商，并以投标邀请书的方式，邀请其参加投标的方式，是指（ ）。

A．询价方式　　　　　　　　　B．邀请招标方式

C．公开招标方式　　　　　　　D．竞争性谈判方式

4．根据《政府采购法》的有关规定，也称为直接采购，是采购人向唯一供应商进行采购的方式，是指（　　　）。

A．询价方式　　　　　　　　　B．邀请招标方式

C．单一来源采购方式　　　　　D．竞争性谈判方式

5．根据《政府采购法》的有关规定，只考虑价格因素，要求采购人向 3 家以上供应商发出询价单，这种采购方式是（　　　）。

A．询价方式　　　　　　　　　B．邀请招标方式

C．公开招标方式　　　　　　　D．竞争性谈判方式

二、多项选择题

1．根据政府采购法律制度的规定，下列情形中，采购人可以采用邀请招标方式采购的有（　　　）。

A．技术复杂或者性质特殊，不能确定详细规格或者具体要求的

B．具有特殊性，只能从有限范围的供应商处采购的

C．采用公开招标方式的费用占政府采购项目总价值的比例过大的

D．不能事先计算出价格总额的

2．根据政府采购法律制度的规定，下列情形中，采购人可以采用邀请招标方式采购的有（　　　）。

A．具有特殊性，只能从有限范围的供应商处采购的

B．技术复杂或者性质特殊，不能确定详细规格或者具体要求的

C．采用公开招标方式的费用占政府采购项目总价值的比例过大的

D．招标后没有供应商投标或者没有合格标的或者重新招标未能成立的

3．在招标采购中，应予废标的情形有（　　　）。

A．符合专业条件的供应商或者对招标文件做出实质响应的供应商不足 3 家的

B．出现影响采购公正的违法、违规行为的

C．投标人的报价均超过了采购预算，采购人不能支付的

D．因重大变故，采购任务取消的

三、判断题

1．公开招标是指采购人或其委托的政府采购代理机构以投标邀请书的方式邀请 3 家或 3 家以上特定的供应商参与投票的采购方式。　　　　　　　　　　　　　　　　　（　　　）

2．采用公开招标方式的费用占政府采购项目总价值的比例过大的，可以采用邀请招标方式采购。　　　　　　　　　　　　　　　　　　　　　　　　　　　　　　（　　　）

【考点6】政府采购的监督检查

政府采购的监督检查包括政府采购监管部门（财政部门）的监督、政府其他有关部门的监督、集中采购机构的内部监督、采购人的内部监督和社会监督。

一、单项选择题

1. 下列关于政府采购监督管理部门的说法，错误的是（   ）。
   A. 政府采购监督管理部门不得设置集中采购机构
   B. 政府采购监督管理部门不得评价政府采购人员的职业素质和专业技能
   C. 政府采购监督管理部门不得参与政府采购项目的采购活动
   D. 采购代理机构与行政机关不得存在隶属关系或者其他利益关系

2. 各级人民政府（   ）是负责政府采购监督管理的部门，依法履行对政府采购活动的监督管理职责。
   A. 财政部门　　　　B. 税务部门　　　　C. 审计部门　　　　D. 监察部门

二、多项选择题

1. 下列可以对政府采购进行监督的有（   ）。
   A. 财政部门　　　B. 审计部门　　　C. 监察部门　　　D. 相关主管部门

2. 下列属于集中采购机构的内部监督内容的有（   ）。
   A. 建立健全内部监督管理制度
   B. 提高采购人员的专业技能
   C. 提高采购人员的职业素质
   D. 政府采购项目的采购标准和采购结果应当公开

3. 下列关于政府采购的监督检查说法正确的是（   ）。
   A. 按照法律规定的采购方式和采购程序进行采购，是对采购人的基本要求，是实现公开、公平、公正原则的保证，是维护国家利益和社会公共利益，以及供应商合法权益的需要
   B. 监察机关应当加强对参与政府采购活动的国家机关、国家公务员和国家行政机关任命的其他人员实施监察
   C. 加强对政府采购活动的监督是政府采购监督管理部门的重要职责，依照法律、行政法规的规定，对政府采购负有行政监督职责的政府有关部门，也同样要认真履行职责，加强对政府采购活动的监督
   D. 加强对政府采购活动的监督，既是政府有关部门的权力，同时也是政府有关部门的义务

三、判断题

1. 对于审计机关依法进行的审计，有关单位和个人应积极配合，不得拒绝，否则应承担相应的法律责任。（　　）

2. 政府采购监督管理部门应当对集中采购机构的采购价格、节约资金效果、服务质量、信誉状况、有无违法行为等事项进行考核，并定期如实公布考核结果。（　　）

3. 由于社会监督的主体和对象都具有很强的广泛性，而且不受地点和方式等因素的限制，因此，应当充分发挥社会监督的力量，以保证《政府采购法》的有效实施，维护国家利益和社会公共利益。（　　）

❧—— 测 试 题 ——❧

一、单项选择题

1.（　　）是规范我国政府采购活动的根本性法律，也是制定其他政府法规制度的基本依据。

  A．经济法   B．《政府采购法》

  C．《预算法》   D．财政法

2．政府采购的对象不包括（　　）。

  A．燃料   B．工程   C．土地   D．服务

3．下列选项中，适用《政府采购法》的有（　　）。

  A．某合伙企业采购工程物资用于建设

  B．香港政府从内地采购纺织用品

  C．澳门政府采购农产品

  D．教育局以财政预算外资金采购工程劳务

4．（　　）是为采购人与供应商之间在政府采购活动中处于平等地位而确立的。

  A．公开透明原则   B．公平竞争原则

  C．公正原则   D．诚实信用原则

5．我国的政府采购实行的是（　　）的执行模式。

  A．集中采购   B．分散采购

  C．集中采购与分散采购相结合   D．分批采购

6．根据《政府采购法》的规定，（　　）必须委托采购机构代理采购。

  A．政府采购   B．分散采购   C．集中采购   D．民间采购

7．按照《政府采购法》的规定，集中采购必须委托（　　）代理采购。

  A．发改委   B．国资委   C．集中采购机构   D．审查监督机构

8．根据《政府采购法》的规定，供应商在参加政府采购活动前（　　）年，在经营活

动中应没有重大违法记录。

    A. 2   B. 3   C. 4   D. 5

9. 根据规定，政府采购的主要采购方式是（   ）。

    A. 公开招标   B. 竞争性谈判   C. 邀请招标   D. 单一来源

10. 根据《政府采购法》的规定，对于具有特殊性，只能从有限范围的供应商处采购的货物，其适用的政府采购方式是（   ）。

    A. 公开招标方式   B. 邀请招标方式

    C. 竞争性谈判方式   D. 单一来源方式

11. （   ）应作为政府采购的主要采购方式。

    A. 竞争性谈判   B. 询价   C. 公开招标   D. 单一来源采购

12. 政府采购程序中，货物和服务项目实行招标方式采购的，自招标文件开始发出之日起至投标人提交投标文件截止之日止，不得少于（   ）日。

    A. 15   B. 20   C. 30   D. 25

13. 下列关于政府采购中采购人的内部监督的说法，错误的是（   ）。

    A. 政府采购项目的采购标准和采购结果应当一律公开

    B. 采购人选择采购程序应当符合法定要求

    C. 采购人必须按照法定的采购方式和采购程序进行采购，否则中标、成交结果无效

    D. 采购人选择采购方式应当符合法定要求

14. 在我国政府采购法律制度体系中，制定政府采购法规制度的基本依据是（   ）。

    A.《中华人民共和国宪法》

    B.《预算法》

    C.《政府采购法》

    D.《预算法实施条例》

15. 根据《政府采购法》的规定，下列关于政府采购的表述，不正确的是（   ）。

    A. 政府采购具有保护民族产业的功能

    B. 政府采购中采购人具有审查政府采购供应商资格的权利

    C. 邀请招标是政府采购的主要采购方式

    D. 政府采购中采购代理机构具有依法发布采购信息的义务

16. 政府采购中的集中采购的范围由（   ）公布的集中采购目录确定。

    A. 省级以上人民政府   B. 县级人民政府

    C. 财政部   D. 镇级以上人民政府

17. 采购资金是确定采购行为是否属于政府采购制度规范范围的重要依据。根据政府采购的上述定义，政府采购资金为（   ）资金。

    A. 政策性   B. 财政性   C. 公共性   D. 事业性

18. 根据《政府采购法》规定，确定并公布属于中央预算政府采购项目的集中采购目

录和采购限额标准的机关是（　　）。

    A．国务院　　　　　　　　　B．财政部

    C．全国人民代表大会常务委员会　　D．全国人民代表大会

二、多项选择题

1．下列选项中，属于我国政府采购法律制度中地方性法规或地方政府规章的有（　　）。

    A．《政府采购法》

    B．《辽宁省政府采购管理规定》

    C．《中央单位政府采购管理实施办法》

    D．《广东省实施〈中华人民共和国政府采购法〉办法》

2．下列属于政府采购的对象范围的有（　　）。

    A．采购劳务　　　　　　　　B．采购工程

    C．对办公楼进行改扩建　　　D．租赁固定资产

3．政府采购的功能包括（　　）。

    A．增加财政收入　　　　　　B．节约财政支出

    C．最大限度地吸引外资经济　D．保护民族产业

4．下列情形中，体现政府采购功能中的"节约财政支出，提高采购资金的使用效益"功能的有（　　）。

    A．优先采购国产的货物

    B．通过规范化的政府采购以避免暗箱操作

    C．实行政府集中采购

    D．将采购资金直接拨付给供应商，减少了资金流通环节

5．政府采购当事人中的采购人可以是（　　）。

    A．国家机关　　B．个人　　　C．事业单位　　　D．社会团体

6．政府采购方式包括（　　）。

    A．公开招标　　B．邀请招标　　C．竞争性谈判　　D．询价

7．在财政收入直接缴库的方式下，缴款单位或缴款人按有关法律规定，直接将应缴收入缴入的账户有（　　）。

    A．国库单一账户　　　　　　B．预算单位零余额账户

    C．财政部门零余额账户　　　D．预算外资金财政专户

8．政府采购的主体是（　　）。

    A．公司　　　B．政府机关　　C．事业单位　　　D．社会团体

9．政府采购的原则是（　　）。

    A．公开透明原则　　　　　　B．公平竞争原则

    C．公正原则　　　　　　　　D．诚实信用原则

10. 政府采购当事人是指在政府采购活动中，享有权利和承担义务的各类主体，包括（　　）。

    A. 采购人   B. 供应商

    C. 采购代理机构   D. 政府管理机构

11. 下列选项中，可以对政府采购进行监督的有（　　）。

    A. 财政部门   B. 审计部门   C. 监察部门   D. 社会上的个人

12. 下列选项中，可以作为政府采购当事人中采购人的有（　　）。

    A. 中华人民共和国商务部   B. 人民教育出版社

    C. 中国红十字会   D. 甲个人独资企业

三、判断题

1. 任何单位和个人对政府采购活动中的违法行为，有权控告和检举，有关部门、机关应当依照各自职责及时处理。（　　）

2. 公平原则是市场经济运行的重要法则，是政府采购的基本规则。（　　）

3. 政府采购的对象范围涉及各级国家机关、事业单位和团体组织，使用财政性资金采购依法制定的集中采购目录以内的或者采购限额标准以上的货物、工程和服务。（　　）

4. 根据《政府采购法》的规定，采购人是指依法进行政府采购的国家机关、事业单位和团体组织。（　　）

5. 政府采购中，供应商具有平等地获得政府采购信息的权利。（　　）

6. 政府采购只能实行集中采购的方式。（　　）

7. 为了促进当地经济的发展，在一定条件下可以限制本地区、本社会以外的法人或其他组织参加投标。（　　）

四、材料分析题

丁单位是实行国库集中支付的事业单位。2010 年 4 月，按照预算安排，丁单位拟采购一台纳入政府采购集中采购目录的精密仪器 A 设备用于药品检验，设备价款为 200 万元。由于设备具有特殊性，只能从有限范围的供应商处采购，丁单位以投标邀请书的方式邀请了 5 家供应商参与投标，按照招标程序选择了 3 家企业并与其签订了采购合同。

根据以上材料，回答 1～5 题。

1. 根据《政府采购法》，下列各项关于政府采购的表述，正确的有（　　）。

    A. 集中采购可以自行采购，也可以委托集中采购机构在委托的范围内代理采购

    B. 政府采购只能实行集中采购的方式

    C. 属于地方预算的政府采购项目，其集中采购目录和政府采购限额标准由省（含自治区、直辖市）、市、县各级财政部门确定并公布

    D. 采购人采购纳入集中采购目录的政府采购项目，应当委托采购代理机构实行集中采购

2. 下列各项中，属于本例中丁单位采购 A 设备所采用的采购方式的是（　　）。

    A. 单一来源采购　B. 竞争性谈判　　C. 公开招标　　　　D. 邀请招标

3. 下列各项中，采用本题采购方式的，受邀参与投标的供应商数量不得少于（　　）家。

    A. 2　　　　　　　B. 4　　　　　　C. 1　　　　　　　D. 3

4. 本题中"政府采购当事人"包括（　　）。

    A. 采购人是丁单位　　　　　　B. 供应商是 B 企业

    C. 采购代理机构　　　　　　　D. 其他人员

5. 政府采购方式有（　　）。

    A. 公开招标　　　　　　　　　B. 邀请招标

    C. 竞争性谈判　　　　　　　　D. 单一来源及询价

第四章第二节答案

第三节　国库集中收付制度

【考点1】国库集中收付制度的概念

国库集中收付制度，一般称为国库单一账户制度，是指由财政部门代表政府设置国库单一账户体系，所有财政性资金均纳入国库单一账户体系收缴、支付和管理的制度，它包括国库集中支付制度和收入收缴管理制度。

一、多项选择题

关于国库集中收付制度，下列说法正确的有（　　）。

    A. 财政部门代表政府设置国库单一账户体系

    B. 所有的财政性资金均纳入国库单一账户体系收缴、支付和管理

    C. 大大提高了财政资金收付管理的规范性和安全性

    D. 能有效地防止利用财政资金谋取私利等腐败现象的发生

二、判断题

1. 所有的财政性资金均纳入国库单一账户体系收缴、支付和管理的制度。　　　　（　　）

2. 国库集中收付制度就是国库集中支付制度。　　　　　　　　　　　　　　　（　　）

【考点2】国库单一账户体系

国库单一账户体系，是指以财政国库存款账户为核心的各类财政性资金账户的集合，所有财政性资金的收入、支付、存储及资金清算活动均在该账户体系运行。该账户体系包

括国库单一账户（财政部门）、财政部门零余额账户（财政部门）、预算单位零余额账户（预算单位）、预算外资金专户（财政部门）、特设专户（预算单位）。

一、单项选择题

1. 将所有财政性资金全部集中到国库单一账户，并规定所有的支出必须由国库直接支付给商品或劳务供应者或用款单位，实行收支两条线管理的制度称为（   ）。

    A. 国库集中收付制度   B. 国库集中支付制度

    C. 国库集中收入收缴管理制度   D. 现金管理制度

2. 根据国库集中收付制度的规定，国库单一账户在（   ）中使用。

    A. 国库会计   B. 财政总预算会计

    C. 行政单位会计   D. 事业单位会计

3. （   ）是指以财政国库存款账户为核心的各类财政性资金账户的集合，所有财政性资金的收入、支付、存储及资金清算活动均在该账户体系运行。

    A. 国库单一账户体系   B. 政府账户体系

    C. 零余额账户体系   D. 特殊账户

4. 国库单一账户体系是由（   ）代表政府设置的。

    A. 中国人民银行   B. 中国银行

    C. 财政部门   D. 全国人民代表大会常务委员会

5. 用于记录、核算和反映纳入预算管理的财政收入和支出的账户是（   ）。

    A. 国库单一账户   B. 财政部门零余额账户

    C. 预算外资金账户   D. 特设账户

6. 根据国库集中收入制度的规定，用于财政直接支付和与国库单一账户支出清算的账户是（   ）。

    A. 预算单位的零余额账户   B. 财政部门的零余额账户

    C. 预算外财政资金专户   D. 特设过渡性专户

7. 财政部门开设的零余额账户，营业中（   ），应当及时与国库单一账户清算。

    A. 单笔支付额在3 000万元人民币以上（含3 000万元）的

    B. 单笔支付额在3 000万元人民币以下（含3 000万元）的

    C. 单笔支付额在5 000万元人民币以上（含5 000万元）的

    D. 单笔支付额在5 000万元人民币以下（含5 000万元）的

8. 在国库单一账户体系中，下列（   ）由财政部门在中国人民银行开设。

    A. 国库单一账户   B. 财政部门零余额账户

    C. 预算外资金专户   D. 特殊账户

二、多项选择题

1. 下列关于实行国库集中收付制度作用的表述，正确的有（　　）。

A. 有利于提高财政资金的拨付效率和规范化运作程度

B. 有利于加强对收入缴库和支出拨付过程的监管

C. 有利于预算单位用款及时和便利

D. 有利于增强财政资金收付过程的透明度

2. 对某些需要通过政策性银行封闭运行的资金支出，还需要设置特殊专户管理，主要包括（　　）。

A. 粮食风险基金　　　　　　　　B. 住房基金

C. 预算外资金　　　　　　　　　D. 社会保障基金

3. 下列说法正确的有（　　）。

A. 所有财政资金在支付行为实际发生前均保存在国库单一账户内

B. 财政部门零余额账户每日发生的支付，于次日营业终了前与国库单一账户清算

C. 预算单位零余额账户在行政单位和事业单位会计中使用

D. 预算单位零余额账户可以向本单位按账户管理规定保留的相应账户划拨工会经费、住房公积金及提租补贴以及财政部门批准的特殊款项

4. 在国库单一账户体系中，由财政部门开设的账户有（　　）。

A. 国库单一账户　　　　　　　　B. 财政部门零余额账户

C. 预算外资金专户　　　　　　　D. 特殊账户

5. 在国库单一账户体系中，由预算单位在商业银行开设的账户有（　　）。

A. 国库单一账户　　　　　　　　B. 零余额账户

C. 预算外资金专户　　　　　　　D. 特殊账户

三、判断题

1. 预算单位零余额账户可以提取现金。　　　　　　　　　　　　　　（　　）

2. 我国财政国库管理制度改革刚刚起步，与改革相关的其他各项改革措施在短期内还难于完全配套进行，也难于做到将所有财政性资金都纳入国库单一账户管理，实现每笔支出都通过国库单一账户直接支付到最终收款人。　　　　　　　　　　　　　　（　　）

3. 零余额账户，由财政部门在商业银行开设。　　　　　　　　　　　（　　）

【考点3】财政收支的方式

财政收入收缴方式包括直接缴库和集中汇缴。财政支出方式分为财政直接支付和财政授权支付。实行财政直接支付的支付包括工资支出、购买支出、中央对地方的专项转移支付、拨付企业大型工程项目或大型设备采购的资金等。财政授权支付有零星支出等。

一、单项选择题

1. 预算单位或缴款人按规定，直接将收入缴入国库单一账户，属预算外资金的，则直接缴入预算外资金财政专户，不再设立各类过渡性账户，这种财政收入的收缴方式称为（　　）。

  A．直接缴库 B．集中汇缴 C．汇总缴库 D．分期缴库

2. 由征收机关和依法享有征收权限的单位按规定，将所收取的应缴收入汇总直接缴入国库单一账户，属预算外资金的，则直接缴入预算外资金财政专户，也不再通过过渡性账户收缴，这种财政收入收缴方式称为（　　）。

  A．直接缴库 B．集中汇缴 C．汇总缴库 D．分期缴库

3. 经过预算单位申请，财政国库支付执行机构批准后，由预算单位自行签发支付令的支付方式属于（　　）。

  A．直接缴库   B．财政直接支付

  C．集中汇缴   D．财政授权支付

二、多项选择题

1. 财政收入的收缴具体包括（　　）。

  A．直接缴库 B．集中汇缴 C．分期缴库 D．分次预缴

2. 财政资金支出按照不同的支付主体分别实行财政直接支付和财政授权支付。实行财政直接支付的包括（　　）。

  A．工资支出   B．工程采购支出

  C．服务采购支出   D．零星支出

三、判断题

1. 按照国库集中收付制度的规定，实行财政授权支付的支出包括未实行财政直接支付的购买支出和零星支出。（　　）

2. 直接缴库方式是由预算单位或缴款人按规定，直接将收入缴入国库单一账户，属预算外资金的，则直接缴入预算外资金财政专户，不再设立各类过渡性账户。（　　）

3. 财政直接支付是指由财政部门向中国人民银行和代理银行签发支付指令，代理银行根据支付指令通过国库单一账户体系将资金直接支付到收款人或用款单位账户。（　　）

4. 国库集中收付制度是指将所有财政性资金全部集中到国库单一账户，并规定所有的支出必须由国库直接支付给商品或劳务供应者或用款单位，实行收支两条线管理。（　　）

5. 财政授权支付程序适用于年度财政资金不足 50 万元人民币的工程采购支出。

（　　）

四、材料分析题

甲单位是实行国库集中支付的行政单位。2010 年 3 月，审计机构对甲单位 2009 年度预算执行情况进行检查，了解到以下情况。

（1）2009 年 3 月，甲单位通过零余额账户向下属单位转账，为下属单位支付设备采购款 100 万元。

（2）2009 年 4 月，甲单位通过零余额账户向本单位按照账户管理规定保留的相应账户划拨工会经费 1 万元。

（3）2009 年 8 月，甲单位为采购一台精密仪器 A 设备以邀请招标的方式向 2 家设备供应商发出投标邀请书。甲单位未认真审核供应商资质，直接选择了报价低的供应商 B 企业，但 B 企业不具备生产该类精密仪器的资质而且财务情况混乱，未中标供应商 C 企业向甲单位提出质疑，但甲单位不予以答复。政府采购监管部门接到 C 企业投诉后对甲单位进行调查，发现甲单位未按照规定保管该项采购活动的采购文件。

根据材料，回答 1～5 题。

1. 下列各项关于预算单位使用零余额账户的描述，正确的有（　　　）。
   A. 通过零余额账户向所属下级单位账户划拨资金，为下属单位支付设备采购款
   B. 通过零余额账户向本单位按账户管理规定保留的相应账户划拨住房公积金及提租补贴
   C. 通过零余额账户向本单位按账户管理规定保留的相应账户划拨工会经费
   D. 通过零余额账户向所属上级单位账户划拨资金，满足上级购买仪器需要

2. 下列各项中，属于政府采购可以采用的采购方式的为（　　　）。
   A. 邀请招标　　　　　　　　　　B. 单一来源采购
   C. 询价　　　　　　　　　　　　D. 公开招标

3. 下列各项中，属于邀请招标方式中受邀参与投标的供应商数量不得少于（　　　）家。
   A. 2　　　　　B. 4　　　　　C. 1　　　　　D. 3

4. 下列各项中，属于作为政府采购供应商原本应具备的条件的为（　　　）。
   A. 具有履行合同所必需的设备和专业技术能力
   B. 具有良好的商业信誉和健全的财务会计制度
   C. 有依法缴纳税收和社会保障资金的良好记录
   D. 具有独立承担民事责任的能力

5. 下列各项中，属于甲单位作为政府采购人应承担的义务的为（　　　）。
   A. 妥善保存反映每项采购活动的采购文件
   B. 在指定媒体及时向社会发布政府采购信息、招标结果
   C. 依法答复供应商的询问和质疑
   D. 接受和配合政府采购监督管理部门的监督检查

——⊶ 测 试 题 ⊷——

一、单项选择题

1. 在国库单一账户体系中，为财政部门开设国库单一账户的银行是（　　）。
   A．中国人民银行　　　　　　　　B．中国工商银行
   C．中国建设银行　　　　　　　　D．中国农业银行

2. 在国库单一账户体系中，开设在中国人民银行的账户是（　　）。
   A．财政部门零余额账户　　　　　B．预算外资金财政专户
   C．预算单位零余额账户　　　　　D．国库单一账户

3. 预算单位零余额账户和财政部门零余额账户，营业中（　　），应当及时与国库单一账户清算。
   A．单笔支付额在 3 000 万元人民币以上（含 3 000 万元）的
   B．单笔支付额在 3 000 万元人民币以下（含 3 000 万元）的
   C．单笔支付额在 5 000 万元人民币以上（含 5 000 万元）的
   D．单笔支付额在 5 000 万元人民币以下（含 5 000 万元）的

4. 国库单一账户是指（　　）。
   A．财政部门在中央银行开设国库单一账户
   B．由财政部门在代理银行为预算单位开设的账户，用于财政授权支付
   C．需经上级政府或财政部、本级政府批准或授权财政部门批准才能开设的特殊性专项账户
   D．由财政部门在商业银行开设的账户，用于财政直接支付

5. 国库集中收付制度也称为（　　）。
   A．国库集中支付制度　　　　　　B．国库集中管理制度
   C．国库单一账户制度　　　　　　D．国库收入收缴制度

二、多项选择题

1. 在财政收入直接缴库的方式下，缴款单位或缴款人按有关法律规定，直接将应缴收入缴入的账户有（　　）。
   A．国库单一账户　　　　　　　　B．预算单位零余额账户
   C．财政部门零余额账户　　　　　D．预算外资金财政专户

2. 财政支出方式包括（　　）。
   A．财政直接支付　　　　　　　　B．直接缴库
   C．集中缴库　　　　　　　　　　D．财政授权支付

3. 下列账户中，属于国库单一账户体系的有（　　）。

A．国库单一账户   B．特设专户

C．财政部零余额账户   D．预算外资金专户

三、判断题

1．所有财政性资金的收入、支付、存储及清算活动，均在国库单一账户中进行。

                                             （   ）

2．中央国库业务由中国人民银行经理，接受国务院的指导和监督，对中央财政负责。

                                             （   ）

第四章第三节答案

第五章 会计职业道德

第一节 会计职业道德概述

【考点1】职业道德的特征与作用

职业道德的概念有广义和狭义之分。狭义的职业道德是指在一定职业活动中应遵循的、体现一定职业特征的、调整一定职业关系的职业行为准则和规范。《公民道德建设实施纲要》提出了职业道德的基本内容，即爱岗敬业、诚实守信、办事公道、服务群众、奉献社会。职业道德具有职业性（行业性）、实践性、继承性和多样性等特征。职业道德不仅可以促进职业活动的有序进行，而且对社会道德风尚产生积极的影响，其中职业道德最主要的作用就是通过调节职业关系，维护正常的职业活动秩序。

一、单项选择题

下列选项中，属于职业道德基本内容的是（　　）。
　　A. 办事公道　　　B. 坚持准则　　　C. 参与管理　　　D. 廉洁自律

二、多项选择题

职业道德是道德在职业实践中的具体体现，除了具有道德的一般特征之外，还具有（　　）特征。
　　A. 职业性　　　B. 实践性　　　C. 继承性　　　D. 多样性

三、判断题

职业道德最主要的作用就是通过调节职业关系，维护正常的职业活动秩序。（　　）

【考点2】会计职业道德的概念与特征

会计职业道德是在会计职业活动中应当遵循的、体现会计职业特征的、调整会计职业关系的职业行为准则和规范，其调整的对象包括会计人员和注册会计师。会计职业道德除具备职业道德的一般特征外，还具有一定的强制性和较多的关注公众利益的特征。

一、单项选择题

会计职业道德的调整对象是（　　　）。

A. 调整会计职业关系　　　　　　B. 调整会计职业活动中的经济利益关系

C. 调整会计人员之间的关系　　　D. 调整活动之间的关系

二、多项选择题

会计职业道德与其他职业道德相比具有一定（　　　）。

A. 强制性　　　　B. 自律性　　　　C. 他律性　　　　D. 较多关注公众利益

三、判断题

1. 会计作为经济活动中的一种职业，它所具有的特征与其他职业道德完全一致。

（　　　）

2. 会计职业道德规范的对象为单位从事会计工作的会计人员。（　　　）

3. 会计职业道德要求会计人员在职业活动中，发生道德冲突时把单位集体利益放在第一位。（　　　）

【考点3】会计职业道德的功能与作用

会计职业道德具有三大功能（指导、评价、教化）和四大作用（规范会计行为的基础、实现会计目标的重要保障、对会计法律制度的重要补充、提高会计人员职业素养的内在要求）。

一、单项选择题

1. 有些会计人员按照个别行政领导的意志"钻准则、制度的空子"，人为调节实现利润与亏损，这些做法是（　　　）的。

A. 违法　　　　　　　　　　　　B. 违背职业道德

C. 违规　　　　　　　　　　　　D. 违纪

2. 会计职业道德通过评价、命令、指导、示范等方式和途径，运用塑造理想人格和典型榜样等手段，形成良好的会计职业道德风尚，树立会计职业道德榜样等方式，这是会计职业道德的（　　　）功能。

A. 指导　　　　B. 教化　　　　C. 评价　　　　D. 规范

3. 通过对会计人员的行为依照一定的道德标准进行评价，指导和纠正会计人员的行为，属于会计职业道德的（　　　）功能。

A. 指导　　　　B. 教化　　　　C. 监督　　　　D. 评价

二、多项选择题

会计从业人员要具备会计职业道德，是因为会计职业道德具有（　　）作用。

A. 是会计行为规范的基础

B. 是对会计法律制度的重要补充

C. 是实现会计目标的重要保证

D. 是提高会计人员职业素养的内在要求

三、判断题

会计职业道德的功能包括指导功能、规范功能和教化功能。　　　　　　（　　）

【考点4】会计职业道德与会计法律制度的关系

会计职业道德和会计法律制度，两者在根本目标上具有一致性，在作用上相互补充、相互协调，在内容上相互借鉴、相互吸收，两者在实施过程中相互作用、相互促进。但在性质、作用范围、表现形式、保障机制和评价标准上具有区别。

一、单项选择题

1. 会计法律是以会计人员享有的权利和义务为标准来判定其行为是否合法，而会计职业道德是以善恶为标准来判定人民的行为是否违背道德规范。这体现了两者的（　　）。

　　A. 保障机制不同　　　　　　　　　B. 性质不同

　　C. 评价标准不同　　　　　　　　　D. 作用范围不同

2. 会计职业道德和会计法律制度两者在作用范围上的区别主要有（　　）。

A. 会计法律制度具有很强的他律性，会计职业道德具有很强的自律性

B. 会计法律制度调整会计人员的外在行为，会计职业道德调整会计人员外在行为和内在的精神世界

C. 会计法律制度有成文规定，会计职业道德无具体的表现形式

D. 违反会计法律制度可能受到法律制裁，违反会计职业道德只会受到道德谴责

二、多项选择题

1. 会计职业道德与会计法律制度既有区别又有联系，两者在（　　）方面有所区别。

A. 内容　　　　B. 范围　　　　C. 作用　　　　D. 表现形式

2. 会计职业道德与会计法律制度既有区别又有联系，下列关于二者关系的表述，错误的有（　　）。

A. 会计法律制度中包含会计职业道德规范的内容，同时，会计职业道德规范中也包含会计法律制度的某些条款

B．会计职业道德是会计法律制度的最低要求

C．会计职业道德不要求调整会计人员的外在行为，而侧重于调整会计人员内在精神世界

D．会计法律制度既有成文的规定，也有不成文的规范

三、判断题

第五章第一节答案

1．会计职业道德与会计法律制度一样，都以国家强制力作为其实施的保障。　　（　　）

2．会计法律制度是对会计职业道德的重要补充，其作用是会计职业道德所不能替代的。　　（　　）

第二节　会计职业道德规范的主要内容

我国会计职业道德规范主要包括爱岗敬业、诚实守信、廉洁自律、客观公正、坚持准则、提高技能、参与管理和强化服务。

【考点1】爱岗敬业

爱岗敬业是忠于职守的事业精神，是会计职业道德的基础。爱岗敬业要求人们"干一行、爱一行"，但并非要求人们终身只能"干一行、爱一行"，不排斥人的全面发展。爱岗敬业的基本要求：正确认识会计职业、树立职业荣誉感；热爱会计工作、敬重会计职业；安心工作、任劳任怨；严肃认真、一丝不苟；忠于职守、尽职尽责。

一、单项选择题

1．在会计职业道德规范中，作为会计职业道德基础的是（　　）。

　　A．诚实守信　　　B．坚持准则　　　C．爱岗敬业　　　D．客观公正

2．对一些损失浪费、违法乱纪的行为和一切不合法不合理的业务开支，要严肃认真地对待，把好关，守好口。这体现了"爱岗敬业"的（　　）。

　　A．热爱会计工作　　　　　　　B．敬重会计职业

　　C．严肃认真，一丝不苟　　　　D．忠于职守，尽职尽责

3．会计人员在工作中"懒""惰""拖"的不良习惯和作风，是会计人员违背会计职业道德规范中（　　）的具体体现。

　　A．爱岗敬业　　　B．诚实守信　　　C．办事公道　　　D．客观公正

4．下列选项中，不属于会计人员"爱岗敬业"的基本要求的是（　　）。

　　A．正确认识会计职业，树立职业荣誉感

　　B．安心工作，任劳任怨

C. 忠于职守，尽职尽责

D. 执业谨慎，信誉至上

5. 会计职业道德"爱岗敬业"的"岗"是指（　　　　）。

A. 税务工作岗位　　　　　　　　B. 会计工作岗位

C. 审计工作岗位　　　　　　　　D. 管理工作岗位

二、多项选择题

下列各项中，体现会计职业道德关于"爱岗敬业"要求的有（　　　　）。

A. 工作一丝不苟　　　　　　　　B. 工作尽职尽责

C. 工作精益求精　　　　　　　　D. 工作兢兢业业

三、判断题

"执业谨慎，信誉至上"是爱岗敬业的基本要求。　　　　　　　　　　　　　（　　　）

【考点2】诚实守信

诚实守信是做人的基本准则，也是会计职业道德的精髓。诚实守信的基本要求：做老实人，说老实话，办老实事，不搞虚假；保密守信，不为利益所诱惑（除法律规定和单位领导人同意外，不能私自向外界提供或者泄露单位的会计信息）；执业谨慎，信誉至上（侧重于对注册会计师）。

一、单项选择题

1. "中国现代会计学之父"潘序伦先生倡导："信以立志，信以守身，信以处事，信以待人，毋忘'立信'，当必有成。"这句话体现的会计职业道德内容是（　　　　）。

A. 坚持准则　　　B. 客观公正　　　C. 诚实守信　　　D. 廉洁自律

2. 下列各项中，要求"做老实人，说老实话，办老实事"的会计职业道德规范是（　　　）。

A. 参与管理　　　B. 诚实守信　　　C. 爱岗敬业　　　D. 提高技能

3. 会计人员（　　　）的道德观念如何，将直接影响会计信息的真实性和完整性。

A. 爱岗敬业　　　B. 诚实守信　　　C. 廉洁自律　　　D. 提高技能

4. （　　　）是做人的基本准则，也是职业道德的精髓。

A. 诚实守信　　　B. 爱岗敬业　　　C. 服务群众　　　D. 奉献社会

5. 会计人员对于工作中知悉的商业秘密应依法保守，不得泄露，这是会计职业道德中（　　　）的具体体现。

A. 爱岗敬业　　　B. 诚实守信　　　C. 坚持准则　　　D. 客观公正

6. 会计职业道德规范"诚实守信"的基本要求中，侧重于对注册会计师提出的要求是（　　　）。

A．做老实人、说老实话、办老实事、不搞虚假

B．实事求是，不偏不倚

C．执业谨慎，信誉至上

D．保密守信，不为利益所诱惑

二、多项选择题

下列各项中，体现会计职业道德"诚实守信"要求的有（　　）。

A．安心工作、任劳任怨　　　　B．做老实人、说老实说、办老实事

C．保守秘密、不为利益所诱惑　　D．执业谨慎、信誉至上

三、判断题

1．除法律规定和单位负责人同意外，会计人员不能私自向外界提供或泄露单位的会计信息。　　　　　　　　　　　　　　　　　　　　　　　　　　　　　　　　　　　（　　）

2．无论在资本主义社会还是社会主义社会，诚实守信都是会计职业道德的核心。

（　　）

3．"实事求是，不偏不倚"是体现会计职业道德规范的诚实守信原则的要求。（　　）

【考点3】廉洁自律

自律的核心就是用道德观念自觉地抵制自己的不良欲望。会计人员的廉洁是会计职业道德自律的基础，而自律是廉洁的保证。廉洁自律是会计职业道德的前提，也是会计职业道德的内在要求，还是会计职业声誉的"试金石"。廉洁自律的基本要求：树立正确的人生观和价值观；公私分明，不贪不占；遵纪守法，一身正气。

一、单项选择题

1．"理万金分文不沾""常在河边走，就是不湿鞋"。这两句话体现的会计职业道德是（　　）。

A．参与管理　　B．廉洁自律　　C．提高技能　　D．强化服务

2．下列各项中，既是会计职业道德的前提，又是会计职业道德的内在要求的是（　　）。

A．参与管理　　B．强化服务　　C．提高技能　　D．廉洁自律

二、多项选择题

1．下列有关会计职业道德"廉洁自律"的表述，正确的有（　　）。

A．自律的核心就是自觉地抵制自己的不良欲望

B．廉洁自律是会计职业道德的内在要求

C．只有自身廉洁自律，才能抵制他人的不法行为

D. 不能做到廉洁自律，也就很难做到客观公正和坚持准则

2. 下列各项中，符合会计职业道德"廉洁自律"要求的有（　　）。

　　A. 树立正确的人生观和价值观

　　B. 严格划分公私界限，公私分明，不贪不占

　　C. 遵纪守法，不收受贿赂、不贪污钱财，保持清白

　　D. 自觉抵制拜金主义、个人主义

三、判断题

会计职业道德规范中的"廉洁自律"的基本要求是树立正确的人生观和价值观、保密守信，不为利益所诱惑。　　　　　　　　　　　　　　　　　　　　　　（　　）

四、材料分析题

张彬和林立分别是同一个单位的会计和出纳，多年来同处一室，在工作上互相配合，关系很好。林立的丈夫自己开办了一个经销计算机配件的公司，最近根据计算机市场信息得知，有一种计算机软件销量前景较好，但因个人账面资金不足，无法进货。于是林立的丈夫让林立想办法借些款项。林立想到了单位账户的存款，于是自己填了票面金额为 24 000 元的现金支票一张，在张彬上班离开办公室时，私自将张彬保管的印鉴加盖在现金支票上，从银行提取了现金。1 个月后，林立又将 24 000 元现金填写现金缴款单存入单位银行账户。不久，张彬在月末对账时，发现了此事。

试从会计职业道德的角度分析以下问题。

1. 林立的行为属于何种行为？

2. 如果你是张彬，发现了此事应该如何处理？

【考点4】客观公正

客观主要包括两层含义：一是真实性，要以实际发生的经济活动为依据，对会计事项进行确认、计量、记录和报告；二是可靠性，要求会计核算要准确、记录要可靠、凭证要合法。客观公正是会计职业道德所追求的理想目标和灵魂。客观公正的基本要求：依法办事；实事求是、不偏不倚；如实反映。

一、单项选择题

1. （　　）是会计职业道德所追求的理想目标。

　　A. 遵纪守法　　　B. 诚实守信　　　C. 坚持准则　　　　D. 客观公正

2. 客观公正的基本要求包括（　　）。

　　A. 依法办事，事实求是，如实反映　　B. 坚持准则，实事求是，如实反映

　　C. 依法办事，实事求是，如实反映　　D. 忠于职守，实事求是，如实反映

3.（　　）是指从业人员在办理事情处理问题时，要站在公正的立场上，按照同一标准和同一原则办事的职业道德规范。

  A．爱岗敬业　　　　B．诚实守信　　　　C．客观公正　　　　D．服务群众

4.某单位出纳员在报销差旅费时，对于同样是领导批准、主管会计审核无误的差旅费报销单，对和自己私人关系不错的人是随来随报，但对和自己有矛盾、私人关系较为疏远的人则以账面无款、库存无现金、整理账务等理由拖欠。这违反了（　　）的要求。

  A．诚实守信　　　　B．提高技能　　　　C．参与管理　　　　D．客观公正

二、多项选择题

1.下列有关会计职业道德"客观公正"的表述中，正确的有（　　）。

  A．依法办事是会计工作保证客观公正的前提

  B．扎实的理论功底和较高的专业技能是做到客观公正的重要条件

  C．在会计工作中客观是公正的基础，公正是客观的反映

  D．会计活动的整个过程保持独立

2.下列各项中，属于会计职业道德中"客观公正"的基本要求的有（　　）。

  A．端正态度，公平正直　　　　　　B．依法办事

  C．实事求是　　　　　　　　　　　D．不偏不倚

三、判断题

"实事求是，如实反映"是会计工作保证客观公正的前提。　　　　　　（　　）

【考点5】坚持准则

坚持准则是指会计人员在处理经济业务过程中，要严格按照会计法律制度办事，不为主观或他人意志左右。这里所说的"准则"不仅指会计准则，而且包括会计法律、法规、国家统一的会计制度及与会计工作相关的法律制度。坚持准则是会计职业道德的核心，是会计人员履行会计职责的标准和依据。坚持准则的基本要求：熟悉准则、遵循准则、敢于同违法行为做斗争。

一、单项选择题

1."坚持好制度胜于做好事，制度大于天，人情薄如烟"。这句话体现的会计职业道德的内容要求是（　　）。

  A．客观公正　　　　B．廉洁自律　　　　C．坚持准则　　　　D．强化服务

2.会计人员"坚持准则"的核心是坚持（　　）。

  A．会计法律　　　　B．会计准则　　　　C．审计准则　　　　D．税收制度

3. 2011年10月，甲公司因产品销售不畅，新产品研发受阻。财务部预测企业本年度

将发生 1 000 万元亏损。刚刚上任的总经理孙某责成总会计师王某千方百计实现当年的盈利目标，并说："实在不行，可以对会计报表做一些会计技术处理。"王某很清楚公司本年度亏损已成定局，要落实厂长的盈利目标，只能在财务会计报告上做手脚。总会计师感到，如果不按厂长的意见去办，自己以后在公司不好立足，为此，王某以自己娴熟的财务技术与会计人员一同对公司账务进行了处理。下列对王某的行为认定，正确的是（　　　）。

    A．王某的行为违反了参与管理、强化服务的会计职业道德要求

    B．王某的行为违反了坚持准则的会计职业道德要求

    C．王某的行为违反了廉洁自律的会计职业道德要求

    D．王某的行为是正确的，是会计人员执业时予以提倡的

二、多项选择题

1．会计职业道德的内容中有"坚持准则"一项，这里的"准则"是指（　　　）。

    A．会计准则   B．会计法律

    C．会计行政法规   D．与会计相关的法律制度

2．坚持准则是会计职业道德的一项重要内容。坚持准则的基本要求有（　　　）。

    A．熟悉准则   B．掌握准则   C．遵循准则   D．坚持准则

三、判断题

1．会计职业道德规范中的"坚持准则"，不仅包括会计准则，而且包括会计法律、法规、国家统一的会计制度及与会计工作相关的法律制度。（　　　）

2．会计职业道德规范中的"坚持准则"就是要求会计人员在处理业务过程中，严格按照会计准则办事。（　　　）

四、材料分析题

    某公司为获得一项工程合同，拟向工程发包方有关人员支付好处费 10 万元。公司市场部经理持公司董事长的批示到财会部申领该笔款项。财务部经理王某认为，该项支出不符合有关规定，但考虑到公司主要领导已作了批示即同意拨付该笔款项。

    财务部经理王某的行为违反了哪项职业道德？

【考点 6】提高技能

    不断地提高职业技能，既是会计人员的义务，也是在职业活动中做到客观公正、坚持准则的基础，还是参与管理的前提。提高技能的基本要求：具有不断提高会计专业技能的意识和愿望；具有勤学苦练的精神和科学的学习方法。

一、单项选择题

1. 下列各项中，既是会计人员的义务，也是在职业活动中做到客观公正、坚持准则的基础的会计职业道德规范是（　　）。
    A. 提高技能　　　B. 廉洁自律　　　C. 强化服务　　　D. 客观公正

2. 某财务会计在一次事故中受伤，导致双腿截肢，但他仍坚持学习，在病床上报名参加会计中专函授和企业管理专业的本科函授，这体现了会计职业道德规范中的（　　）。
    A. 强化服务　　　B. 廉洁自律　　　C. 提高技能　　　D. 诚实守信

二、多项选择题

1. 下列各项中，属于会计技能的有（　　）。
    A. 提供会计信息能力　　　　　B. 会计实务操作能力
    C. 职业判断能力　　　　　　　D. 沟通交流能力

2. 会计实务操作能力包括（　　）。
    A. 会计人员的专业操作能力　　B. 自动更新知识的能力
    C. 提供会计信息的能力　　　　D. 操作的创新能力

3. 下列各项中，体现会计职业道德"提高技能"要求的有（　　）。
    A. 出纳人员向银行工作人员请教辨别假钞的技术
    B. 会计人员向专家学习会计电算化操作方法
    C. 会计主管人员研究对人力资源价值的核算
    D. 总会计师通过自学提高职业判断能力

【考点7】参与管理

参与管理是指间接参加管理活动，为管理者当参谋，为管理活动服务。参与管理的基本要求：努力钻研业务，熟悉财经法规和相关制度，提高业务技能，为参与管理打下坚实的基础；熟悉服务对象的经营活动和业务流程，使管理活动更具针对性和有效性。

一、单项选择题

1. 公司会计小李不仅熟悉会计电算化业务，而且对利用现代信息技术加强经营管理颇有研究。"SARS 疫情"期间，小李向公司建议开辟网上业务洽谈，并实行优厚的折扣政策。公司采纳了小李的建议，当期销售额未受"SARS 疫情"影响，保持了较好的增长。小李的行为体现出的会计职业道德是（　　）。
    A. 爱岗敬业、参与管理　　　　B. 爱岗敬业、坚持准则
    C. 爱岗敬业、廉洁自律　　　　D. 提高技能、强化服务

2. 下列关于参与管理的说法，不正确的是（　　）。

A. 参与管理要求会计人员积极主动参与到企业管理工作中，对企业经营活动做出决策

B. 参与管理要求会计人员不断地提高业务技能为参与管理打下基础

C. 参与管理要求会计人员熟悉服务对象的业务流程，使参与管理的决策更具针对性和有效性

D. 为保障单位的利润实现，在项目实施之前进行相关的税收筹划，是参与管理的体现

二、多项选择题

1. 下列各项中，符合会计职业道德"参与管理"要求的有（   ）。
   A. 全面熟悉本单位经营活动和业务流程
   B. 主动提出合理化建议
   C. 熟悉财经法规和相关制度
   D. 定期对本单位会计资料进行内部审计

2. 会计人员参与企业管理主要体现在（   ）。
   A. 向领导反映经营管理活动中的情况和存在的问题
   B. 做好记账、算账和报账工作
   C. 一切按领导的要求去办
   D. 主动提供合理化建议

三、判断题

1. 会计职业道德规范中的"参与管理"就是直接参加管理活动，为管理者当参谋，为管理活动服务。   （   ）

2. 会计人员陈某认为，会计工作只是记账、算账，与单位经营决策关系不大，没有必要要求会计人员参加管理。陈某的观点是正确的。   （   ）

【考点8】强化服务

强化服务就是要求会计人员具有文明的服务态度、强烈的服务意识和优良的服务质量。强化服务的基本要求：强化服务意识；提高服务质量。

一、多项选择题

1. 下列能够体现强化服务意识的有（   ）。
   A. 摆正自己的工作位置，不能认为自己管钱管账就高人一等
   B. 在解决各种矛盾时，尊重领导、尊重同事、尊重事实、心平气和地解释和沟通
   C. 迎合服务主体的需要，想尽办法满足服务主体的需要

D. 提高服务质量是强化服务的关键

2. 会计职业道德规范中的参与管理要求会计人员（　　）。

A. 全面熟悉单位经营活动的业务流程

B. 代替领导决策

C. 主动提出合理化建议

D. 积极参与管理

二、判断题

会计职业道德规范中的"强化服务"就是要求会计人员具有文明的服务态度、强烈的服务意识和优良的服务质量。　　　　　　　　　　　　　　　　　　　　　　（　　）

·——— 测 试 题 ———·

一、单项选择题

1. 会计人员的下列行为中，属于违反会计法律制度的有（　　）。

A. 会计人员小王上班经常迟到早退

B. 会计人员李某沉溺于赌博，不爱钻研业务

C. 会计人员张某挪用公款炒股

D. 会计机构负责人赵某满足于记账、算账，不利用大量而丰富的会计信息参与本单位经营管理

2. 某公司的会计人员于某大学毕业后被分配到单位财务部门从事出纳工作，随着时间的推移，于某慢慢对出纳工作产生了厌烦情绪，上班无精打采，工作中差错不断，业务考查在部门里位列倒数第一。单位要求会计人员提出"加强成本核算，提高经济效益"的合理化建议，他认为那是领导们的事情，与自己无关。于某在甲公司的言行没有违背会计职业道德规范中的（　　）。

A. 爱岗敬业　　　B. 提高技能　　　C. 参与管理　　　D. 诚实守信

3. 某集团公司组织一次会计诚信建设座谈会，与会会计人员谈了各自的观点。下列各项观点，符合会计职业道德要求的有（　　）。

A. 会计人员应按照国家统一的会计制度记账、算账、报账，如实反映单位经济业务活动情况

B. 会计工作无非是记账、算账，公司生产经营决策是领导的事，与会计人员无关，所以没有必要参与，也没必要过问

C. 会计人员应保守公司的商业秘密，在任何情况下，都不能向外界提供或者泄露单位的会计信息

D. 会计人员应按照单位领导人的意思提供会计信息

4．下列各项中，属于职业道德最高境界的是（　　　）。

A．爱岗敬业　　　B．诚实守信　　　C．办事公道　　　D．奉献社会

二、多项选择题

1．下列关于会计职业道德规范的主要内容说法，正确的有（　　　）。

A．强化服务既是会计职业道德的出发点，也是会计职业道德的归宿

B．沟通交流能力也是会计人员必须不断提高的业务技能之一

C．坚持准则和强化服务在对会计人员的要求上存在冲突

D．对独立性的要求更主要的是保持实质上的独立

2．会计人员如果泄露本单位的商业秘密，可能导致的后果有（　　　）。

A．会计人员的信誉将受到损害　　　B．会计人员将承担法律责任

C．单位的经济利益将遭受损失　　　D．会计行业声誉将受到损害

3．某公司的会计人员李某的丈夫是一家私有电子企业的总经理，在其丈夫的多次请求下，李某将在工作中接触到的公司新产品研发计划及相关会计资料复印件提供给其丈夫，给公司造成了一定的损失，但尚未构成犯罪。李某违背了（　　　）的会计职业道德。

A．客观公正　　　B．诚实守信　　　C．廉洁自律　　　D．强化服务

4．某单位领导要求本单位出纳员王某将收到的下脚料销售款 10 000 元另行存放，不入账。王某没有按照该领导的要求执行，而是按规定作为零星收入入账，致使该领导很不高兴，财务科长李某知道后对王某进行了批评，他提出作为会计人员应该服从领导安排。财务科长李某的做法违背了会计职业道德规范中的（　　　）。

A．客观公正　　　B．坚持准则　　　C．爱岗敬业　　　D．强化服务

三、判断题

1．实事求是、不偏不倚体现了会计职业道德规范的"诚实守信"精神的要求。（　　　）

2．执业谨慎、信誉至上体现了会计职业道德规范的"爱岗敬业"精神的要求。（　　　）

3．会计人员违背了会计职业道德，就要受到法律制裁。（　　　）

4．当单位利益与社会公众利益发生冲突时，会计人员应该首先维护社会公众利益。

（　　　）

5．诚实守信是会计人员在职业活动中做到客观公正、坚持准则的基础，是参与管理的前提。（　　　）

6．会计人员不钻研业务，不加强新知识的学习，造成工作上的差错，缺乏胜任工作的能力。这是一种既违反会计职业道德，又违反会计法律制度的行为。（　　　）

7．会计职业道德规范中的"坚持准则"不仅指会计准则，而且包括会计法律、法规、国家统一的会计制度及会计工作相关的法律制度。（　　　）

四、材料分析题

丁公司在 2013 年工作中存在以下情况。

（1）财务部经理张某努力学习理论知识，抓住公司经营管理中的薄弱环节，以强化成本核算和管理为突破口，将成本逐层分解至各部门并实行过程控制，大大降低了成本，提高了经济效益。

（2）为帮助各部门及时反映成本费用，落实成本控制指标，会计人员徐某精心设计了核算表格，并对相关人员进行核算业务指导，提高了该项工作的质量。

（3）公司处理一批报废汽车收入 15 000 元，公司领导要求不在公司收入账上反映，指定会计人员李某另行保管，以便经理室应酬所用。会计人员李某遵照办理。

（4）新兴公司财务经理找到丁公司王某，以给 5 000 元好处费为诱饵，希望王某促成丁公司为新兴公司银行贷款作担保，遭到王某拒绝。

（5）会计人员孙某利用工作之便将公司研发新产品的资料泄露给其朋友，取得了 2 万元的好处费，给公司带来一笔经济损失。

根据材料，回答 1～5 题。

第五章第二节答案

1. 张某的行为体现的会计职业道德要求有（　　）。
   A. 廉洁自律　　B. 坚持准则　　C. 提高技能　　D. 参与管理
2. 徐某的行为体现的会计职业道德要求有（　　）。
   A. 参与管理　　B. 客观公正　　C. 强化服务　　D. 坚持准则
3. 李某的行为违反的会计职业道德要求有（　　）。
   A. 客观公正　　B. 诚实守信　　C. 坚持准则　　D. 提高技能
4. 王某的行为体现的会计职业道德要求有（　　）。
   A. 廉洁自律　　B. 坚持准则　　C. 提高技能　　D. 客观公正
5. 孙某的行为违反的会计职业道德要求有（　　）。
   A. 客观公正　　B. 诚实守信　　C. 廉洁自律　　D. 强化服务

第三节　会计职业道德教育

【考点1】会计职业道德教育的含义和形式

会计职业道德教育有两大形式：①接受教育；②自我修养。

一、多项选择题

1. 会计职业道德教育具有目的性、计划性、组织性和系统性，它有利于（　　）。
   A. 提高会计职业道德水平　　　　B. 培养会计人员的职业道德情感

  C．树立会计职业道德信念   D．使会计人员正确履行会计职能

  2．自我修养是内在教育，是从业人员在道德品质方面进行（ ）的行为活动。

    A．自我学习   B．自我改造   C．自身道德修养 D．他人改造

  3．会计职业道德教育的形式包括（ ）。

    A．接受教育   B．自我修养   C．继续教育   D．学校教育

二、判断题

  自我教育即外在教育，是指通过学校或培训单位对会计从业人员进行以职业责任、职业义务为核心内容的正面灌输。   （ ）

【考点2】会计职业道德教育的内容

  会计职业道德教育有四大内容：①会计职业道德观念教育；②规范教育；③警示教育；④其他教育。其中"其他教育"主要有形势教育、品德教育、法制教育。

一、单项选择题

  （ ）要求通过对违反会计职业道德行为和违法行为的典型案例进行讨论和分析，从而提高会计人员的法律意识、会计职业道德观念和辨别是非的能力。

    A．职业道德观念教育   B．职业道德规范教育

    C．职业道德警示教育   D．职业道德学历教育

二、多项选择题

  1．会计职业道德教育的主要任务是帮助和引导会计人员（ ）。

    A．培养职业道德情感   B．树立职业道德信念

    C．遵守会计职业道德规范   D．提高辨别是非的能力

  2．下列属于会计职业道德教育的主要内容有（ ）。

    A．职业道德观念教育   B．职业道德规范教育

    C．职业道德警示教育   D．职业道德学历教育

  3．下列关于会计职业道德教育的说法，错误的有（ ）。

    A．普及会计职业道德基础知识是会计职业道德教育的核心

    B．会计职业道德规范教育是指对会计人员开展以会计法律制度、会计职业规范为主要内容的教育

    C．会计职业道德规范教育是会计职业道德教育的基础

    D．会计职业道德教育还包括形势教育、品德教育、法制教育

【考点3】会计职业道德教育的途径

会计职业道德教育的两大途径：①接受教育的途径（岗前职业道德教育、岗位职业道德继续教育）；②自我修养（慎独慎欲、慎省慎微、自警自励）。

一、单项选择题

会计职业道德教育的各种途径中，具有基础性地位的是（　　）。

A．会计继续教育　　　　　　　B．会计自我教育

C．会计学历教育　　　　　　　D．获取会计从业资格教育

二、多项选择题

1．"慎独"是会计职业道德修养中一种很高的道德境界，它的前提是（　　）。

A．职业良心　　　B．职业信念　　　C．职业行为　　　D．职业实践

2．会计职业道德教育的主要途径有（　　）。

A．会计学历教育

B．获取会计从业资格中的职业道德教育

C．自我修养

D．岗位职业道德继续教育

3．会计职业道德自我修养的途径包括（　　）。

A．慎欲慎独　　　　　　　　B．慎省慎微

C．自励自警　　　　　　　　D．在工作中接受职业道德继续教育

第五章第三节答案

4．岗前职业道德教育包括（　　）。

A．会计专业学历教育

B．形势教育

C．法制教育

D．获取会计从业资格中的职业道德教育

第四节　会计职业道德建设组织与实施

【考点】财政部门的组织推动、会计行业的自律、社会各界的监督与配合

会计职业道德建设的关键在于加强和改善会计职业道德建设的组织和领导，并得到切实贯彻和实施。会计职业道德建设的组织与实施主要包括：财政部门的组织推动；会计行业的自律；企事业单位的内部监督；社会各界的监督与配合。

一、单项选择题

1. 在我国，除注册会计师协会外，还应在（　　）、总会计师协会等职业组织中设立职业道德委员会。

    A．审计协会   B．会计学会

    C．会计从业人员协会   D．税务师协会

2. 对会计职业道德进行自律管理与约束的机构是（　　）。

    A．财政部门   B．会计职业组织

    C．工商行政管理部门   D．国务院

3. 会计职业组织对发现违反会计职业道德规范的行为进行惩戒的方式中不包括（　　）。

    A．通报批评   B．参加继续教育

    C．取消会员资格   D．处以罚金

二、多项选择题

1. 会计职业道德建设的组织与实施应依靠（　　）。

    A．财政部门的组织与推动

    B．会计职业组织的行业自律

    C．社会舆论监督形成良好的社会氛围

    D．公安局的监督检查

第五章第四节答案

2. 下列关于职业道德教育和职业道德修养两者关系的表述，正确的有（　　）。

    A．职业道德教育是外在的道德要求，职业道德修养是会计人员的内在要求

    B．职业道德修养与职业道德教育相辅相成、相互促进

    C．职业道德教育和职业道德修养的最终目标一致

    D．自我教育是提高职业道德修养的重要途径

第五节　会计职业道德的检查与奖惩

【考点】会计职业道德的检查与奖惩

会计职业道德检查与奖惩的意义：具有促使会计人员遵守职业道德规范的作用；裁决与教育作用；有利于形成抑恶扬善的社会环境。会计职业道德检查与奖惩机制包括：财政部门的监督检查；会计行业组织的自律管理与约束；激励机制的建立。

一、单项选择题

1. 开展会计职业道德检查与奖惩有着很重要的现实意义，不包括（　　）。

A．能促使会计人员遵守职业道德规范

B．对会计人员具有深刻的教育作用

C．有利于形成抑恶扬善的社会环境

D．有利于提高企业经济效益

2．下列关于会计职业道德检查与奖惩的意义表述，不正确的是（　　）。

A．树立会计人员会计职业荣誉感　　B．促使会计人员遵守职业道德规范

C．具体裁决与教育作用　　　　　　D．有利于形成抑恶扬善的社会环境

二、多项选择题

1．财政部门对会计职业道德监督检查的途径有（　　）。

A．会计法执法检查与会计职业道德检查相结合

B．会计从业资格证书注册登记管理与会计职业道德检查相结合

C．会计专业技术资格考评与会计职业道德检查相结合

D．会计专业技术资格聘用与会计职业道德检查相结合

2．会计职业道德奖惩机制包括的内容有（　　）。

A．对遵守职业道德规范的会计人员给予奖励、褒扬

B．对违背职业道德规范的会计人员给予惩处、贬抑

C．对违法的会计人员给予行政处罚

D．对违法的会计人员给予刑事处罚

3．财政部门对会计职业道德监督检查的途径不包括（　　）。

A．会计法执法检查与会计职业道德检查相结合

B．会计从业资格证书注册登记管理与会计职业道德检查相结合

C．会计职业组织的行业自律

D．社会各界齐抓共管

三、判断题

1．对认真执行《会计法》，忠于职守，坚持原则，做出显著成绩的会计人员，应给予精神的或者物质的奖励。（　　）

2．财政部门可以通过将会计从业资格证书注册登记管理与会计职业道德检查相结合的途径来实现对会计职业道德的检查。（　　）

——　测　试　题　——

一、单项选择题

1．在坚持准则的基础上尽量满足用户或服务主体的需要，侧重体现的会计职业道德

是（　　）。

  A．参与管理 B．爱岗敬业 C．客观公正 D．强化服务

  2．会计工作是一门专业性和技术性很强的工作，因而（　　）是做到客观公正、坚持准则的基础和保证。

  A．服务群众 B．参与管理 C．提高技能 D．爱岗敬业

  3．"不贪污钱财，不收受贿赂，保持清白"体现了会计职业道德中的（　　）。

  A．爱岗敬业 B．廉洁自律 C．诚实守信 D．坚持准则

  4．"言行跟内心思想一致，遵守自己所作出的承诺，保守秘密"体现了会计职业道德中的（　　）。

  A．客观公正 B．爱岗敬业 C．廉洁自律 D．诚实守信

  5．下面关于会计职业道德和会计法律的说法，不正确的是（　　）。

  A．会计法律侧重调整会计人员的外在行为和结果的合法化

  B．会计职业道德调整会计人员内心世界，不管会计人员的外在行为

  C．会计法律具有较强的客观性

  D．受到会计职业道德谴责的，不一定受到会计法律制裁

  6．下列各项中，（　　）是保障会计法律制度实施的机构。

  A．财政部门   B．会计行业组织

  C．国家执法机关   D．企业

  7．（　　）是会计人员对会计职业道德义务的强烈的责任感和对会计职业理想目标的坚定信仰。

  A．会计职业道德信念   B．会计职业道德情感

  C．会计职业道德认知   D．会计职业道德情操

  8．会计职业道德规范是指在一定社会经济条件下，对会计职业行为及（　　）的系统要求或明文规定。

  A．职业活动 B．会计从业 C．会计活动 D．会计行业

  9．努力钻研业务，熟悉财经法规和相关制度，提高业务技能，是（　　）坚实的基础。

  A．提高技能 B．爱岗敬业 C．参与管理 D．强化服务

  10．随着市场经济的发展和经济全球化进程的加快，会计专业性和技术性日趋复杂，对会计人员所应具备的职业技能要求也越来越高，这需要会计人员加强的会计职业道德主要是（　　）。

  A．廉洁自律 B．客观公正 C．提高技能 D．坚持准则

  11．某公司资金紧张，需向银行贷款300万元。公司老总张经理请返聘的赵会计对公司提供给银行的会计报表进行技术处理。赵会计很清楚公司目前的财务状况和偿债能力，但在张经理的反复开导下，赵会计出于经理平时对自己的照顾，于是按照贷款所要求的指标编造了一份经过技术处理的会计报表，公司获得了银行的贷款。下列对赵会计行为的认

定，正确的是（　　　）。

    A．赵会计违反了强化服务、客观公正的会计职业道德要求

    B．赵会计违反了参与管理、坚持准则的会计职业道德要求

    C．赵会计违反了客观公正、坚持准则的会计职业道德要求

    D．赵会计违反了爱岗敬业、客观公正的会计职业道德要求

12．下列关于坚持准则的说法，正确的是（　　　）。

    A．坚持准则中的"准则"仅指会计准则

    B．熟悉准则是遵循准则、坚持准则的前提

    C．会计人员只需对所在单位负责，对国家和社会公众不必负责

    D．坚持准则即执行准则

13．下列各项中，体现了客观公正要求的是（　　　）。

    A．公私分明　　　B．不贪不占　　　C．依法办事　　　D．坚持准则

14．"坚持好制度胜于做好事，制度大于天，人情薄如烟"，这句话体现的会计职业道德内容要求是（　　　）。

    A．参与管理　　　B．强化服务　　　C．坚持准则　　　D．提高技能

15．"不贪污钱财，不收受贿赂，保持清白"体现了会计职业道德的（　　　）。

    A．爱岗敬业　　　B．诚实守信　　　C．廉洁自律　　　D．客观公正

二、多项选择题

1．财政部门对会计职业道德情况实施检查的途径主要有（　　　）。

    A．会计职业道德建设与《会计法》执法检查相结合

    B．会计职业道德建设与会计从业资格证书相结合

    C．采用多种形式开展会计职业道德宣传教育

    D．会计职业道德建设与会计专业技术资格考评、聘用相结合

2．会计职业道德教育的内容是（　　　）。

    A．会计职业道德观念教育　　　　　B．会计职业道德规范教育

    C．会计职业道德运用教育　　　　　D．会计职业道德警示教育

3．会计职业道德中，坚持准则的基本要求包括（　　　）。

    A．遵循准则，提高会计人员执行准则能力

    B．熟悉准则，提高会计人员遵守准则能力

    C．宣传准则，提高会计人员推广准则能力

    D．坚持准则，提高会计人员依法理财能力

4．会计职业道德中诚实守信的基本要求包括（　　　）。

    A．做老实人，说老实话　　　　　　B．依法办事，实事求是

    C．保密守信　　　　　　　　　　　D．不为利益所诱惑

5. 会计职业道德规范的主要内容包括（　　　）。

    A. 廉洁自律　　　B. 提高技能　　　C. 参与管理　　　D. 强化服务

6. 下列关于会计职业道德的说法，正确的是（　　　）。

    A. 会计职业道德是调整会计职业活动中各种利益关系的手段

    B. 会计职业道德具有相对稳定性

    C. 会计职业道德具有广泛的社会性

    D. 会计职业道德具有一定的强制性

7. 会计人员岗前职业道德教育的内容具体包括（　　　）。

    A. 会计职业道德信念教育

    B. 会计专业学历教育

    C. 获取会计从业资格中的职业道德教育

    D. 会计职业道德规范教育

8. 坚持准则是会计职业道德的一项重要内容。坚持准则的具体要求有（　　　）。

    A. 熟悉准则　　　　　　　　　B. 掌握准则

    C. 遵循准则　　　　　　　　　D. 敢于同违法行为做斗争

9. 王某受聘为一家股份公司当出纳，在实际工作中他从来不贪不占，对每笔费用都如实向领导反映，并报财务主管批示。同时，王某在日常工作中也是实事求是，从不弄虚作假。王某的做法体现的会计职业道德是（　　　）。

    A. 强化服务　　　B. 廉洁自律　　　C. 诚实守信　　　D. 坚持准则

10. 会计人员要做到廉洁自律，需要深刻认识（　　　）。

    A. 人生观　　　B. 责任心　　　C. 价值观　　　D. 荣誉感

11. 会计职业道德与会计法律制度的主要区别有（　　　）。

    A. 性质不同　　　　　　　　　B. 作用范围不同

    C. 表现形式不同　　　　　　　D. 实施保障机制不同

12. 会计职业道德具有的基本功能主要有（　　　）。

    A. 指导功能　　　B. 评价功能　　　C. 教化功能　　　D. 处罚功能

13. 廉洁自律要求会计人员（　　　）。

    A. 公私分明　　　B. 不贪不占　　　C. 遵纪守法　　　D. 清正廉洁

三、判断题

1. 会计职业道德建设需要财政部门的推动，会计职业组织的行业自律、企事业单位的内部监督和社会各界的监督与配合。　　　　　　　　　　　　　　　　　　　（　　　）

2. 会计职业道德情感、会计职业道德意志和会计职业道德信念，要通过内在的自我教育才能实现。因此，有效开展会计职业道德教育的唯一途径就是依靠自我教育。　（　　　）

3. 会计职业道德中廉洁自律的要求是会计人员清正廉洁、遵纪守法、公私分明、不弄

虚作假。 （　　）

4. 会计人员在任何情况下都不能向外界提供或者泄露本单位的会计信息。 （　　）

5. 岗前职业教育是强化会计职业道德教育的有效形式。 （　　）

6. 实事求是、不偏不倚是体现会计职业道德规范的"诚实守信"原则的要求。 （　　）

7. 会计职业道德与会计法律制度有着不同的性质、作用和表现形式，但保障实施机制是相同的。 （　　）

8. 会计职业道德的表现形式为明确的成文规定，具有具体性和准确性。 （　　）

9. 会计职业道德是依靠社会舆论、道德教育、传统习俗和道德评价来实现的。 （　　）

10. 会计职业道德是调整会计职业活动中的各种利益关系的手段。 （　　）

11. 会计职业道德教育是指为了促使会计人员正确履行会计职能，而对其施行的有目的、有计划、有组织、有系统的道德教育。 （　　）

四、材料分析题

材料一： 2012 年 3 月，某商业银行按照财政部的要求，决定在全行系统展开《会计法》执行情况检查。在检查中发现该银行下属支行行长李某、副行长胡某、财会科长罗某利用联行清算系统存在的漏洞，将 C 支行的资金划转到由李某等人控制的 D 企业名下，再从 D 企业的银行账户划转到境外由李某等人控制的公司账户。经查实 C 支行负责清算业务的会计张某早就知道 C 支行几年来在联行系统中存在不正常的巨额汇差，怀疑与李某等人有关，但考虑到李某是自己的直接领导，慑于李某的地位和权威，便没有声张，听之任之，直至案发。

根据材料，回答 1~5 题。

1. 下列关于会计职业道德作用的表述，正确的有（　　）。
   A. 会计职业道德是实现会计目标的重要保证
   B. 会计职业道德是规范会计行为的基础
   C. 会计职业道德是对会计法律制度的重要补充
   D. 会计职业道德是提高会计人员素质的外在要求

2. 下列关于会计张某的行为的说法，正确的有（　　）。
   A. 张某的行为违背了廉洁自律的会计职业道德要求
   B. 张某的行为违背了强化服务的会计职业道德要求
   C. 张某的行为违背了坚持准则的会计职业道德要求
   D. 张某的行为违背了客观公正的会计职业道德要求

3. 公私分明、不贪不占体现的是（　　）的会计职业道德规范。
   A. 客观公正　　　B. 坚持准则　　　C. 廉洁自律　　　D. 诚实守信

4. 会计人员运用会计知识理论为单位决策层、政府部门、投资人等提供真实、可靠的会计信息体现的会计职业道德规范是（　　）。

    A．参与管理　　　B．诚实守信　　　C．提高技能　　　D．强化服务

5．下列关于会计职业道德规范的表述，不正确的是（　　）。

    A．爱岗敬业是会计职业道德的基础

    B．诚实守信是会计职业道德的内在要求

    C．廉洁自律是会计职业道德的精髓

    D．客观公正是会计职业道德的理想目标

材料二：某公司因技术改造，资金周转困难，需要向银行贷款 2 000 万元。公司总经理找来财务主管李某，说："现在公司资金紧张，急需向银行贷款，提供给银行的会计报表一定要'漂亮'一点，请你负责技术处理一下。"李某开始感到很为难，心想，自己是公司财务总主管，对公司的财务状况和偿债能力十分清楚，做这种"技术"处理是很危险的。在总经理的反复"开导"下，李某认为，公司领导对他十分照顾，自己目前的职位就是总经理提拔的，并加了薪，现在公司有难处，应该知恩图报，况且自己身为会计师，做一些"技术"处理应该不会有太多的难点。于是编制了一份"漂亮"的会计报告，获得了银行汇票贷款 2 000 万元。

根据材料，回答 6～9 题。

6．会计职业道德观念教育，应包括的内容有（　　）。

    A．普及会计职业道德基本常识，是会计职业道德教育的基础

    B．通过宣传教育，使广大会计人员了解会计职业道德知识，增强会计人员的职业义务感和职业荣誉感，培养良好的职业节操

    C．违反会计职业道德将受到惩戒和处罚

    D．爱岗敬业、诚实守信、廉洁自律、客观公正、坚持准则、提高技能、参与管理、强化服务

7．会计行为的规范化不仅要以会计法律规范作保障，还要依赖会计人员的（　　）来实现。

    A．会计法掌握的程度　　　　　　　B．会计知识的更新能力

    C．会计实务操作能力　　　　　　　D．道德信念和道德品质

8．作为会计主管李某，违背了（　　）的要求。

    A．坚持准则　　　B．参与领导　　　C．爱岗敬业　　　D．诚实守信

9．诚实守信的基本要求是（　　）。

    A．做老实人，说老实话，办老实事

    B．执业谨慎，信誉至上

    C．保密守信，不为利益所诱惑

    D．不偏不倚，保持应有的独立性

第五章第五节答案

附　　录

2015年重庆财经专业高职考试题（改编）

一、单项选择题

1. 关于会计法律制度效力的说法，正确的是（　　）。
   A. 会计法律的效力高于会计行政法规
   B. 会计行政法规的效力高于会计法律
   C. 会计部门规章的效力高于会计行政法规
   D. 会计法律、会计行政法规、会计部门规章具有同等效力

2. 下列说法正确的是（　　）。
   A. 登记账簿时可以用圆珠笔书写
   B. 各单位都必须单独设置会计机构
   C. 国家税务总局主管全国的会计工作
   D. 会计人员离职必须与接管人员办清交接手续

3. 会计机构负责人的直系亲属不得在本单位担任的会计工作岗位是（　　）。
   A. 稽核　　　　　B. 出纳　　　　　C. 工资核算　　　　　D. 会计档案保管

4. 商业汇票的付款期限，最长不得超过（　　）。
   A. 3个月　　　　B. 6个月　　　　C. 9个月　　　　D. 1年

5. 下列符合《支付结算办法》规定的是（　　）。
   A. 银行垫款是支付结算的基本原则之一
   B. 银行汇票的提示付款期限自出票日起2个月
   C. 商业承兑汇票由银行以外的付款人承兑
   D. 代销、寄销商品的款项，可以办理托收承付结算

6. 下列属于个人所得税居民纳税人的是（　　）。
   A. 在中国境内有住所的个人
   B. 在中国境内无住所且不居住的个人
   C. 在中国境内无住所，而居住不满半年的个人
   D. 在中国境内无住所，而居住超过半年不满1年的个人

7. 下列适用《政府采购法》的是（   ）。

A. 建筑公司采购建筑材料   B. 中外合资企业采购原材料

C. 国有独资公司采购生产设备   D. 体育局用拨款经费购买体育设施

8. 会计职业道德的首要前提是（   ）。

A. 爱岗敬业   B. 提高技能   C. 参与管理   D. 诚实守信

二、多项选择题

1. 企业负责人应当负责本企业财务会计报告的（   ）。

A. 合理性   B. 真实性   C. 完整性   D. 准确性

E. 合法性

2. 支付结算的方式包括（   ）。

A. 支票   B. 汇兑   C. 银行汇票   D. 委托收款

E. 商业汇票

3. 票据丧失的补救方式有（   ）。

A. 挂失止付   B. 普通诉讼

C. 公示催告   D. 要求出票人直接补开

E. 报工商管理机关备案

4. 政府采购的方式有（   ）。

A. 公开招标   B. 邀请招标   C. 询价采购   D. 竞争性谈判

E. 单一来源采购

5. 会计职业道德规范中，对"廉洁自律"的基本要求有（   ）。

A. 熟悉会计法律法规   B. 公私分明，不贪不占

C. 勤学苦练，刻苦钻研   D. 树立正确的人生观和价值观

E. 做老实人、说老实话、办老实事

三、判断题

1. 我国境内的所有企业在会计核算时，只能以人民币作为记账本位币。   （   ）

2. 普通支票只能用于支取现金，不能用于转账。   （   ）

3. 票据权利包括付款请求权和追索权。   （   ）

4. 政府采购必须全部委托集中采购机构代理采购。   （   ）

5. 国家预算按预算的级次分为中央预算和地方预算。   （   ）

6. 会计职业道德规范"坚持准则"中的"准则"是指财政部颁布的《企业会计准则》。

（   ）

四、计算题

1. 某企业为增值税一般纳税人，上期无留抵税额。2014 年 8 月发生购销业务如下。

（1）采购生产原料一批，取得的增值税专用发票上注明价款为 120 000 元。

（2）销售塑料制品，开出的普通发票上注明的价款为 234 000 元。

注意：该企业适用增值税税率 17%，取得的增值税专用发票均在当月认证。

要求：计算该企业 8 月应纳增值税税额。

2．某酒厂 2014 年 8 月，销售黄酒 20 吨，销售价 400 000 元。另将自产薯类白酒 1 吨作为中秋节礼品发放给职工，其市场价为 5 250 元/吨。

注意：黄酒适用消费税税额为 240 元/吨，白酒适用消费税税率为 20%加 0.5 元/500 克。

要求：计算该企业 8 月应纳消费税税额。

3．某电子元器件生产企业 2014 年全年取得的收入总额为 2 000 000 元，其中：国债利息收入 20 000 元，财政拨款 180 000 元，其余为产品销售收入。全年产品销售成本 1 200 000 元，支付税收滞纳金 10 000 元，支付广告费 280 000 元。

注意：该企业适用所得税税率为 25%。

要求：计算该企业全年应纳所得税税额。

2015 年重庆财经专业高职
考试题（改编）答案

2016 年重庆财经专业高职考试题（改编）

一、单项选择题

1．《企业财务会计报告条例》属于（　　）。
    A．会计法律　　　　　　　　　B．会计行政法规
    C．会计部门规章　　　　　　　D．会计规范性文件

2．单位内部会计监督的对象是（　　）。
    A．经济活动　　　B．会计机构　　　C．会计人员　　　D．单位负责人

3．不需要考取会计从业资格证书的人员是（　　）。
    A．出纳　　　　　　　　　　　B．商场收银员
    C．会计机构负责人　　　　　　D．会计机构内的会计档案管理人员

4．商业汇票的提示付款期限为（　　）。
    A．自出票日起 10 日　　　　　B．自到期日起 10 日
    C．自出票日起 1 个月　　　　　D．自到期日起 1 个月

5．不能行使票据追索权的是（　　）。
    A．承兑人　　　B．收款人　　　C．保证人　　　D．背书人

6．纳税人在外管证注明地销售货物，不需要提供和填写的证件、资料是（　　）。
    A．外管证　　　　　　　　　　B．税务登记证件副本
    C．税务登记证件正本　　　　　D．外出经营货物报验单

7. 财政部门在中国人民银行开设的账户是（　　）。

    A. 特设专户　　　　　　　　　　B. 国库单一账户

    C. 预算外资金专户　　　　　　　D. 预算单位零余额账户

8. 会计职业道德教育的核心内容是（　　）。

    A. 职业道德规范教育　　　　　　B. 职业道德观念教育

    C. 职业道德警示教育　　　　　　D. 职业道德模范教育

二、多项选择题

1. 代理记账机构的申请条件有（　　）。

    A. 有固定的办公场所

    B. 有健全的财务会计管理制度

    C. 有健全的代理记账业务规范

    D. 有 3 名以上持有会计从业资格证书的兼职从业人员

    E. 主管代理记账业务的负责人应具有会计师以上专业技术职务资格

2. 支票内容不得更改的有（　　）。

    A. 用途　　　　B. 金额　　　　C. 签发日期　　　　D. 出票日期

    E. 收款人名称

3. 下列表述正确的有（　　）。

    A. 普通支票只能转账

    B. 一个企业只能开立一个基本存款账户

    C. 支票的金额可以由出票人授权补记

    D. 存款人注册验资，可申请开立专用存款账户

    E. 银行本票、银行汇票的出票人和付款人均是银行

4. 政府采购的功能有（　　）。

    A. 节约财政支出　　　　　　　　B. 强化宏观调控

    C. 活跃市场经济　　　　　　　　D. 推进反腐倡廉

    E. 保护民族产业

5. 属于会计职业道德规范的有（　　）。

    A. 自我教育　　　　B. 诚实守信　　　　C. 廉洁自律　　　　D. 提高技能

    E. 接受教育

三、判断题

1. 会计工作交接完毕，接管人员可根据需要自行另立账簿，不再使用移交前的账簿。

    （　　）

2. 一般存款账户可以办理现金支取，但不得办理现金缴存。　　　（　　）

3. 票据签章是票据行为生效的重要条件。（　　）

4. 根据《预算法》的规定，预算的收入和支出必须通过国库进行。（　　）

5. 会计法律制度是会计职业道德的最高要求。（　　）

6. 各级人民政府财政部门是负责政府采购监督管理的部门。（　　）

四、计算题

1. 某企业为增值税一般纳税人，适用的增值税税率为17%，2015年5月发生以下经济业务。

（1）购进饮料一批，用于发放职工福利，取得增值税专用发票注明税额850元。

（2）购进生产用材料一批，取得增值税专用发票注明税额12 000元。

（3）销售产品取得收入351 000元，已开具普通发票。

取得的增值税专用发票均在当月已通过认证。

要求：计算该企业5月份应纳增值税税额。

2. 某化妆品生产企业为增值税一般纳税人，适用的增值税税率为17%，2015年10月销售一批化妆品，开具普通发票，取得收入234 000元。

要求：计算该企业当月应缴纳消费税税额。（化妆品适用的消费税税率为30%）

3. 某企业2015年取得产品销售收入2 000 000元，发生产品销售成本1 000 000元，管理费用30 000元，财务费用4 000元，取得国债利息收入20 000元，发生公益性捐赠支出150 000元，支付税收罚款6 000元。

要求：

（1）计算该企业2015年利润总额。

（2）计算该企业2015年公益性捐赠支出扣除限额。

（3）计算该企业2015年应纳税所得额。

（4）计算该企业2015年应纳所得税税额。（该企业适用的所得税税率为25%）

2016年重庆财经专业高职考试题（改编）答案

2017年重庆财经专业高职考试题（改编）

一、单项选择题

1. 由国务院制定发布用于调整经济生活中某些方面会计关系的规律规范是（　　）。

    A. 会计法律　　　　　　　　B. 部门规章

    C. 规范性文件　　　　　　　D. 会计行政法规

2. 出纳离职办理工作交接手续时，负责监交的专人是（　　）。

    A. 总会计师　　　　　　　　B. 单位负责人

C. 一般会计人员   D. 会计机构负责人

3. 未按规定使用会计记录文字，可以对单位处以的罚款是（   ）。

     A. 2 000 元以上 2 万元以下   B. 3 000 元以上 5 万元以下

     C. 5 000 元以上 5 万元以下   D. 5 000 元以上 10 万元以下

4. 支付结算和资金清算的中介机构是（   ）。

     A. 银行   B. 税务机关

     C. 财政部门   D. 会计师事务所

5. 对更新改造资金的管理和使用，存款人可申请开立（   ）。

     A. 基本存款账户   B. 专用存款账户

     C. 一般存款账户   D. 临时存款账户

6. 不属于税务代理业务范围的是（   ）。

     A. 办理税务登记

     B. 审查纳税情况

     C. 办理增值税专用发票的领购手续

     D. 办理增值税一般纳税人资格认定申请

7. 实现财政职能的基本手段是（   ）。

     A. 国家税收   B. 国家预算   C. 国家决算   D. 国家决策

8. 会计职业道德规范中，体现"爱岗敬业"基本要求的是（   ）。

     A. 忠于职守、尽职尽责   B. 职业谨慎、信誉至上

     C. 公私分明、不贪不占   D. 态度端正、依法办事

二、多项选择题

1. 出纳可以登记（   ）。

     A. 收入明细账   B. 费用明细账   C. 现金日记账   D. 债权债务明细账

     E. 固定资产日记账

2. 支付结算的基本原则有（   ）。

     A. 恪守信用   B. 履约付款   C. 平等自愿   D. 银行不垫款

     E. 谁的钱进谁的账，由谁支配

3. 票据的特征有（   ）。

     A. 是一种不可转让证券

     B. 以支付一定金额为目的

     C. 是出票人依法签发的有价证券

     D. 所表示的权利与票据不可分离

     E. 所记载的金额由出票人自行支付或委托他人支付

4. 政府采购的主体有（   ）。

A．国有企业　　　B．行政机关　　C．事业单位　　　D．私人企业

E．团体组织

5．会计职业道德具有的功能是（　　）。

A．指导　　　　　B．教化　　　　C．评估　　　　　D．约束

E．评价

三、判断题

1．记账人员可以兼任审批人员。 （　　）

2．银行结算账户是办理资金收付结算的人民币定期存款账户。 （　　）

3．票据的基本当事人包括出票人、付款人、收款人和承兑人。 （　　）

4．预算管理的原则是预算收支平衡。 （　　）

5．政府集中采购的范围由财政部门公布的集中采购目录确定。 （　　）

6．单位会计人员强化服务的关键是树立服务意识。 （　　）

四、计算题

1．某企业为增值税一般纳税人，使用增值税税率17%，2016年9月发生如下经济业务。

（1）购进用于免税项目的原材料，取得增值税专用发票上注明价款10 000元。

（2）向消费者销售货物，取得零售收入23 400元。

（3）向农业生产者购进农产品，收购价1 000元。

取得的增值税专用发票均在当月已通过认证。

要求：计算该企业当月应纳增值税税额。

2．某啤酒厂2016年10月销售甲类啤酒100吨，每吨销售价格1 000元。

要求：计算该企业当月应纳消费税税额。（甲类啤酒适用的单位税额为250元/吨）

3．某居民企业2016年实现营业收入2 000 000元，发生各项支出1 200 000元（其中合理工资300 000元，职工福利费45 000元，工会经费7 000元，职工教育经费8 000元）。

要求：

（1）计算该企业职工福利费、工会经费、职工教育经费分别准予扣除的限额。（三项经费准予扣除的比例分别为14%、2%、2.5%）

（2）计算该企业2016年应纳所得税税额。（该企业适用的所得税税率为25%）

2017年重庆财经专业高职考试题（改编）答案